扬州大学出版基金资助

国家哲学社会科学基金项目
"农民专业合作经济组织利益机制构建与创新研究"
课题成果

目　　录

第一章

导　　言

第一节　研究背景和问题的提出

20 世纪 80 年代初，我国实行了农户家庭联产承包责任制，确立了农户独立的商品生产经营者的地位，极大地解放和发展了农村生产力，为农村经济和社会发展带来了历史性巨变。但是，这一制度变革也形成了我国农村 2.4 亿农户"小规模、分散化"经营的格局，与农业商品生产和农村市场经济的发展存在内在矛盾。20 世纪 90 年代中后期以来，我国农产品供给短缺的局面已基本结束，农产品市场由卖方市场转向买方市场，农产品竞争由国内市场转向日趋全球化的市场，分散经营的小农户越来越难以适应国内外市场竞争和农业生产力发展的需要，并在很大程度上制约着农民收入的稳定增长和我国农业、农村经济的快速发展（杜吟棠，2005；姜长云，2008；张红宇，2007）。高度分散的农户小生产与我国农业市场化、国际化、现代化的发展存在以下突出矛盾：首先，小农户难以及时、准确地掌握商品价格信息和市场变化趋势，与国内外大市场难以有效对接，造成农产品市场价格波动加剧，农业增产不增收；其次，小农户势单力薄，不具备等价交换和平等竞争的能力，在生产要素购买和农产品销售环节都处于极端不利的市场地位，导致农户经济利益大量流失，农民增收困难；再次，单个农户进入市场要付出很高的交易费用和运销成本，生产经营只能从事单一的农产品原料生产，难以分享农业产前和产后部门的增值利润，导致农业生产成本高、农业经营效益低，严重影响了农民从事农业生产的积极性，从根本上动摇了我国农业的基础地位，削弱了我国农业的国际竞争力和持续发展能力；最后，分散经营的小农户只能局限于落后的生产方式和交易方式，难以采用大规模的农业机械和先进的科学技术，既不能获取专业化分工的好处和规模经营的效益，也无法实行农业的标准化生产和品牌化经营，很难适应现代农业发展的要求和消费者对农产品优质、安全的需要。

伴随着我国农村市场经济和农业商品生产的发展，自 20 世纪 80 年代中后期以来，我国农户为了应对市场风险，解决家庭经营中面临的产前、产中和产后困难，按照自愿、互利原则自发组建了农民专业协会和农民专业合作社等形式的农民专业合作经济组织，这些组织以当地农业主导产品、主导产业或特色产业为依托，根据农户生产经营的需要，在资金、技术、信息、购销、加工、储运等环节开展自主经营、自我服务和自我管理，一定程度上解决了农户分散小生产与大市场的对接问题，促进了农民增收、农业增效和农村发展（孔祥智等，2005；孙亚范，2006；苑鹏，2008），为农村经济的发展注入了新的活力。进入 21 世纪，随着农产品市场竞争的加剧和政策环境的逐步改善，各类农民专业合作经济组织呈现快速发展态势，特别是自 2007 年 7 月 1 日我国《农民专业合作社法》实施以来，我国农民专业合作社数量增长迅速，已成为我国农民专业合作经济组织的主要形式，2010 年底，全国依法登记的农民专业合作社已超过 36 万家，入社农户约 2800 万，约占全国农户总数的 10%。[①]

在农户家庭经营的基础上发展农民合作社是世界各国现代农业发展的共同经验和农业市场经济发展的必然要求，合作社作为市场经济国家农村社会经济中不可替代的重要力量，在组织农户参与市场竞争、保护农民利益、提高农业产业化和现代化水平中发挥着重要作用（黄祖辉，2000；杜吟棠，2004；黄祖辉，2008）。随着我国农业市场化、国际化程度的不断加深，农户分散经营的小生产与社会化大生产和国内外大市场的矛盾日益尖锐，在新的市场环境下，发展农民专业合作社既是我国农业现代化和社会主义新农村建设的迫切需要，也是提高我国农业国际竞争力和解决"三农"问题的一项治本之策（张晓山，2005；张红宇，2007）。但是，经过 30 多年的发展，我国农民专业合作社总体发展水平仍然很低，尚处于发展的起步

---

① 降蕴彰：《中国农民专业合作社达到 36 万家》，2011 年 1 月，经济观察网（http://www.eeo.com.cn）。

阶段，普遍存在着经营规模较小、服务功能不完善、组织管理不规范、发展不稳定的突出问题，大多数合作社依托农村专业大户、农村能人、涉农企业、政府农技部门等组织或社会力量创办和运作，普通成员参与合作的积极性和参与程度低，相当部分的合作社尚未与成员结成利益共享、风险共担的利益共同体（苑鹏，2008；夏英，2009；孙亚范，2008）。面对我国农民专业合作社存在的功能缺陷和发展困境，学术界需要从理论和实证的角度澄清以下问题：（1）是什么原因导致我国农民专业合作社长期在低水平上徘徊，难以有效发挥应有的组织优势和社会经济功能？（2）影响我国农民专业合作社内部制度安排和运行机制的主要因素是什么？农民专业合作社存在的制度变异和机制缺陷对于合作社的组织绩效和持续成长产生了怎样的影响？

20世纪80年代以来，由于经济全球化和农业一体化的发展，加快组织变革和制度创新成为西方农民合作社存续和持续成长的关键，农民合作社制度安排和组织效率问题也成为西方合作社理论研究的热点和前沿领域。但是，相关研究还不够完善，由于缺乏足够的实证研究的支持，在一些问题上还未形成一致的结论（黄胜忠，2008）。另外，和西方发达国家相比，我国农民专业合作社在起步阶段就面临着复杂的社会经济环境和农业产业环境：一是农业市场化、一体化、现代化、全球化和我国工业化、城市化加速发展；二是我国农户土地经营规模狭小、农民分化、农业经济发展路径独特和转型期农村社会政治结构复杂（徐旭初，2005），这些内外部因素和力量无疑会对我国农民专业合作社的成长和制度变迁产生深刻影响，因此，我国农民专业合作社的发展不能简单照搬西方国家的经验和理论成果，还必须在吸收、借鉴的基础上进行理论和实践创新，探索适合我国农村社会经济实际的合作社模式。

目前，学术界关于我国农民专业合作社的发展问题已进行了大量研究，但相关文献主要从宏观层面探讨影响我国农民专业合作社发展的因素，关于农民专业合作社制度安排、运行机制、组织绩效的研究还较为薄弱，尤其缺乏以参与主体微观行为分析为基础的农民专业合作社制度安排和运行机制方面的研究成果。在研究方法上，大多数文献主要进行规范分析和案例研究，由于缺少定量分析，很难对我国农民专业合作社的制度安排及其绩效进行客观评价，以及对我国农民专业合作社的制度创新问题形成一致的结论。

经济利益是人类一切经济活动的直接目的或最终目的，也是制度变迁的决定力量。作为成员自愿联合的组织，农民专业合作社发展的动力和目标是各类参与主体通过合作增加自身利益，因此，建立健全公平合理的利益机制是我国农民专业合作社发展中的关键问题。针对学术界尚缺乏关于我国农民专业合作社利益机制的形成和运行效果的系统研究成果的情况，本书基于立法后我国农民专业合作社发展的现实背景，以江苏省农民专业合作社发展为例证对象，运用新制度经济学的相关理论和社会心理学中的计划行为理论以及公共选择的集体行动理论等，通过问卷调查、典型调查和计量分析，对我国农民专业合作社利益机制的现状、影响因素及其对组织成员合作行为与组织绩效的影响进行理论分析和实证研究，从成员行为激励和提高组织绩效的角度，对影响我国农民专业合作社发展的内外部因素进行系统分析。

第二节 基本概念界定

一 合作社与农民专业合作社

（一）合作社与农民合作社

合作社尤其是农民合作社是市场经济国家普遍存在的一种社会经济组织形式，长期以来，对于合作社的定义存在不同的表述，如费特罗和埃尔思沃斯（Fetrow & Elsworth，1947）认为，经济合作社是由具有共同需要的惠顾者成员民主所有和控制，在非营利基础上为自己服务，并根据参与比例获得利益的一种企业形式；德国的合作社学者汉斯·缪恩克勒（Munkner，1991）认为，合作社是具有共同利益的人们在团结、互助的基础上结成的协会，并通过建立一个共同所有、共同出资和共同管理的企业来达到促进成员经济利益的目的。

关于合作社最权威的定义是国际合作社联盟（International Co-operative Alliances，ICA）在其1995年第31届代表大会上提出的合作社定义："合作社是自愿联合起来的人们，通过联合所有与民主控制的企业来满足他们共同的经济、社会、文化需求与抱负的自治联合体。"国际合作社联盟还对这一定义作了详细说明：（1）合作社是自治组织，尽可能地独立于政府部门和私营企业；（2）合作社是"人的自愿联合"，成员有加入和退出的自由；（3）满足成员共同的经济和社会需求是合作社存在的主要目的；（4）合作社是由全体成员"共同所有和民主控制的企业"，合作社的所有权在民主的基础上归全体成员。

总之，合作社是一个全球性的概念，具有特定的内涵：合作社是由惠顾者成员共同拥有、民主控制并共同受益的经济组织和社会团体。

西方市场经济国家通常将农民合作社称为农业合作社、农场主合作社、农业生产者合作社等，简单地说，农业合作社就是由农业领域里的独立生产者组成的合作社（马彦丽，2007），如埃文斯和斯多克迪克（Evens & Stokdyk，1937）指出，农业合作社是由农业生产者成员所结社、拥有和控制，为作为生产者或惠顾者的成员或股东的共同利益而进行经营并在成本基础上运作的企业组织。可见，农民合作社就是以农业生产经营者为主体的合作社。

（二）农民专业合作社与农民专业合作经济组织

农民合作社按照服务功能的不同可分为农民专业合作社和综合合作社（孙亚范，2006），农民专业合作社是以信贷或产品供销等某方面服务为主的合作社，农民综合性合作社把生产资料供应、信贷、生产服务和产品销售等产前、产中和产后各个环节的服务项目结合成一体。

关于我国农民专业合作社的内涵，我国2006年颁布的《农民专业合作社法》进行了明确的界定：农民专业合作社是"在农村家庭承包经营基础上，同类农产品的生产经营者或者同类农业生产经营服务的提供者、利用者自愿联合、民主管理的互助性经济组织"。

长期以来，农民专业合作经济组织也是我国学术界和实践部门广泛使用的名词，因此，有必要对这一概念给予界定说明。在国际合作经济运动中，合作经济组织在概念上与合作社一致，然而，由于我国农民合作经济组织经历了曲折的发展历程和演变，在我国，农民专业合作经济组织的内涵一直缺乏统一的界定和公认的解释（马彦丽，2007），学术界和实践部门也在不同层次上使用这一名词。由于本书以我国农村市场化改革以来在家庭承包经营制度基础上产生的农民专业合作社为研究对象，参考和借鉴的研究文献主要是对我国20世纪80年代以来产生的农民专业合作经济组织的相关研究成果，因此，本书中的农民专业合作经济组织是指以农民专业协会和农民专业合作社为主要形式的新型农民专业合作经济组织。

二　农民专业合作社利益机制

农民专业合作社作为维护和促进成员经济利益而进行经营的经济实体，成员之间围绕利益创造和利益分配必然结成复杂的权、责、利关系，并形成推动或制约组织功能发挥的利益机制。农民专业合作社的利益机制是为了实现特定的组织宗旨和目标，合作社与成员之间以及成员相互之间利益联系的方式、手段、规则、制度以及这些要素之间相互促进、相互影响、相互作用的过程或原理，是合作社围绕组织目标进行利益创造和利益分配的内在机理和运行方式。

农民专业合作社的利益机制主要涉及合作社与其成员的利益关联方式和合作社的利益分配机制（黄祖辉，2005），农民专业合作社的利益机制包括合作社与成员之间的利益联结机制和利益分配机制。利益联结机制指合作社与成员之间建立利益共同体的方式、手段以及这些手段之间的相互联系和相互制约的关系。农民专业合作社利益联结的方式主要有：成员向合作社缴纳股金；合作社向成员提供各种服务和优惠的交易条件；合作社与农户签订产品购销合同；年终进行收益分配。农民专业合作社的利益分配指合作社将生产经营成果按一定的分配依据和方式合理地分割给各个参与的成员，并妥善处理相互之间经济关系的过程。农民专业合作社的利益分配过程由多种要素构成：分配对象是分配的基础，分配主体和分配参与者决定了分配的进程，而分配依据、标准和方式是分配得以进行的保证。农民专业合作社的利益分配机制就是这些构成要素之间相互联系、相互制约，各自发挥功能、共同实现分配目标的内在机理和功能。农民专业合作社利益分配的基本方式和原则是盈余主要按成员与合作社的惠顾额即交易额返还成员和实行资本报酬有限。

三　成员合作行为

行为是人类有意识、有目的的活动，行为科学认为，行为既是人的有机体对外界环境刺激作出的反应，又是个体通过一系列活动实现其预定目标的过程，个体的内在需求和外部环境因素支配着人们的行为（尚普，2004）。由于人的一切活动都是为了满足自己的需要，因此，个体的内在需求是推动和指导人的行为发生的动力源泉和至关重要的力量，是人们行为的出发点。

在现代汉语词典中，合作指人们互相配合做某事或共同完成某项任务；英文中合作一词源于拉丁文，原意是共同行动或者联合行动。因此，合作是人们或组织为实现同一目标相互配合、共同行动的一种活动方式，合作行为是指两个或两个以上的参与者为实现共同目标和满足自身需要而相互配合、共同行动的活动。本书中的成员合作行为是指农户和农民专业合作社其他各类参与主体为实现共同目标和满足自身需要而相互配合、共同行动的各项活动及其参与程度，具体包括对合作社的投资入股、业务惠顾、参与管理和其他各项事务的行为以及生产经营行为、退出行为等一系列的行为选择。

四 农民专业合作社组织绩效

绩效就是业绩和效益，企业绩效指企业的经济效益和经营业绩（王辛平，2005），是企业能力的现实表现（叶生洪等，2006）。一方面，农民专业合作社是以服务成员、满足成员社会经济利益需求的特殊企业，作为一种经济组织，农民专业合作社的组织绩效应通过经济效益和经营业绩来体现；另一方面，农民专业合作社作为成员的利益共同体，其组织绩效最终还要体现在改善成员社会经济利益的效果上。目前，我国农民专业合作社发展面临的主要问题和关键目标是满足成员需要和实现自身的良性发展，并且要在二者之间达到平衡，因此，本书认为，农民专业合作社的组织绩效是其满足成员社会经济利益需求的程度和组织自身发展及业务经营方面达到的水平和成果。

第三节 研究目标、研究假说和研究内容

一 研究目标

本书研究的总体目标是：对我国农民专业合作社利益机制形成的原因及其运行效果进行分析、评价，为我国农民专业合作社的制度建设和机制创新提供科学依据。

具体目标包括：

（1）对现阶段我国农民专业合作社的发展状况、制度安排、利益机制、成员合作行为进行系统考察，以明确立法后我国农民专业合作社发展的趋势、特点和存在的问题。

（2）通过理论分析和实证研究，揭示影响我国农民专业合作社建立按惠顾额返还成员盈余为主的利益机制的各种内外部因素。

（3）从成员行为激励和提高合作社组织绩效的角度，对我国农民专业合作社利益机制的运行效果进行评价，以进一步明确我国农民专业合作社的发展和制度创新的方向。

二　研究假说

通过实证分析验证以下假说：

假说1：农民专业合作社利益机制的形成受合作社所处的外部环境和成员需求以及自身产权结构、治理机制等自身制度安排的影响，我国农民专业合作社发展中面临的一些特殊环境因素、成员构成的不同特点以及自身制度安排中存在的缺陷是导致利益机制不健全的主要原因。

假说2：农民专业合作社利益机制对于成员合作行为和组织绩效具有重要影响。

假说3：利益机制不仅直接影响农民专业合作社的组织绩效，而且通过影响成员合作行为而间接影响合作社的组织绩效。

三　研究内容

本书共分九章，主要研究内容包括以下七个部分：

（1）建立了农民专业合作社利益机制的形成及其与成员合作行为和组织绩效之间关系的理论分析框架。首先，对新制度经济学的制度与制度变迁理论、产权理论、交易成本理论、企业治理理论、集体行动理论进行了分析借鉴；其次，设定本文关于人的行为的基本假设，通过对制度与人类行为和组织绩效之间的关系进行分析、讨论，从制度变迁的视角建立了农民专业合作社利益机制及其与成员合作行为和组织绩效之间关系的理论分析框架，为本书的研究提供了基本的逻辑思路。

（2）对农民合作社独特的制度安排与利益机制进行了理论分析，以进一步揭示反映农民合作社本质特征的利益机制形成、运作的决定因素及其与合作社组织绩效的内在关系，为研究我国农民专业合作社利益机制及其变迁奠定理论基础。

（3）对立法后我国农民专业合作社的发展和利益机制的现状进行了

分析。通过文献梳理和对江苏省农民专业合作社问卷调查资料的统计分析，对现阶段我国农民专业合作社的发展状况、服务功能、制度安排、利益机制进行了系统考察。

（4）对农民专业合作社利益机制影响因素进行了实证分析。利用对江苏省205个农民专业合作社的问卷调查资料，采用罗吉斯蒂（Logistic）回归模型和多元线性回归（Multiple Linear Regression）模型，从政府政策、区域环境和产品竞争环境、合作社成员构成、发展模式、产权结构、治理机制、服务功能等方面，对影响农民专业合作社利益机制的内外部因素进行了实证分析。

（5）对农民专业合作社成员合作意愿及其影响因素进行了实证分析。应用计划行为理论，建立了农民专业合作社成员合作行为及其影响因素的系统分析框架，并利用对江苏省30个合作社243户成员的调研数据，从成员合作认知、利益满足、合作社制度安排和利益机制、成员对合作社管理层信任等方面，对农民专业合作社成员的合作意愿及其影响因素进行了实证分析。

（6）对农民专业合作社的制度安排、利益机制、成员合作行为与组织绩效之间的关系进行了实证分析。利用对江苏省205个农民专业合作社的问卷调查资料，采用结构方程分析模型，对农民专业合作社的产权与治理结构、利益机制、成员合作行为与组织绩效之间的关系及其相互作用机制进行了实证分析。

（7）结论与政策建议。基于全书的研究结论，提出了相应的政策建议。

第四节　研究方法、技术路线和数据来源

一　研究方法

本书将理论研究与实证研究相结合，将以实证考察和文献分析相结合的经验归纳法与在特定分析框架下进行假设和推理的理论演绎法相结合。在研究中，将规范分析与实证分析相结合、宏观分析和微观分析相结合，并以实证分析和微观分析为主。

首先，通过理论借鉴和文献梳理，提出本书的研究假设和研究思路，建立研究的分析框架；其次，以江苏省为整体样本，通过问卷调查和典型

调查，对立法后我国农民专业合作社利益机制的现状、影响因素及其对成员合作行为、合作社组织绩效的影响进行实证分析。在实证研究中，主要运用访谈调查、问卷调查、典型调查的方法，并借助 SPSS 软件和罗吉斯蒂（Logistic）回归模型、多元线性回归（Multivariable Linear Regression）模型、有序概率单位（Probit）模型和结构方程模型（Structual-Equation-Modeling，SEM）等计量经济模型对调研数据进行分析、计算，获得研究结论。

二　技术路线

本文研究的基本思路和具体的技术路线如图 1 - 1 所示：

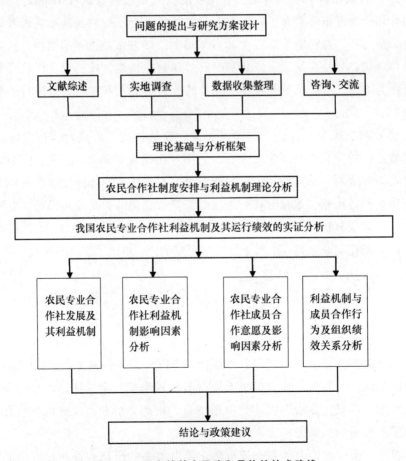

图 1 - 1　研究的基本思路和具体的技术路线

三 数据来源及调查方法

本书所采用的数据主要来源于两个方面：一是国家工商管理部门和农业部门关于农民专业合作社发展的统计资料；二是笔者对江苏省农民专业合作社的调查资料。笔者对江苏省的调查资料主要包括以下两部分：

（一）对江苏省农民专业合作社及其领导人的问卷调查资料

由于本项研究的重点是考察农民专业合作社利益机制的形成及其对成员合作行为和组织绩效的影响，这要求合作社必须经过一段时间的运行，并且能够为成员提供基本的服务，因此，问卷调查的对象是 2008 年以前在工商部门登记注册、依然还在运行的农民专业合作社。在国外，为农户提供资金服务的信用合作也是农民专业合作的重要形式，但是，由于我国农民合作金融组织还处在试点阶段，发展时间很短，组织运行尚不稳定，因此，本次调查的对象不包括农民金融合作组织。

调查工作于 2010 年 1—9 月进行，调查活动共分四个阶段：首先，根据研究目标和研究内容设计调查问卷，问卷内容主要包括农民专业合作社的基本情况、服务形式、经营状况、股金设置、利益分配、组织结构、治理机制、合作社领导人个人情况、工作体会及其对合作社发展的评价等问题。其次，通过对扬州市和南通市 8 个农民专业合作社进行预调查，对调查问卷进行了调整和修正。再次，根据各市农民专业合作社发展的数量规模和行业分布分别选取 20～30 个合作社作为调查对象，并通过各市农工办发放和回收调查问卷，共发放调查问卷 300 份，收回 185 份，剔除了主要性指标缺失和存有矛盾的样本，最终获得有效问卷 137 份，问卷有效率为 74.05%。最后，根据全省农民专业合作社发展的整体情况，按照行业分布、发展模式和发展水平在全省选取了有代表性的部分合作社进行了实地访谈和典型调查，完成了 68 份调查问卷。

问卷调查的对象都是农民专业合作社的理事长，典型调查中访谈的对象还包括理事会成员、监事会成员、普通农户成员和村镇干部。在访谈过程中，调查员不仅积极与合作社的理事长及其他人员进行面对面的交流，而且通过多方面的访谈获得相关信息，以保证获得的资料和数据真实可靠。调查结束后对问卷进行了集中检验，对于有疑问的调查问卷还通过与相关人员进行电话交流以便进一步核实。调查工作共获得有效问卷 205

份，205 个农民专业合作社分布在全省 13 个市，它们经营的产品涉及粮食、禽蛋、肉类、水产品、果蔬、食用菌、花卉苗木、蚕茧、茶叶和农产品加工以及农机服务、生产资料供应等。从行业分布、成立时间、发展模式、成员规模、合作类型看，样本能较好地代表江苏省农民专业合作社发展的总体情况。

（二）对江苏省农民专业合作社成员的抽样调查资料

为了了解农民专业合作社成员参与合作的意愿、行为及影响因素，本项研究对农民专业合作社成员进行了抽样调查。

调查工作于 2010 年 1—9 月进行，调查步骤如下：首先，通过对扬州市和盐城市的 5 个农民专业合作社中的 30 户成员进行预调查，对调查问卷进行了调整和修正。其次，根据全省农民专业合作社发展的整体情况，按照行业分布、成立时间、发展模式、成员规模、合作类型在全省选取了有代表性的 30 个农民专业合作社作为调查对象。由于调查的目的是考察合作社的服务功能、制度安排、利益机制以及组织的其他因素对成员合作意愿的影响，因此，本书在选择调查对象时排除了那些不能开展服务活动、成员规模过少、发展时间很短的农民专业合作社，选择的农民专业 30 个合作社的建立时间都在两年以上。样本组织分布在全省 13 个市中的 11 个市（南京市和淮安市除外），其中，苏南的苏州、无锡、常州、镇江 4 市 10 个，苏中的南通、泰州、扬州 3 市 9 个，苏北的徐州、连云港、宿迁、盐城 4 市 11 个。再次，对调查对象的负责人进行访谈，了解合作社发展的总体情况，在此基础上，采用分层抽样的方法，根据合作社成员人数从每个合作社中随机抽取 8—10 个成员作为调查样本，共获得调查问卷 285 份。最后，对调查问卷进行认真复查、审核，剔除不合格问卷，共获得有效问卷 243 份，问卷有效率为 85.26%。被调查成员在合作社中的角色构成如下：理事会和监事会成员共 28 个，主要股东 13 个，普通成员 202 个，分别占全部样本的11.5%、5.3% 和 83.1%。对成员的调查主要采用调查员入户进行面对面访谈的方式完成。

第二章

国内外研究综述

第一节 国外合作社理论研究综述

一 国外合作社理论研究的主要内容

合作社起源于西方，自 1844 年第一个规范的合作社"罗虚代尔公平先锋社"（Rochdale Society of Equitable Pioneers）在欧洲诞生以来，合作社在西方国家已经历了 170 年的发展，并作为一种成熟的经济组织形式在社会经济中扮演着重要的角色。与此相对应，西方国家关于合作社的理论研究也比较成熟。

一般认为，20 世纪 40 年代，西方规范的合作社理论开始形成。20 世纪 40 年代至 70 年代，西方学者主要应用新古典经济学的方法，从提高合作社内部资源配置效率的角度探讨价格—产出均衡及其对市场竞争的影响；进入 20 世纪 80 年代以来，由于新制度经济学和博弈论的发展，西方学者主要借鉴新制度经济学的契约理论、交易成本理论和博弈论的方法研究合作社内部制度安排及其效率和变革态势。从研究内容来看，国外关于合作社的理论研究主要围绕以下问题展开。

（一）关于合作社本质及其存在原因的研究

1. 关于合作社本质的研究

对于合作社的本质，不同的理论有不同的认识。首先，在新古典经济学的框架下，一直存在着合作社是企业还是多厂联合的争论。以恩克（Enke，1945）和赫姆伯格及霍斯（Helmberge & Hoos，1962）为代表的学者认为，合作社是一种独立的企业模式，合作社存在核心目标，其决策也主要由经理人员主导的"高级协调者"（Peak Coordinator）来完成；而以埃米里扬诺夫（Emehanoff，1942）和菲利普斯（Phillips，1953）为代表的学者认为，由于合作社坚持按成本交易，所以，它不是一个追求利润最大化的厂商，而是独立的经济行为人的一个集合体或是多厂实行垂直一体化的商行，他们否认合作社的企业性质，认为合作社只是农场的延伸，是独立的农场主为了从纵向协调中获益的一种联合行动。其次，在新制度经济学的理论视角下，合作社被认为是一种"合约集"（Nexus of Contracts），合作社与股东间的交易关系是一种契约关系；而以博弈论为基础的理论则把合作社视为一个追求效用最大化的亚群体之间的"联盟"（coalition），农民合作社则是农场主以集体或联合行动而存在的联盟模式。

由于社会经济环境的复杂性和资源禀赋的差异性，多年来关于合作社的本质一直存在争论。进入 20 世纪 90 年代以来，随着成员异质性问题以及合作社中的议价、谈判、代理、小群体利益等问题日益突出，"契约"和"联盟"观点的应用越来越普遍，这是合作社理论研究值得注意的发展趋势。

2. 关于农民合作社存在的原因和社会经济功能的研究

一方面，国外学者采用规范的新古典经济学方法对于农民合作社存在的一般原因进行了广泛的讨论，例如：诺斯（Nourse，1944）认为，市场失灵是农民合作社存在的前提，农民合作社存在的目的是获得足够的市场份额，从而加强竞争，提高市场效率；赫姆伯格（Helmberger，1966）认为，农民合作社产生的原因在于现有的企业未能为农民的利益服务，农民合作社的目标是确保农产品销售和农业投入品购买的交易符合竞争的要求；塞克斯顿和伊斯科（Sexton & Iskow，1988）、迪吉克（Dijk，1997）认为，农民通过合作社可以实现纵向协调，从而节约生产成本，获取规模经济效益。另一方面，西方学者还运用新制度经济学的理论和方法，从农业产业的特点和交易效率的角度解释了农民合作社产生的原因，认为节约交易费用是农民合作社组建的主要原因，例如：萨茨（Saattz，1987）分析了资产专用性、不确定性、外部性等因素对形成农民合作社的影响，认为农民合作社的出现是为了降低交易成本；罗吉尔（Royer，1995）认为，与投资者所有企业（Investor-owned Firms，IOFs）、合同等其他形式相比，农民合作社能降低由资产专用性引起的交易成本，这是因为农民合作社由农民所有，不会因为交易条件的变化而不履行与农民成员之间的协议。

同时，国外学者还通过规范分析和实证研究，广泛探讨了农民合作社的组织优势和社会经济功能。欧利拉和尼尔森（Ollia & Nilsson，1997）认为，相对于单个农户，农民合作社具有规模经济和更强的市场开拓能力，能够减少交易频率和交易风险，这些优势和盈余的惠顾返还机制一起，保证了农民成员获得相对稳定的收益。欧利拉（Ollia，1994）还指出，农民合作社相对其他协调组织有降低交易成本的潜力，当交易双方都有专用性投资且有不同的规模经济时，合作社是一种优越的解决途径；农民合作社的关系合同、特殊产权和处理不确定性的特征可以降低交易费用。罗杰（Roger，2000）认为，农民合作社具有多方面的优势：农民合作社面对市场失灵和政府失效时是有效的，在提供准公共物品以及对社会（社区）问题方面反应迅速；农民合作社具有信任优势和互助的优势；农民合作社具有关系或社会资本的优势、参与及合作价值以及较好的社会效率。多项实证研究表明（汉姆伯格和霍斯，1962；塞克斯顿，1990；罗杰斯等，1994），实行门户开放政策的农民合作社不但改善了农民的市场地位，提高了农民收入，而且有利于促进市场竞争，改善市场绩效；农民合作社在农村发展、成员教育、沟通政府和社会管理等方面能够发挥重要作用（特里克特，1969；萨茨，1987）。

（二）关于合作社制度及运行机制的研究

进入 20 世纪 80 年代后，西方学者关于合作社的研究越来越多地运用新制度经济学的产权理论、交易费用理论、博弈论等方法，从微观角度对合作社制度及其运行机制进行更为深入的分析，研究内容涉及成员利益的异质性、投资激励和决策规则设计、治理结构选择、管理者行为等问题。

1. 关于合作社产权结构及其演变的研究

维塔利奥（Vitaliano，1983）认为，合作社是一种"现代的、复杂的合作型企业，其剩余索取权由为其提供产品并与组织有着一系列契约关系的成员所拥有"，传统合作社的剩余索取权具有三个显著特点：被限定在惠顾群体；是选择性权利，当成员保持对合作社惠顾时才发生；不可转让和分离，也不能市场化，这些特点将对合作社的绩效和经济效率产生重要影响。查达德和库克（Chaddad & Cook，2003）按照产权安排将农民合作社分为六类，其中，传统合作社和投资者所有企业（IOFs）是两种极端形态，中间依次为比例投资型合作社、成员投资型合作社和新一代合作社、外部联合型合作社、股份投资合作社。

2. 关于合作社决策和治理机制的研究

威廉姆森（Williamson，1991）认为，合作社由所有成员集体所有，是一种既不同于市场又异于投资者所有型企业的混合组织结构。艾勒斯和汉佛（Eilers & Hanf，1999）认为，合作社中的委托—代理关系不同于投资者所有型企业（IOFs），合作社中存在双向委托和代理关系，当合作社管理者向成员提供合约时，管理者是委托人，而当农户向管理者提供合约时，成员是委托人。亨德里克斯和维尔曼（Hendrikse & Veerman，2001）运用交易成本理论研究了营销合作社的资金结构和成员控制之间的联系，并比较了投资者所有型企业和合作社在控制与投资决策行为上的差异，他们认为，由于合作社的投资决策往往由少数代理人决定，因此，与 IOF 相比，合作社在投资决策上存在劣势。布吉曼（Bijman，2006）认为，资产专用性和计量的困难决定了合作社存在着协调问题；交易频率、不确定性和相互依赖决定了合作社存在着保护问题，因此，合作社需要通过产权安排、社会机制和协调机制等治理机制解决这些问题。

随着实践的发展，合作社成员之间的异质性逐渐增强，自 20 世纪 80 年代以来，西方学者开始关注成员异质性及其对合作社治理的影响。卡农（Condon，1987）认为，成员在生产规模、风险偏好和未来收益折现率上的不同导致其利益冲突，合作社理事会的一个重要角色就是协调成员的行为以使合作社的决策充分关注长期利益。布吉曼（2005）发现，成员异质性使合作社决策难度加大，成员与合作社之间的协调更加困难，对合作社的忠诚度及投资意愿也会减弱。面临成员的异质性，一些学者强调了信任等社会因素在合作社治理中的重要作用（哈克里斯，1996；汉森，2002）。

此外，一些学者对于传统合作社一直坚持的一人一票的民主控制原则提出了新的理解，如巴顿（Barton，1989）认为，民主控制也可以理解为按照一些可接受的根据由成员来治理或者控制，并提出了比例控制原则，即成员的投票权与其惠顾额挂钩。随着合作社规模的扩大，成员参与管理的能力不足和兴趣减弱，合作社由成员的民主控制转向专家管理控制，出现了类似公司的"委托—代理"（Principale-agent）问题。在合作社中，成员扮演委托人的角色，理事会是他们的代表，经理执行代理人的功能。库克（1994）详细讨论了合作社与投资者所有型企业经理的角色区别，认为组织形式不同是造成差别的重要原因，而合作社经理则是更加难以扮演的角色。罗吉尔（1999）认为，由于合作社缺乏股份交易市场以及股权激励机制，合作社内的委托—代理问题非常严重，股份交易市场的缺失导致成员很难有效监督管理者的行为以及评价合作社的价值，而股权激励机制的缺失导致合作社很难吸引和留住优秀的管理者，并且使管理者有动力将合作社转变为投资者所有的企业。他还指出，随着合作社规模扩大和合作社变得更加由消费者导向，生产者导向的理事会将在监督管理者方面失去效力。

3. 关于合作社集体选择问题的研究

在新古典经济学的研究文献中，合作社成员被认为是同质的，关于合作社经济行为的模型基本上都假定合作社追求由一个代理人决定的单一目标函数的最优化，或者一群代理人具有相同的目标，或是由成员通过简单多数原则保持目标的一致性，因而相关研究很少关注成员的异质性及其对合作社组织结构的影响问题。从 20 世纪 80 年代开始，西方合作社加快了合并重组的进程，组织规模不断扩大，成员构成日益多样化。由于成员异质性日益突出，越来越多的研究者开始把合作社视为追求效用最大化的亚群体之间的一种"联盟"，借鉴俱乐部理论和博弈论来分析成员异质性条件下的合作社内部决策问题。塞克斯顿（1986）通过博弈分析，对农户采取集体行动的动机和决策行为进行了研究，解释了如何在成员及其他参与主体之间合理分配成本与收益对合作社的产生、稳定及组织效率的重要性。苏斯曼（Zusman，1992）根据契约理论建立了合作社企业的集体选择模型，解释了成员之间存在差异的合作社如何在信息不完全、不确定和有限理性等情况下来制定规则以及如何选择集体规则。苏斯曼和劳塞尔（Zusman & Rausser，1994）还采用合约研究方法建构了一个在集体行动组织中不同参加者之间的讨价还价博弈模型，对合作社中群体行为和组织效率的关系进行了分析，他们认为，集体行动的效率在很大程度上取决于各种不同社员集团的相对议价能力以及中央决策者的决策限度，其研究结论对于如何设计有效的集体行动组织问题具有重要的指导作用。

（三）关于农户参与合作行为的研究

国外学者从不同角度探讨了成员参与合作的行为及其影响因素。罗德

（Rhodes，1983）指出，农民组建合作社的经济动因包括增加经济收益、确保产品销路、取得市场抗衡力量和维持与扩大产能，其中，净的经济收益（包括惠顾返还）是农民加入或离开合作社行为决策的关键影响因素或支配性的行为动因。库克等（2003）运用结构方程模型，分析了美国"新一代农民合作社"的组织制度和产权制度对成员投资行为的影响，研究表明，澄清产权和实行封闭的成员资格政策能够增强对成员投资的激励。哈维和麦克尔（Harvey & Michael，2006）认为，对合作社的信任是农户参与合作的重要原因。

以上研究表明，成员参与合作的行为不仅受经济收益因素的影响，而且受成员自身信念、知识、对合作社的信任因素以及合作社的活动和组织管理制度的影响，由于不同国家农户的价值观和经营环境及条件不同，因而农户参与合作社的社会经济需求必然存在差别；而且不同国家合作社发展阶段和水平不同，合作社开展的经营活动和在制度安排上也存在不同特点，因此，关于成员合作行为影响因素的研究还需要结合不同国家的实际情况进行更加具体的分析。

（四）关于农民合作社效率及影响因素的研究

作为与投资者所有企业并存的经济组织，合作社的效率问题一直是西方农业经济研究的热点问题之一。与新古典经济学派主要关注合作社的社会经济效果和市场绩效不同，20世纪80年代兴起的新制度经济学派主要从微观角度研究合作社的组织效率，认为合作社不清晰的产权和较高的代理成本影响其资源配置，所以，与投资者所有企业相比，合作社的效率较低。库克（1995）认为，合作社是一个"定义模糊的用户与投资者的财产权集合"，不充分的产权会导致"搭便车"问题、成员投资的"视野"（Horizon）问题、"投资组合"（Portfolio）问题、"控制"（Control）问题和"影响成本"（Influence Costs）问题，这些问题将影响其组织效率，如"视野"问题将降低成员面临增长机会进行投资的动力。德姆塞茨（1999）认为，由于合作社的管理者并不拥有剩余索取权，改善管理的收益不可能资本化为管理者的个人财产，因而投机取巧行为比其他类型的组织更容易发生，使合作社的组织成本较高。

然而，关于农民合作社与同等竞争的投资者所有企业（IOFs）的效率高低问题，国外学者一直存在不同观点和研究结论。汉斯曼（Hansman，2001）认为，"低得超乎寻常的所有权成本"是合作社能够在竞争激烈的农业领域获得广泛发展的原因：合作社将企业所有权配置到作为顾客的成员手中，为农户对合作社实施监督提供了动力和机会，降低了合作社的代理人成本；由于成员间利益的高度一致性，基于共同经营目标的集体决策成本也可能最小化，合作社严密的所有权结构既节省了市场交易成本，又可以在规模经济效应明显的地方有效地监督管理人员。阿尔贝克和舒尔兹（Albaek & Schultz，1997）对农业营销合作社投资决策的研究结果表明，一人一票的民主投票方式并不与效率相抵触，也不会扭曲营销型合作社的投资决策。哈特和莫尔（Hart & Moore，1996）对于合作社和投资者所有企业的组织效率进行了比较，指出两种组织效率的高低主要取决于成员的异质性程度和所处市场环境的竞争激烈程度，在成员较为同质性以及市场竞争较缓和的条件下，合作社是一种更有效的组织形式。在实证研究方面，费瑞和波特（Feerier & Poter，1991）对美国牛奶加工合作社的研究表明，合作社的技术效率、分配效率和规模效率都较差，他们认为政府的支持和优惠是合作社保持市场竞争力的重要来源，而根茨格拉尼斯（Gentzoglanis，1997）对加拿大牛奶合作社的研究表明，合作社与非合作社企业在一系列财务和经济指标上几乎相当。

上述研究说明，合作社效率的高低既与外部环境有关，也与其内部的成员构成及治理结构等因素有关，所以，不能简单地对合作社的效率进行评判，而应结合其内外部环境进行具体分析。

（五）关于农民合作社发展方向和制度创新的研究

20世纪80年代以来，随着市场的开放、农业产业化和一体化的发展，农业产业环境的新变化对传统合作社带来了严峻的挑战，在这样的背景下，关于农民合作社发展方向和制度创新问题成为国外学者关注的焦点，如库克（1995）指出，合作社是一种为应对外界环境变化而发展起来的组织形式，随着农业工业化进程的加快，农民合作社将会逐渐发展成为"农民的综合代理"（Comprehensive Agent of Farmers），并提出了一个随着环境的变化农民合作社诞生、发展或消亡的"生命周期"（Life Cycle）模型，认为随着农民合作社的发展，由于产权模糊导致合作社的组织和交易成本越来越大，使一部分农民合作社退出一些领域，另一部分则通过内部的制度变迁转型为"新一代合作社"（New Generation Cooperative）。在农民合作社的调整和转型中，美国"新一代合作社"被视为创新的成功模式受到了众多学者的重视和关注，如尼尔森（2000）认为，"新一代合作社"与传统合作社最重要的区别是有交货合同和成员资格不开放或受限制，其制度调整解决或减轻了传统合作社制度安排所导致的眼界问题、公共产权问题、投资组合问题等，同时又保持了传统合作社的基本特征。

二　简要评论

综上所述，西方合作社理论非常丰富，在研究内容上早已从解释合作社存在的合理性到深入分析合作社的产权安排、治理结构和激励机制，从关注合作社在宏观经济中的作用转向关注合作社的市场竞争力和在新的市场环境条件下的持续发展问题；在研究方法上，也从单纯的定性分析到定性分析与定量分析相结合，从宏观方法转向微观方法。尤其是20世纪80年代以来，西方学者不仅广泛运用新制度经济学和博弈论的理论和方法进行规范分析，而且还广泛采用案例分析和数理分析工具进行实证研究，探讨合作社发展中的各种实际问题，合作社的理论研究与实践结合得日益紧密。

第二节　国内合作社理论研究综述[①]

一　国内合作社理论研究的主要内容

自20世纪90年代以来，由于农村市场经济的发展和农业产业化经营的推进，关于农民专业合作经济组织发展问题逐渐成为学术界的研究热点，我国学者从不同角度对农民合作经济组织进行研究并取得了丰富的研究成果，有关研究可以分为以下五个方面。

（一）关于合作社的本质及其基本特征的研究

综观世界各国合作社发展的实践可以发现，不同国家合作社的种类和内部运行机制各有特点，国际合作社原则也处在不断的发展和变化之中，

---

① 由于在《农民专业合作社法》实施以前，国内大量文献使用的是"农民专业合作经济组织"一词，因此，本书关于国内文献的评述将不对"农民专业合作社"和"农民专业合作经济组织"方面的文献作严格区分。

那么，合作社作为一种特殊的社会经济组织，与其他经济组织相区别的本质属性和基本特征是什么？由于这些问题关系着我国农民合作组织创新和发展的基本方向，所以，自20世纪90年代以来，伴随着我国新型农民合作经济组织的兴起，我国学者对这些问题进行了较多的研究。

有关文献大致可以分为以下两类：一类文献通过对国际合作社基本原则及国外合作社发展的分析、借鉴，探讨了合作社的本质特征和我国农民专业合作经济组织发展应坚持的基本原则和制度创新方向；另一类文献对农民专业合作经济组织的组织特征、制度安排、存在缺陷和发展方向进行了理论分析。徐旭初（2003）通过对国际合作社原则及其演变的考察，将合作社的本质规定归结为所有者与惠顾者同一、自愿自治和独立、成员民主控制、按惠顾额分配盈余以及资本报酬有限五个方面。应瑞瑶（2004）认为，由于发展环境的变化和自身存在的矛盾，国际上合作社制度安排的变化呈现出五个方面的演进趋势：从入退社自由向成员资格不开放发展，从绝对的一人一票制向承认差别发展，从公共积累的不可分割向产权明晰发展，从严格限制资本报酬率向外来资本实行按股分红方向发展，从成员管理向拥有专业知识的职业经理管理发展；并指出，现代合作社在调整、变革的过程中仍然坚持了传统合作社的基本内核，即顾客与其所有者的同一性、以成员受益为目标、坚持成员民主管理和按惠顾额返还盈余以及资本报酬有限的基本原则。廖运凤（2004）认为，合作制是劳动者管理与控制型经济，合作制的本质就是要限制外部资金进入企业并分割企业利润，如果允许大量外部资金进入企业并分享其收益，或允许经营者持大股，就会违背合作制的基本原则，使合作制企业变成了股份制企业。苑鹏（2006）认为，合作社是以自愿联合起来的使用者为导向的，它是由用户所有、用户控制和共享、促进用户共同经济利益的自助组织，其本质属性是所有者与使用者的同一性，同一性是合作社与其他经济组织的根本区别。宫哲元（2008）运用奥尔森的集体行动理论对合作社原则的变迁进行了解释，认为变迁的实质是合作社内各类成员的利益不断调整的过程，其目的在于消除成员的"搭便车"（Free Rider）行为，通过制度激励促进集体行动的成功。黄祖辉、邵科（2009）将合作社的本质属性归结为自我服务和民主控制两个方面，他们认为，这些组织特性曾极大地促进了合作社早期的发展，但随着时代的变革，合作社的这些特性正在发生漂移，这些变化对我国农民专业合作社的发展已产生了重大影响。

以上研究对于正确认识合作社的本质特征和我国农民专业合作经济组织的制度创新方向起到了重要作用。但是，由于合作社制度本身存在的固有矛盾和外部环境的变化，合作社组织原则和制度安排正处在演变和调整的过程中，加之我国农民合作社发展面临的特殊环境和复杂现实，国内学者对于如何坚持合作社的基本原则规范及创新我国农民合作社制度并未形成完全一致的认识，因此，关于合作社的本质特征的研究和讨论还会继续。

（二）关于我国农民专业合作经济组织的发展和制度变迁的研究

关于我国农民专业合作经济组织的发展，国内学者进行了大量的研究，研究内容主要涉及以下方面：

1. 关于我国农民专业合作经济组织产生的原因及其作用的研究

国内学者从提高我国农业产业国际竞争力、发展现代农业、保护农民权益、增加农民收入、建设社会主义新农村等方面，广泛论述了我国农民专业合作经济组织发展的客观必然性及意义、作用，这些文献或者运用新古典经济学方法或新制度经济学的交易费用理论、制度变迁与创新理论进行理论分析，或者通过实际调查对合作社发挥的作用进行具体分析。黄祖辉（2000；2008）认为，农业中普遍存在合作组织的根本原因在于家庭经营在农业中的普遍性和家庭经营在竞争市场中的局限性；农民合作组织是一种介于市场与科层之间的制度安排，这种制度安排能够降低交易成本与内部控制成本。张晓山（2003）指出，发展农民专业合作经济组织，能够降低农民进入市场的交易费用，获取规模经济收益；为农民提供社会化服务；增加农民收入。周立群、曹利群（2002）从契约的不完全性角度分析了合作社作为中介组织在稳定龙头企业和农户之间交易的重要性。唐勇（2003）利用博弈论方法进行案例分析，证明了农业合作社可以有效提供"俱乐部产品"（Club Goods），是产业内产销关系治理的有效方式。

总体上，国内在这方面的研究文献数量较多，观点基本一致，但与国外的研究相比，国内的研究主要是规范分析，对农民合作社的作用进行定量分析的实证研究成果偏少。

2. 关于我国农民专业合作经济组织发展状况和影响因素的研究

有关文献通过实地调查和理论分析，对全国或不同地区农民专业合作经济组织的发展状况、组织形式、影响因素进行了探讨。黄祖辉等（2002）通过对浙江省的调查，将影响农民专业合作经济组织发展的因素归结为产品特性因素、生产集群因素、合作成员因素和制度环境因素。徐旭初（2005）认为，我国农户土地规模小、农民分化、合作社企业家及农户合作社知识匮乏、政府顾虑、独特的农业经济发展路径、法律制度缺失和与相关主体存在的潜在矛盾是制约我国农民专业合作组织产生发展的因素。孙亚范（2006）通过对江苏省农民专业合作经济组织的调查分析，总结了农民专业合作经济组织的类型、发展模式、主要特点及存在问题。王新利等（2007）对我国东中西部三大区域农民专业合作经济组织的发展状况进行了比较分析，认为区域经济发展水平、资源禀赋等外部环境影响农民专业合作经济组织的发展水平，并提出了适合不同区域农民专业合作经济组织的发展模式。崔宝玉（2008）通过典型案例分析，指出经济发达地区资本控制下的农民专业合作社呈现出明显的功能弱化现象和产权锁定的特征。孔祥智、史冰清（2009）认为，我国农民合作经济组织的发展很不成熟，在组织运行、经济实力、服务功能、社会影响力和合作程度等方面都与发达国家存在很大差距，政府支持不足、缺资金和内部管理不规范是影响我国农民专业合作组织发展的主要因素。张晓山（2009）通过案例分析，对立法后我国农民专业合作社的发展趋势进行了探讨，认为大户领办和控制的合作社在一些地区已成为合作社的主要形式，我国农民专业合作社将长期呈现异质性和多样性的特点。黄季焜等（2010）通过对全国7省农民专业合作经济组织的调查发现，大多数合作组织服务功能薄弱，组织的潜在收益和组建方式对合作组织的服务功能影响显著，领导人能力等人力资本和村庄所处市场条件对合作组织的服务功能提高也有一定的影响。潘劲（2011）对立法后我国农民专业合作社快速增加的现象进行了解析，认为政府疏于监管导致各种不规范的合作社大量产生，现实中相当数量的合作社处于停滞状态，也没有真正惠及全体成员。张靖会（2012）运用俱乐部理论对农民专业合作社发展中的成员同质性和异质性的影响进行了理论分析，认为成员构成的同质性是合作社形成的前提和基础，而异质性的成员结构对合作社的影响则有弊有利。黄祖辉等（2012）通过实证分析，认为成员拥有的资源状况、社长的企业家才能及其激励水平、产业集群、产品认证、政府资金扶持对我国农民专业合作社服务功能的实现程度具有显著影响。

3. 对于我国农民专业合作经济组织发展机制和制度变迁的研究

有关文献运用新制度经济学的制度变迁与创新理论、公共选择理论或博弈论等我国农民专业合作经济组织发展的内在机制进行了探讨。冯开文（1999）认为，我国农业合作制度变迁是一场诱致性和强制性变迁交替并逐步协调的过程，只有两种变迁方式配套实施，才能化解强制性变迁带来的产权低效和"制度失败"以及诱致性变迁存在的"搭便车"等问题，形成制度变迁的最佳格局。孙亚范（2004）认为，由于受农民自身素质和外部环境的制约，我国农民专业合作经济组织的制度创新成本高昂，从而制约了农民专业合作经济组织的发展。邓衡山等（2011）通过实证分析，探讨了组织化潜在利润对农民专业合作组织形成和发展的影响。黄珺等（2005）通过博弈论分析认为，集体理性和个体理性的冲突、信息不对称和机会主义行为是中国农民面临合作困境的深层原因。马彦丽等（2006）认为，我国农户生产规模小，难以摆脱集体行动的困境是导致农民合作组织发展缓慢的根本原因。黄胜忠（2008）认为，由于存在高合作成本和低合作收益以及普遍存在的"搭便车"问题，导致我国农民专业合作社的形成和发展不得不依赖于相对强势的非小农群体，这种成长特性会影响合作社的制度安排和组织行为。

4. 关于政府在农民合作经济组织发展中的作用和立法问题的研究

国内学者对于合作社发展与政府的关系、政府扶持合作社的必要性、手段及立法问题也进行了较多的探讨。苑鹏（2001）认为，合作社制度的反市场性使其对政府扶持具有天然倾向；应瑞瑶等（2002）、郭红东（2003）认为，政府的作用主要在于立法规范、政策扶持和监督管理；国鲁来（2006）通过国际比较和借鉴，对政府促进合作社发展政策的依据、目标、内容及其应注意的问题进行了研究；赵国杰（2009）等运用企业生命周期理论，对政府在农民专业合作社不同发展阶段的角色定位及工作重点进行了探讨；苑鹏（2009）对部分西方发达国家政府与合作社关系的历史演变进行了分析，认为政府扶持重点是为农民专业合作经济组织的自主发展建立公共服务平台、营造良好的市场竞争环境。关于合作经济组织的立法问题，欧阳仁根（2003）、任大鹏等（2004）、徐旭初（2005）对我国合作社立法的必要性和内容进行了讨论，杜吟棠（2008）、李秀丽等（2009）、曾文革等（2010）、饶晓盼等（2012）对我国《农民专业合作社法》及实施中的问题进行了讨论，并提出了完善的建议。

（三）关于我国农民专业合作社的制度安排和运行机制的研究

进入21世纪以来，关于我国农民专业合作经济组织的制度安排及其运行机制问题逐步受到了学术界的关注，并且成为新的研究热点，这些文献运用委托代理理论、产权理论或博弈论等方法，对我国农民专业合作经济组织的产权结构、治理机制、盈余分配及其影响因素进行理论或实证研究。例如：徐旭初（2005）以浙江为例，对我国农民合作经济组织的产权安排和治理结构进行了分析，认为合作经济组织的治理结构是不同主体基于能力和关系的合作治理；罗必良（2007）、曹阳等（2008）对合作经济组织的退出机制及其对组织效率的影响进行了讨论；黄胜忠（2008）从成员异质性视角对我国农民专业合作社的所有权结构、控制权结构和利益分配结构进行了分析；邵科、徐旭初（2008）从成员入股额的角度探讨了成员异质性对农民专业合作社治理结构的影响，认为在成员异质性无法彻底消除的情况下，农民专业合作社的发展不一定要每个成员入股和不强求成员均衡持股，但要充分发挥一人一票民主管理机制的作用，保证理事会、监事会之间的相对同质性和相互间的有效制衡；张雪莲、冯开文（2008）通过博弈分析指出，现阶段有利于管理者的决策权分割格局不利于农民专业合作社的长期稳定发展；马彦丽等（2008）、崔宝玉（2011）、孔祥智（2011）对我国农民专业合作社的委托—代理问题及其产生的原因进行了理论分析；崔宝玉（2010）对我国农民专业合作社产生资本控制问题的原因及其积极和消极效应进行了分析，并提出了优化农民专业合作社治理机制的建议；吴彬、徐旭初（2013）的研究表明，农民专业合作社的状态特性对其治理结构的类型具有显著影响；柳晓阳（2005）、郭红东等（2008）对于农民专业合作社治理中的信任因素进行了研究；周应恒、王爱芝（2011）从人力资本稀缺和成员选择的视角解释了我国农民专业合作社股份化的原因；于会娟、韩立民（2013）认为，在成员异质性条件下，农民专业合作社治理的关键不是对稀缺要素所有者成员权利的绝对削减，而是通过不断提升一般成员的合作参与度和监督能力，实现对核心成员权利的相对约束和限制。

相对于产权和治理结构问题，学者们对于我国农民专业合作社的利益机制和盈余分配问题研究较少，目前有关文献主要涉及以下几个方面：

1. 关于利益机制现状和存在问题的研究

黄祖辉等（2005）认为，农民专业合作社的利益机制主要涉及合作社与其成员的利益关联方式和合作社的利益分配机制，而利益分配是利益机制的关键。郝小宝（2005）结合陕西农民合作经济组织的发展状况，将我国农民合作经济组织的利益联结机制分为技术合作互助型、合同契约联结型、股份产权联结型、资源租赁扶助型四种类型。孙亚范（2009）结合江苏农民专业合作经济组织的发展状况，将农民专业合作经济组织的利益联结机制分为服务优惠、合同契约、利润返还和股份产权联结四种主要模式。郑丹（2011）对农民专业合作社的盈余分配状况及存在的问题进行了调查分析。郑鹏、李崇光（2012）对参与"农超对接"的农民专业合作社盈余分配中的问题及其原因进行了探讨。

2. 关于利益机制构建的研究

李长健等（2006）认为，农民合作经济组织应坚持"公平优先兼顾效率"的分配理念，这对合作经济组织的内部稳定和可持续发展具有重大意义。潘嘉玮（2008）认为，合作社以服务成员为宗旨，在分配上应实行利益分享、惠顾返还的原则，盈余首先应按惠顾返还原则分配，按股分红一般应控制在低于惠顾返还的比例之内。米新丽（2008）基于法学视角对于农民专业合作社盈余的性质及其分配制度进行了分析，认为合作社应坚持按惠顾（交易）额分配和资本报酬有限的分配原则。孙亚范（2009）在对江苏省农民专业合作经济组织调查分析的基础上，提出了我国农民专业合作经济组织利益机制的构建必须坚持公平和效率兼顾以及协调、平衡的原则，建立成员"共同占有、利益共享、风险共担"的利益机制，具体包括资金合作机制、优质服务机制、契约连接机制、分工协作机制以及利益分享和风险共担机制。

3. 关于利益机制影响因素的研究

目前，直接对利益机制及其影响因素的研究文献较少，这方面的主要成果有：孙亚范（2008）以江苏省为例，对农民专业合作经济组织利益机制及其影响因素进行了研究，认为外部环境不完善和农民素质、合作能力不适应是农民合作经济组织产生制度变异和利益机制不健全的根本原因。冯开文（2006）认为，合作社的分配制度是产权和治理机制等的体现和折射，受合作社内部因素和外部因素的影响和制约，合作社的产权是分配制度的决定因素之一。赵鲲等（2006）通过对合作社与有限责任公司在组建主体、经营过程等方面的比较，指出成员出资不同并不影响合作社以劳动联合为基础的本质，但可能会对合作社的盈余分配机制和决策权分配产生影响。蔡荣（2012）探讨了农民专业合作社合作剩余的主要来源及其分配，认为农民专业合作社分配制度的选择主要受领办主体身份、成员入股要求和成员规模等因素的影响。

以上文献对于认识我国农民专业合作经济组织的制度安排、运行机制及其形成原因提供了不同的视角，但是，在研究内容和方法上还存在以下问题：（1）主要侧重于规范研究，定量研究较少。（2）主要侧重于产权制度和治理机制的研究，对于农民专业合作社利益机制及形成原因、运行效果的研究尤其薄弱。

（四）对我国农户合作意愿和行为的研究

学术界对于农户合作意愿和行为已进行了有益的探讨，相关文献按照研究方法可以分为以下三类：

1. 运用博弈论、公共选择等理论和方法进行的规范研究

例如：常伟（2005）认为，农民合作受潜在的合作收益、农民合作意愿、强大的推动力量以及制度安排等因素的综合影响；胡敏化（2007）认为，农民合作行为与区域经济发展水平、农户收入水平及差异对公共产品价格预期以及政府补贴政策等变量有关；马彦丽等（2008）认为，合作社治理结构流于形式，农户难以监督和约束核心成员的行为，导致成员对合作社认同感降低，诱发成员的机会主义行为，甚至退出合作社；姜明伦等（2005）利用西方经济学的厂商理论和蛛网理论，分析了农民合作的内在经济动因，认为提高市场谈判力和减低市场经营风险是农民合作的主要原因。

2. 采用统计方法和案例分析进行的实证研究

崔宝玉等（2008）从农户合作程度和退出的角度对典型案例进行了分析，研究认为，风险偏好不同的农户会根据预期收益、成本和风险决定是否进入合作社；农户进入合作社后，又会根据收益、成本和风险的边际水平和风险偏好来选择股权的合作程度；一般农户具备的退出权能在某种程度上保障一般农户与核心农户之间形成较为有效的合作。孙亚范

（2009）对江苏农民专业合作经济组织成员的合作需求、退出意愿及影响因素进行了问卷调查和统计分析，认为成员参与合作的根本动机是产销服务的需求和市场收益的提高，绝大多数成员在利益分配方面更重视惠顾贡献的回报而不是资本回报；成员对合作组织的认知程度低和合作组织的制度缺陷是影响成员合作行为和合作组织稳定发展的关键因素。

3. 关于农户合作意愿及其影响因素的定量研究

相关文献主要从农户自身素质、家庭经营特征和政府政策方面对农户加入合作组织的意愿及其影响因素进行定量分析。如郭红东等（2004）的研究表明，农户加入合作组织的行为受到户主的文化程度、生产的商品化程度、市场发育程度、政府支持力度以及经济发展水平等因素的影响。在农民专业合作社成员合作意愿和行为的研究方面，黄胜忠（2008）从成员异质性的角度对我国农民专业合作社成员承诺及其影响因素进行了实证研究，认为成员的资源禀赋、在合作社中的角色以及对组织绩效的评价是影响其对合作社持续承诺的主要因素；刘宇翔（2010）对陕西4个地区农民专业合作社成员农户的问卷调查资料进行了分析，认为成员家庭收入、外部政策、法律和经济环境以及信任因素对成员投资意愿影响较大；孙亚范（2010）、李剑等（2012）分别利用江苏省和江西省的调查数据，对农民专业合作社成员退出意愿及影响因素进行了实证分析。

总体上，关于我国农户合作意愿和行为的研究成果数量较少，而且研究内容比较分散，尚未建立比较系统的分析框架，绝大多数文献是从外部环境、农户个人和家庭因素对农户加入合作组织的意愿进行研究，对于农民专业合作社成员参与合作的行为及其影响因素的研究非常薄弱，尤其是系统的定量研究和从合作社制度层面对成员合作行为的研究成果更为缺乏。

（五）关于农民专业合作社成长和绩效的研究

关于农民专业合作社成长的研究文献主要有：应瑞瑶（2006）将农民专业合作社的成长分为起步、规模型成长和纵向成长三个阶段，认为规模型成长是农民专业合作社成长的一般规律；郭红东等（2009）运用企业资源基础理论，对影响农民专业合作社成长的因素进行了实证分析，认为物质资源和组织资源对于农民专业合作社的成长影响较大；崔斌等（2012）基于资源基础理论和江苏省的调查数据，将影响农民专业合作社成长的物质资本资源、人力资本资源、组织资本资源细化为注册资本、服务设施、经营场所、创办者文化程度、融资情况、政府支持、机构设置、品牌战略等16项具体因素；刘颖娴、郭红东（2012）的研究表明，物质资产、品牌资产、场地、人力资本方面的资产专用性对我国农民专业合作社的纵向一体化经营具有显著影响。

近年来，关于我国农民专业合作社绩效问题开始受到学者的关注，相关文献可以分为以下两类：

1. 关于农民专业合作社绩效评价的研究

例如：黄胜忠等（2008）、刘滨等（2009）认为，农民专业合作社的绩效评价应综合考虑合作社的社会经济功能和绩效，采用多维指标进行测量；徐旭初（2009）提出了基于行为性绩效和产出性绩效的绩效评价体系，认为应从组织建设、运营活动和成员收益、组织发展、社会影响方面考察农民专业合作社的功能和效果，前两方面指标代表行为性绩效，其他指标代表产出性绩效，并用浙江省的样本对指标体系的合理性进行了检验；王立平等（2008）、赵佳荣（2010）认为，应从经济、社会和生态三个方面评价农民专业合作经济组织的绩效，并各自构建了具体的指标体系和评价模型。

2. 关于农民专业合作社绩效影响因素的研究

目前，这方面的研究文献数量较少，孙艳华等（2007）通过案例和实证分析，从农户的角度对江苏省部分养鸡合作社的增收绩效进行了分析，认为合作社与农户的利益联结是提高增收绩效的关键，其中，利润返还是最重要的因素；黄胜忠等（2008）、徐旭初等（2010）通过实证分析，得出了农民专业合作社治理机制与组织绩效显著相关的结论；黄祖辉等（2011）、扶玉枝、黄祖辉（2012）利用浙江省的数据，对农民专业合作社的效率评价及影响因素进行了探讨，研究表明，我国农民专业合作社总体效率较低，合作社规模、经营管理水平以及地区经济发展水平对农民专业合作社的效率影响显著；董晓波（2010）的研究表明，合作社高管团队的集体创新行为对合作社的经济绩效和社会绩效都具有显著的正向影响；由卫红等（2011）探讨了内外部社会网络关系对农民专业合作社盈利绩效的影响。

总体上，学术界对我国农民专业合作社成长和绩效的研究还刚刚起步，由于问题本身的复杂性和数据资料的不易获得，关于农民专业合作社成长和绩效仍有较多的问题值得深入探讨。在农民专业合作社绩效影响因素的研究方面，已有文献主要对治理机制和农民专业合作社绩效的关系进行直接考察，对于农民专业合作社各项制度安排和运行机制之间的相互作用及其对组织绩效的影响尚缺乏系统研究。

二　简要评论

综上所述，虽然学术界关于我国农民专业合作社的研究取得了丰硕成果，但研究内容比较分散，不仅在农民专业合作社的运行机制和组织绩效等领域还存在较大的拓展空间，而且缺乏将外部环境因素、合作社自身因素和成员行为因素纳入同一个框架内进行研究的综合性成果。具体而言，已有成果还存在以下缺陷与不足：（1）在研究内容上，主要关注农民专业合作社的产生原因、发展状况、制度异化及政府作用等问题，关于农民专业合作社的利益机制及成员合作行为和组织绩效的研究成果较少，对于我国农民专业合作社利益机制不健全的原因、影响因素及其运行效果缺乏深入探讨；（2）在研究方法上主要进行规范分析，实证研究成果较少，定量研究成果尤其缺乏。

第三节　本章总结

通过以上的文献梳理，获得以下结论和启示：

第一，虽然国内外关于农民专业合作社的研究成果数量庞大、内容丰富，但关于下列问题尚未获得一致结论：（1）随着农业经济市场化、国际化程度的不断加深，农民专业合作社如何在保持自身独特价值和本质规定性的前提下进行组织创新和制度创新；（2）在成员异质性条件下，如何提高合作社的治理效率、保护与协调社员利益。上述问题的核心是如何建立兼顾公平和效率的合作制度和运行机制，提高合作社的内部凝聚力和市场竞争力，实现农民专业合作社的持续发展。

第二，合作社的发展受参与主体、市场环境和相关政策、法律的影响，由于发展的基础、条件和阶段不同，我国农民专业合作社发展面临一些特殊问题，对国外的经验和理论成果不能简单照搬，必须在吸收、借鉴的基础上进行理论和实践创新，探索适应我国农村实际的农民专业合作社组织模式。

第三章

理论基础和分析框架

第一节　理论基础

20世纪60年代逐步兴起的新制度经济学派将制度作为内生变量引入经济学分析之中，通过分析经济主体、制度、经济活动及其相互关系，试图从个人理性和个人决策的角度探讨制度变迁的规律以及制度对经济活动和经济绩效的影响，其制度变迁理论、产权理论、交易成本理论、委托代理理论、公共选择理论是认识和理解合作社产生发展、组织性质、制度安排、运行机制及其与组织绩效关系的重要工具。

一　制度与制度变迁理论

以诺思（North）为主要代表人物的制度变迁理论是新制度经济学的重要理论分支，这一理论重点研究制度的构成、功能以及制度变迁的动因及规律，认为有效率的制度是经济增长的关键。

（一）制度、制度环境与制度安排

舒尔茨（Schultz, 1994）将制度定义为一种行为规则，这些规则涉及社会、政治及经济行为；戴维思和诺思（Davis & North, 1994）认为，制度提供的规则由社会认可的非正式规则、国家规定的正式规则和实施机制构成。正式规则是人们有意识创造的一系列政策法则，包括政治规则、经济规则、契约以及由各种规则构成的一种等级结构；非正式规则包括价值信念、伦理规范、道德观念、风俗习性、意识形态等因素，是人们在长期交往中无意识地形成的。制度的三个构成部分相互依存、彼此结合，倘若各项规则之间不相容或缺少强有力的实施机制，制度将难以发挥应有功能。

一个社会的制度体系分为制度环境和具体制度安排两个结构层次（戴维斯和诺思，1994），制度环境是"一系列用来建立生产、交换与分配基础的基本的政治、社会和法律规则"①，是一国的基本制度；制度安排是支配经济单位之间可能合作与竞争方式的规则，是制度的具体化。制度安排受制度环境的决定并在制度环境的框架内进行，制度环境决定制度安排的性质、范围和进程，制度安排反作用于制度环境并推动制度环境的局部调整。

某一特定对象中正式制度和非正式制度的总和称为制度结构（林毅夫，1994），在制度结构中，各项制度安排相互作用、相互影响，一项制度安排的效率取决于制度结构中制度安排之间的耦合作用，"任何一项制度安排都是制度结构中其他制度安排的函数"②。

（二）制度变迁理论

制度变迁是制度的替代、转换与交易过程，是一种效益更高的制度对另一种制度的替代过程。戴维斯和诺思（1994）指出，制度变迁的内在动因是主体期望获取最大的"潜在利润"，这是一种在已有的制度安排结构中主体无法获取的利润，潜在利润来源于规模经济的变化、外部经济的内部化、克服风险和交易费用的转移与降低；每一项制度变迁不仅带来一定的预期收益，同时也需要耗费一定的成本，只有预期的净收益超过预期的成本，一项制度安排才会被创新。制度变迁的源泉是资源稀缺情况下产品和要素相对价格的变化，相对价格的变化改变了人们之间的激励结构，讨价还价能力的变化导致了重新缔约的努力；同时，宪法秩序的变化、技术的变化和市场规模的扩大以及偏好与观念因素都对制度需求产生重要影响；而制度供给受宪法秩序、制度设计及预期实施成本、知识的积累和社会科学知识的进步、现存制度安排、规范性行为准则等多种因素的影响（戴维斯等，1994；拉坦，1994；菲尼，1996）。当制度的供给和需求基本均衡时，制度是稳定的；当现存制度不能使人们的需求满足时，就会发生制度的变迁。制度供求在通常情况下是非均衡的。

---

① ［美］戴维斯、诺思：《制度变迁的理论：概念与原因》，载 R. 科斯、A. 阿尔钦等著《财产权利与制度变迁——产权学派与新制度学派译文集》，胡庄君、刘守英等译，上海三联书店、上海人民出版社 1994 年版，第 270 页。
② 周彦兵：《新制度经济学》，立信会计出版社 2006 年版，第 52 页。

诺思（1994）认为，制度变迁有个人、自愿联合团体和政府三个层次，这三个层次制度变迁的主体都是追求利润最大化的企业家，诺思（1994）指出，制度变迁是一个演进的过程，人们更多的是在"边干边学"（Learning by Doing），制度变迁的速度是学习速度的函数，而且，制度变迁和技术演变一样存在着报酬递增和自我强化的机制，随着制度给人们带来的报酬递增和市场不完全性增强，制度变迁的自我强化机制就会起作用，使制度变迁沿着原来的路径和既定方向自我强化；相反，如果一项制度变迁缺乏报酬递增的机制，制度的推行在现实中就得不到有效的支持，制度变迁就会陷入"锁定"（lockin）的困境。可见，制度给人们带来的报酬递增决定了制度变迁的方向。

青木昌彦（Aoki，2001）把经济过程比作一个博弈过程，他认为，制度既是博弈规则，也是博弈均衡，是参与人重复博弈的内生产物，是一种在动态演化基础上可自我实施的共有信念；制度演化的动力是博弈参与人由于效用变化（策略选择）而产生的内生互动的影响机制，制度变迁是博弈的一种均衡向另一种均衡的移动过程。

（三）总结与启示

新制度经济学关于制度与制度变迁的理论对于本研究具有以下启示：

第一，我国农民专业合作社的产生和发展是对农户分散经营制度的替代和创新，它是个人或自愿性组织为响应获利机会而自发倡导和组织的诱致性制度变迁，这一制度变迁的根本动因是参与主体对于自身经济利益的追求，制度变迁能否顺利实现既受制度环境、政策环境、产业环境等外部因素的制约，又受成员资源禀赋、知识积累、价值观、偏好等因素的影响。

第二，农民专业合作社的发展和制度变迁既是一个实现潜在利润的效率改进过程，又是一个参与主体的博弈过程，只有新的制度安排能够给成员带来普遍的利益改善，才能降低制度变迁的成本，使新制度不断得到自我强化，沿着预定的方向快速推进，促进组织效率的提高和农业经济的增长，新制度的绩效又会反过来推动制度变迁，促进农民专业合作社的持续快速发展。相反，如果初始的路径选择不正确，新制度不能给人们带来普遍的收益递增，而只是有利于少数成员，那么这种制度变迁会由于得不到广泛的成员支持而进入制度"锁定"局面，使农民专业合作社的发展陷入困境。

第三，农户和各类参与主体的合作行为是依据自身的成本—收益进行分析、权衡和选择的结果，成员在资源禀赋、家庭经营的需求以及自身知识、观念和能力方面的差别，会导致其对合作社制度的需求和供给具有不一致性，有时甚至可能处于对立的状态，因此，农民专业合作社的成员构成尤其是参与主体的差别对于合作社的组织形式、制度安排的选择以及组织的功能、目标影响很大。

第四，农民专业合作社的发展和制度变迁是组织成员的学习过程，关于新制度的知识传播和积累能够促进制度变迁。

二　交易费用理论

"交易"（Transaction）是人与人之间经济活动的基本单位，是人与人之间的权利关系（康芒斯，1962）。新制度经济学家认为，交易活动需要付出一定的代价和成本，过高的交易成本意味着降低资源配置的效率。在科斯（Coase，1937）看来，交易费用（Transaction Costs）就是利用价格机制的成本，包括发现价格的成本、谈判和签约的成本以及利用价格机制的机会成本。威廉姆森（2002）认为，交易费用就是"经济系统运转所要付出的代价或费用"，包括为签订契约、规定交易双方的权利、责任等所花费的费用和签订契约后为解决契约本身所存在的问题、从改变条款到退出契约所花费的费用。

科斯（1937）认为，企业与市场一样，是作为经济协调工具和资源配置方式而存在的，在利用价格机制配置资源存在交易费用的情况下，通过形成一个组织，并由一个权威（企业家）来支配资源，就能节约某些市场运行成本；同时，科斯还指出，利用企业配置资源存在组织成本，当企业内部的组织成本高于市场交易成本的时候，就会停止内部规模的扩张，转而采取市场交易的形式。可见，市场交易费用和企业组织成本的高低决定了企业可以配置的资源数量，从而决定了企业规模的大小，企业的边界处于通过市场实现交易与通过企业组织实现交易成本相等的地方。

威廉姆森（1979；1998）在科斯的基础上扩展了交易费用的分析，指出交易费用内生于人的有限理性、机会主义和资产专用性，应根据交易的不同属性采取相应的治理结构以降低事前和事后的交易费用，而企业就是作为一种交易的治理结构而存在的。其理论的基本思路为：人的有限理性导致任何交易契约必然是不完全契约；在契约不完全的情况下，具有机会主义的经济主体为牟取个人私利，在缔约后会出现拒绝合作、制造条件违约及阻碍再谈判等危及契约有效执行的行为；为保证契约关系能够持续良性地发展，必须根据不同性质的交易或契约采取不同的治理结构，并通过比较，最终选择交易费用最小的治理结构。威廉姆森将契约分为古典契约、新古典契约和关系契约三类，不存在资产专用性的契约属于古典契约，由市场来完成；资产专用性程度很高、交易频繁且不确定性很高的契约属于某种关系契约，由企业来完成；处于两者之间的属于新古典契约和另一种关系契约，通过除市场和科层之外的混合形式来完成。

威廉姆森认为，企业这种治理结构具有三个方面的特点：企业作为内部组织强调面对面的谈判，有利于协调利益冲突，使契约各方摆脱狭隘的机会主义；企业能够以命令或权威的形式以相对于讨价还价方式更低的成本解决冲突；企业拥有信息经济的"结构优势"。可见，威廉姆森认为企业相对于其他治理结构的突出优势在于具有更强的适应性效率，企业的边界取决于企业这种治理结构的收益和成本的权衡。

根据交易费用理论，我国农民专业合作社产生的主要原因在于能够节约农户进入市场的交易费用，在资产专用性程度较高和市场变化较大的领域更容易产生合作社；合作社作为一种治理结构具有适应性效率，市场交易费用和内部组织成本的高低决定了农民专业合作社的规模边界。

三　产权理论

产权理论是研究产权、激励与经济行为关系的理论，重点探讨不同的产权结构对收益—报酬制度及资源配置的影响以及权利在经济交易中的作用。

产权即财产权利，科斯（1994）认为，产权是人们由于财产的存在和使用所引起的相互认可的行为规范以及相应的权利、义务和责任；阿尔钦（Alchain，1994）认为，产权是一个社会强制实施的选择一种经济品的使用的权利，是一系列保证人们对资产具有排他性使用权的权威规则；德姆塞茨（1994）认为，产权是使自己或他人受益或受损的权利。总体上，新制度经济学家关于产权的理解存在以下共同点：首先，产权是一种排他性的权利，是决定谁在一个特定的方式下使用一种稀缺资源的权利；产权是由于人对物的关系形成的人与人的关系。其次，产权是以财产所有权为基础的一组权利约束，是一组人与人之间的契约关系，产权可以分解为多种权利并统一呈现出一种结构状态，是包括排他性的所有权、排他性的使用权、收入的独享权、自由转让权等多种权利的组合，产权的可分解性使同一资源能够满足不同主体的需要。最后，产权是规定人们相互行为关系的一种规则，并且是社会基础性的规则。产权严格限定了交换中个人的责任、义务界限，清晰界定了人们对未来的预期收益，产权规则决定了人们的其他权利以及一个社会生产、交换、分配的基础框架和基本的法律、政治制度。可见，产权是以财产为基础的一组权利关系，不同的产权安排规定了人们对资源或财产所有和使用的不同方式，以及凭借对财产的所有和使用所能带来的不同收益。

产权安排对于经济运行至关重要，新制度经济学家认为，"产权制度对资源使用决策的动机有重要影响，并因此影响经济行为和经济绩效"①。根据科斯定理（Coase，1994），在市场交易费用为零的情况下，可以通过市场交易或人们之间的讨价还价改变最初的权利界定，实现资源的优化配置，因此，法定权利的初始分配对资源配置没有影响；但是，在交易费用为正的情况下，产权的清晰界定将有助于降低人们在交易过程中的成本，提高效率。在科斯看来，任何一种权利安排都需要费用，问题的实质在于选择一种费用较低的权利安排方式；根据费用节约原则，市场、企业、政府都有其资源配置功能上的最优边界，社会的经济运转、资源配置过程就是一个以交易费用最低为原则、不断地重新安排权利并调整权利结构的过程。

科斯定理揭示了产权制度安排对资源配置效率的影响，并提出了评价产权制度效率的标准——交易费用最小化，科斯定理包含了两方面的政策含义（费方域，2006）：一是明晰产权，即建立明确的、可执行的、容易转让的产权，这是促进效率的必要条件和重要手段；二是优化产权，由于谈判、协议和实施合同的成本通常比较显著，完全的价值最大化的产权转让协议可能无法实现，导致产权的事前分配极为重要。

产权理论给予我们的启示是：产权安排是影响农民专业合作社运行绩效和组织成员合作行为的关键因素，建立合理的产权制度是农民专业合作社健康发展的基础和必要条件。首先，法律应明确界定合作社与外部其他

---

① 卢现祥等：《新制度经济学》，北京大学出版社 2007 年版，第 193 页。

经济主体之间的产权关系，确立合作社独立的产权主体地位，使其具备独立行使其产权的各项权能并获取相应的经济利益，真正成为独立的经济行为主体和经济利益主体，参与市场竞争；其次，对合作社所拥有的产权在组织内部各利益主体之间进行分配和安排，理顺合作社内部的产权关系，形成合理的产权结构。

四　企业治理理论

新制度经济学的企业理论认为，企业是一系列契约的联结，是各种参与者通过契约自愿结合的组织，每个参与者通过提供一种或多种生产要素而获得对企业特定形式的索取。因而，如何处理各种参与者之间的利害关系是现代企业能否协调、高效运转面临的共同问题，也是企业治理结构要解决的基本问题。在新制度经济学视野中，企业治理理论主要有委托代理理论、团队生产理论等。

（一）委托代理理论

委托代理理论也称为机制设计理论。产权理论强调通过财产权利的安排对经济当事人提供激励和约束，委托代理理论则是为了解决现代经济社会中普遍存在的财产权利在不同当事人之间分解所造成的激励问题，着重分析非对称信息条件下企业内部行为人的利益关系。

詹森和麦克林（Jenson & Mecking，1976）认为，委托—代理关系是这样一种明显或隐含的契约关系：一个人或更多的行为主体（即委托人）指定、雇用另外的行为主体（即代理人）为其提供服务，并授予其某些决策权，并根据他们提供的服务数量和质量支付相应的报酬。委托—代理关系存在于任何包含有两人或两人以上的组织和合作努力中。显然，如果委托代理双方都是效用最大化者，而且他们的效用函数不同，就会产生代理人偏离委托人利益行事的委托—代理（Principal-agent）问题。

现代企业两权的分离，使企业经理掌握了企业日常运行及战略决策的权力，成为实际上的企业"主宰"，从而产生了企业"内部人控制"（Insider Control）问题和委托—代理关系。由于企业所有者和经营者之间信息不对称，企业又处于不确定的市场环境之中，经营者为了自身利益，就不可避免地会做出一些有损所有者利益的行为。为避免自身利益受损，企业所有者必须采取相应措施，以减少代理人所造成的损失，为此需要付出代理成本（Agncy

Cost）。代理成本是指制定、管理和实施这类契约的全部费用，包括对代理人进行监督、激励、约束等制度安排所付出的代价及造成的损失。

一般来说，解决委托代理问题有两种方法：一是建立严密的监控制度，设专人及相应的制度以监督经营者，但这样做容易使经营者消极怠工，产生抵触心理，从而影响企业的效率，而且如何评价监督者的行为也是一个问题。二是委托人事先设计一种激励机制，采用激励和惩罚的措施，激励并同时约束代理人通过实现委托人利益最大化来实现自己利益的最大化。这种方法的难点在于如何选择使双方都认为公平的报酬方式及评价指标。由于存在人与人之间的利益矛盾和信息不对称问题，任何激励机制设计都不可能完全解决代理成本问题，结果只能是使社会资源配置达到次优状态。

（二）团队生产理论

在科斯企业理论的基础上，阿尔钦和德姆赛茨将研究重点从企业与市场的关系转向企业内部激励与监督问题，他们（1994）认为，企业是一种特殊的契约安排，企业的本质是生产的团队性质，团队生产具有以下特征：使用不同类型的生产要素；生产要素属于不同的所有者；总产出并不是单个要素产出的简单加总，因为每种要素都会影响其他要素的边际生产力（边际产量）。他们指出，企业这种团队生产组织的出现是由于能够利用专业化分工协作的优势来提高生产率，以生产出大于单个生产者分别生产之和的总产出；但是，由于团队生产中要素的相互依赖性，很难具体测度每种要素对产出的贡献，也很难根据要素边际产出支付报酬，在此情况下，自利的团队成员便有了"偷懒"（Shirking）的动机，如果企业不能对这种偷懒行为进行有效监督，就必然导致团队生产效率下降。为了克服"搭便车"行为，就需要引入一个第三方即"中央订约人"充当监督者，对团队成员的努力水平进行监督并根据评估出的边际贡献支付报酬；为了确保监督者不偷懒，需要授予监督者向各投入要素支付报酬的权利，并由其拥有团队的剩余索取权，使其获得作为监督者不再偷懒的追加激励。而且，为了使监督者的监督有效，就应该把监督权（剩余控制权）和团队的剩余索取权对称分布于出资者。

詹森和麦克林（1976）也认为，代理成本来源于经营者不是剩余索取权的所有者，如果让经营者成为完全的剩余权益拥有者，可以消除或减少代理成本，因为被人监督不如自我监督有效。在两权分离的现代企业中，监督职能已由一批职业的支薪经营者承担，要形成经营者的自我监督机制，必须使经营者拥有剩余索取权，从而能分享企业剩余。

企业治理理论对于本研究的启示是：合作社作为一种特殊的经济组织，既是各参与主体之间为了分享合作剩余而达成的一种特殊契约，又是把一组生产要素组织起来进行联合生产的团队生产，合作社要获得组织效率，必须通过合理的产权安排和监督、考核以及利益分配，对经营者和组织成员的行为形成有效的激励和约束。

五 集体行动理论

传统理论认为，个人可以通过组成集团实现其共同利益，因此，集团的基本目标也应是实现成员的共同目标，即"集体利益"最大化。但奥尔森（Olson，1995）指出，个人理性不是实现集体理性的充分条件，集体行动的形成取决于两个重要条件：组成集团的人数足够少；存在强制或其他某些特殊手段使个人按照共同利益行事。这些"选择性"激励（Selective Incentives）既可以是积极的，也可以是消极的，如通过惩罚对那些没有承担集团行动成本的人进行强制，通过奖励对那些为集体利益而出力的人进行诱导。他认为，集团或组织的基本功能是向其全体成员提供不可分的、普遍的利益，这种利益是一种具有非排他性的公共物品，其收益由集团中的所有成员分享，因此，理性的个人对待集体利益会尽量少投入、多消费，将自己应付的成本转嫁到他人身上，最终结果是，如果以自愿为行为的基准，则无人愿意为公共物品的生产付费，而愿意免费消费公共物品。

奥尔森强调，个人是否参与集体行动是理性分析和选择的结果，具体体现在为集体利益所做的投入（成本）和个人由此获得的效益比较中，考虑的主要因素包括个人获益度、效益独占的可能性、组织成本和"选择性"激励等，而这些都和团体的规模和异质性有关。就集团行动的效果——提供的公共物品数量接近最优水平或增进集团利益来说，小集团比大集团更有效，集团越大，就越不可能去增进组织的共同利益，因为小集团成员很少，每个成员都可以得到总收益的相当大一部分，集体物品可以通过集团成员自发、自利的行为来提供。

集体行动的困境表现在两个方面：（1）集体决策的困难。由于集体决策涉及较多的参与者，他们的机会成本不断变化，目的也各不相同，要达成明确的决策比较困难，制定决策的交易成本大都要比私人的双边选择高（柯武刚等，2000）。（2）大集团更难采取对自己有利的集体行动。在社会经济体系中，那些人数较少的利益集团在社会利益的分配中往往处于有利的地位（奥尔森，1995），而人数较多的大利益集团往往处于不利的地位。多数人难以采取对自己有利的集体行动的原因有：获得有关可靠信息的高额成本；"搭便车"问题；相对较小的人均受损额（埃格特森，1996）。因此，人数少的利益集团很容易达成一致同意，从而在产权的形成中发挥重要作用，甚至左右着产权的演变，导致社会的产权安排并不是最佳选择。这就解释了一些低效的制度长期存在的原因，也为制度变迁中的"路径依赖"问题提供了解释。

　　集体行动理论对于本研究的启示是：我国农户经营规模小，在农民专业合作社建立和运行中很容易陷入集体行动的困境。一是数量众多的小农户在合作社的组织创新和制度供给中难以避免地存在着"搭便车"问题；二是合作社在民主管理中存在集体决策的困难；三是合作社获取规模经济和增加组织成本的矛盾；四是人数较少的核心成员在合作社的管理和利益分配中往往处于有利的地位，而人数较多的中小农户成员难以采取对自己有利的集体行动。要打破合作社面临的集体行动困境，需要建立针对不同成员的激励机制，迫使或诱导个人努力谋取集体利益。

第二节　分析框架

一　关于人的行为假设

　　人是经济活动的主体，对于人的行为假定是任何一种经济理论分析的前提和基础，对于经济组织制度安排和利益机制的分析同样离不开对行为主体本质的设定。由于本书主要采用新制度经济学的理论和方法进行研究，因此坚持新制度经济学关于人类行为的假定。

（一）"经济人"假设

　　"经济人"假定揭示了人的经济行为的基本特征（梁洪学，2003），虽然它不能完整概括人类社会的本质，但是作为一种基本假定，这种简化的个人行为模式是进行一切经济分析的基础和有效的工具（汪浩瀚，2003）。

新制度经济学从制度分析的角度，对古典与新古典的"经济人"假定进行了修正：一是将非财富最大化引入了个人效用函数，强调个体是在现存的制度结构约束条件下追求效用最大化；二是将效用最大化假设扩展到所有的个体选择，作为决策制定者的企业管理者或政府官僚，都是在其所处的制度结构约束下追求个人效用最大化的"经济人"（菲吕博顿，1998）。

（二）"有限理性"（Bounded Rationality）假设

人的有限理性包括两方面的含义（诺思，1994）：由于环境是复杂的和不确定的，人们难以获得完全的信息；人对环境的计算能力和认识能力有限，因而不可能无所不知。新制度经济学家还认为，环境的不确定性、信息的不完全性以及人的认识能力的有限性，使得每个人对环境反应所建立的主观模型大不一样，从而导致人们选择上的差别和制度规则上的差别，威廉姆森（2002）指出，理性是无法回避的现实，因此需要正视为此付出的各种成本，包括计划成本、适应成本以及对交易实施监督所付出的成本。

（三）"机会主义行为"假设

机会主义行为指人们随机应变、投机取巧、谋取自己更大利益的行为倾向，也就是人们在非均衡市场上追求收益内在、成本外化的逃避责任行为，机会主义是造成信息不对称的实际条件或人为条件的原因（威廉姆斯，1975）。[①]

综上所述，本项研究认为，中国农民是"有限理性"的"经济人"，他们在经济活动中追求自身效用的最大化，由于受自身的主观认识能力、所处环境以及信息的不完全和搜寻成本等因素的制约，农民行为的理性主要表现为有限理性；同时，农民在一般意义上是机会主义者。此外，在本研究中，合作社的其他各类参与者和相关主体，如公司、各类农村能人和政府，均被看作有限理性的"经济人"，而且他们存在着机会主义的行为倾向。

二 制度、行为与组织绩效

（一）制度与人类行为

在新制度经济学家看来，制度是为决定人们的相互关系而设定的一些

---

① 转引自［美］迈克尔·迪屈奇《交易成本经济学》，王铁生、葛立成译，经济科学出版社 1999 年版，第 34 页。

制约,"构造了人们在政治、社会或经济方面发生交换的激励结构"①。人类具有自利和机会主义等行为特征,在社会交往和经济生活中,个人的利益最大化行为可能会损害其他人的利益,同时,自身的利益也面临着被侵犯的风险,制度就是在这种协调人与人之间利益冲突的过程中产生和发展起来的。制度的存在构成了不确定世界中人与人之间的相互关系。制度对于人类行为的影响主要体现在两个方面:

第一,传递信息,为人与人之间的合作创造条件。制度规定了行为主体之间的责、权、利和其他的行为规范,在个人行为的目的、手段及其后果之间确立了客观的因果关系,使个人的行为具有最大限度的可预知性、可计算性和相对稳定性。借助制度提供的信息,人们不仅可以确定自己的行动,而且可以预期他人的行动以调整自己的行动,从而达到自己的目的。制度通过规范人们之间的相互关系,减少信息成本和不确定性,使复杂的人际交往过程变得更易理解和更可预见,为社会交往提供一种确定的结构,协调人们的各种行动,增进人与人之间的信任,为人类的合作提供了基本框架。因此,拉坦和速水佑次郎(Ruttan & Hayam,1984)指出,制度是一个社会或组织中促进人们之间协调的规则,它通过帮助人们在与别人交往中形成合理的预期来对人际关系进行协调。

第二,界定人们的选择空间,为个人行为提供约束和激励。一方面,制度设定了人类行为的界限和行动的范围,限制了人们最大化的自利行为,既能够防止和化解人们之间的冲突,又能够保护个人的自主领域和自由权利,降低交易成本,保护和增进个人利益;另一方面,制度能够提供鼓励和限制人们某些行为的信息,并借助奖励或惩罚等强制力量加以监督执行,从而改变人们的行为偏好,引导人们的行动方向,使个人的行为符合组织或社会的要求或目标,制度对人的行为提供了一种稳定而持续的激励。任何制度都有激励功能,但不同制度的激励效应大相径庭,制度对人行为的激励方向和激励程度不同,影响人们努力的结果即利益的实现程度,"制度对人们能在多大程度上实现其经济上和其他方面的目标有着巨大影响"②。

---

① [美]道格拉斯·C.诺思:《制度、制度变迁与经济绩效》,刘守英译,上海三联书店1994年版,第3页。

② [德]柯武刚、史漫飞:《制度经济学——社会秩序与公共政策》,商务印书馆2000年版,第34页。

可见，制度是社会经济活动顺利进行的必要保障，制度通过信息机制、约束机制和激励机制，影响和约束人们的行为选择和行动的效果，决定人们行为目标的实现程度。

（二）制度、行为与组织绩效

组织与制度有着密切的联系，诺思（1994）指出，组织是具有某种共同目的的人结成的团体，制度是游戏的规则，组织则是游戏者，组织的存在和演进受到制度根本性的影响，它们也反过来影响制度；组织是规则的执行者或载体，各种组织都基于一组规则，一套或源于自愿契约或源于政治权威的章程（范伯格，1992）。可见，组织的创立和运行需要制度支撑和维系，任何组织都是一种或一系列制度安排的外在表现，组织和制度安排是一枚硬币的正反面。

专业化和交换能够创造巨大的利益，但由此产生的合作和激励问题要求必须建立有效的组织（亨德里克斯，2007），新制度经济学家指出，制度是有效组织运行的条件，"有效率的经济组织需要建立制度化的设施，并确立财产所有权"①，通过合理的制度安排使每个利益主体的权利和责任明确并相互对称，个人努力与报酬对等，个人的收益率接近社会收益率，以引导和激励个人通过"生产性努力"而不是"分配性努力"实现自身利益最大化（柳新元，2002），个人的"生产性努力"能够促进经济组织产出的增加和效率的提高。可见，组织的有效运行必须建立内部行为规则和自身的制度框架，为组织成员的行为提供约束和激励，促使成员为完成组织目标而行动。由于制度引导和决定着个体的决策和行为，因此，组织内部的制度安排是影响组织绩效的重要因素。

（三）利益机制与制度功能的发挥

制度作为管理人们相互关系的规则和宽泛的框架，只有通过一定的机制把各项规则付诸行动，制度才能真正运行并发挥作用。由于交易费用的存在，在新制度经济学家看来，经济行为包括了执行规则的发展以及为这种规则提供支持所必须的集体行动（菲吕博顿等，1998），对制度的完整理解必须基于对执行过程的全面认识（韦金斯，1991），制度需要具有实

---

① 　[美] 道格拉斯·C.诺思、罗伯特·托马斯：《西方世界的兴起》，厉以平、蔡磊译，华夏出版社 1989 年版，第 1 页。

施特性才有效（诺思，1994）。

机制和制度既有明显的区别，又存在有机的联系。机制是系统内各个部分之间相互连结、配合、渗透和制约的作用关系（卢代富等，2009），是通过各项具体的制度而确定的各个方面的联系及活动方式、手段、措施、方法的总和，是各项制度规则的实际运用和综合作用的动态形式，体现为行为主体自动地趋向于一定目标的趋势和过程（李景鹏，2010），反映了各项制度之间以及制度与行为之间的交互作用；而制度是静态的规则和相对稳定的手段，是规范行为主体和组织内外部关系的基本框架，制约着具体制定和实施的各种规则、规章的方式（诺思，1984）。由于经济活动是动态的运动过程，因此，制度效能的发挥依赖相应的机制，机制使制度具有了运转起来的可能，是决定制度有效程度的动态变量（褚松燕，2010），而制度又为机制的形成和运行提供了基本的规则和框架。

可见，制度与机制的基本关系是：制度是机制的基本构成要素，是机制形成和运转的前提条件和基本依据；机制是制度发挥作用的动态形式和必要手段，决定制度的功能和效果。

机制的形成在本质上是一个心理过程，包括个人的理性思考、利害权衡和自我说服三个连续的心理活动（褚松燕，2010），因此，制度虽然是机制的基本要素，但制度并不能自动地转化为机制，机制的形成需要为人们趋向于制度目标的努力提供动力，这些动力来自于个人的观念、利益、习惯、情感和理性，并且受外部各种因素的影响（李景鹏，2010），由于对自身利益的追求是人类行为的基本动机和根本目的，因此，利益是影响机制形成最为关键的因素，制度实施和执行的核心是在利益与制度的具体目标之间确立动态的行为关联，制度、行为和利益之间的这种关系和作用方式构成了组织的利益机制。可见，利益机制是制度发挥作用的核心机制和运行方式，它既受制度的影响和制约，又是决定制度功能和效果的关键因素，制度对于人类行为和组织绩效的影响很大程度上与利益机制有关。

三　农民合作社利益机制、成员合作行为和组织绩效

（一）农民合作社成员合作行为与组织绩效

合作社是惠顾者——成员的企业（张晓山，2009），成员不仅要向合

作社投资入股，成为合作社财产的所有者，而且是使用合作社服务的顾客，财产所有者和业务惠顾者同一是合作社与其他经济组织的根本区别和本质特征。作为成员自愿参与的互助组织和特殊企业，合作社的发展既需要成员提供资本、人力、产品、运输等方面的资源或贡献（联合国粮农组织，2007），也需要成员持续地利用合作社的服务，参与合作社的决策，离开了成员的支持和参与，合作社就丧失了建立和运转的基础，不仅难以获得资金、产品等各项资源，也失去了服务对象和业务稳定经营的顾客，因此，保持成员高水平的合作动机和积极的参与行为对合作社的稳定发展和健康成长至关重要，成员忠诚是合作社的主要力量和竞争优势的来源（联合国粮农组织，2007）。由于成员在农民合作社中要同时发挥所有者、业务顾客和管理者的作用，成员参与合作的行为是合作社能否正常运转和获得组织绩效的关键因素。

（二）农民合作社制度安排、利益机制、成员合作行为与组织绩效

农民合作社存在和发展的根本原因和独特价值在于改善分散经营农户的市场地位，增加成员的经济收入，而这一组织宗旨和目标的实现要求农户在团结互助的基础上采取集体行动，即建立一个联合所有和民主控制的企业为成员的家庭经营提供产前、产中和产后服务。合作社企业的建立和发展需要成员在自愿的基础上共同出资、参与管理和稳定惠顾，然而，由于个人理性与集体理性存在着矛盾，组织必须提供一种独立的和"选择性"的激励，使个人偏好的价值大于个人承担的集体物品的成本，才能使理性个体采取有利于集团共同利益的行动（奥尔森，1995）。因此，农民合作社要使追求自我利益的个人为了集体的利益而主动承担责任，形成有效的行动集团，必须建立相应的制度安排和机制，对成员的积极参与和贡献提供持续的利益激励。

根据前面关于制度、利益机制、行为与组织绩效关系的分析，农民合作社的制度安排是激励和约束成员合作行为的各种规则，规定了成员之间的责、权、利关系和可能的行动空间，为各种成员之间的合作提供了基本的框架，是影响成员行为和组织绩效的重要因素，但是，农民合作社各项制度功能的发挥要求建立相适应的利益机制，利益机制是激励和约束成员采取集体行动的动力机制，也是农民合作社的各项制度安排顺利运行的基本机制和核心机制。农民合作社的利益机制和制度安排相互联系、相互制

约，共同推动或制约合作社的成长和发展；利益机制是合作社制度安排发挥作用的动态表现和必要条件，是决定合作社制度功能的关键因素，合作社制度安排对于成员合作行为和组织绩效的影响在很大程度上通过利益机制发挥作用；同时，制度安排又是利益机制基本的构成要素，是利益机制形成和发挥作用的前提条件和基础。

四　本书分析框架

前面的相关理论借鉴和关于组织制度安排、利益机制、人类行为与组织绩效关系的理论分析，为本书认识和解释农民专业合作社的产生、发展以及制度安排、利益机制、成员行为和组织绩效之间的关系提供了逻辑思路。

与农户分散经营相比，农民专业合作社是一种新的农业经营组织形式和制度安排，是我国农村经济市场化、产业化和国际化进程中发生的一项组织创新和制度变迁。根据新制度经济学的制度变迁与创新理论，农民专业合作社发展的前提条件是：使外部环境条件变化产生了经济主体在原有的制度安排中无法获得的潜在利润，只有在创新主体可能获取的潜在利润大于为获取利润而支付的成本时，农民专业合作社才能获得稳定发展。推动制度变迁的行为主体可能是个人、各类组织和政府，他们都是追求效用最大化的企业家。在组织创新和制度变迁过程中，农民专业合作社要受我国宏观环境、农业产业环境和参与主体观念、能力等因素的影响和制约，合作社的制度安排是各参与主体在既定的环境条件下基于各自的利益需求和所拥有的能力、条件不断进行博弈而达到均衡的结果，农民专业合作社的制度安排与参与主体及其谈判力量有关。

根据交易费用理论、产权理论、企业治理理论和集体行动理论，导致农民专业合作社制度变迁的潜在利润是能够节约市场交易费用，合作社的有效运行必须以交易费用最小化为原则，建立合理的产权制度，以明晰产权和优化权利在不同成员之间的分配，并针对组织中的委托代理问题和团队生产中的成员"搭便车"行为，建立激励、监督和计量、考核机制，形成合理的制度体系和利益机制，理顺组织成员之间的责、权、利关系。农民专业合作社各项制度安排和利益机制之间相互联系、相互作用、相互制约，为成员之间合作提供了基本的行为框架和激励约束机制，在环境的约束下和与环境的互动中共同推动合作社的发展并决定合作社的组织绩效。

农民专业合作社的利益机制主要包括与成员的产权联结机制、优惠服务机制、利益分配机制等，它是农民专业合作社发展的动力机制和基本的激励约束机制，农民专业合作社的利益机制既受参与主体自身利益需求和外部环境的影响和约束，又是农民专业合作社产权制度、治理结构、利益分配制度等各项制度规则及其相互作用的结果和体现。利益机制受农民专业合作社各项制度规则以及整个制度体系的决定和制约，是农民专业合作社各项制度规则及其制度体系对成员行为和组织运行发挥作用的基本机制，并在很大程度上决定着农民专业合作社制度安排的效率和参与主体自身目标的实现程度。合理的利益机制能够在农民专业合作社的发展和运行过程中有效调节组织内外部的利益关系，实现各利益主体利益的协调和平衡，推动农民专业合作社的持续发展。

综上所述，关于农民专业合作社的发展、制度安排、利益机制、成员行为和组织绩效之间存在以下关系和作用机制："外部环境变化→各种行为主体→农民专业合作社的制度安排→利益机制→组织成员合作行为→组织绩效。"外部环境包括宏观政策法律环境、经济环境、社会文化环境、技术环境以及农业产业环境；参与制度创新的行为主体包括国家和各级政府、农户、龙头企业、涉农部门等相关组织，其中，农户是最基本和主要的行为主体，牵头创办合作社的企业家在合作社发展中具有关键作用；农民专业合作社的制度变迁主要包括产权制度、治理结构、利益分配制度等合作社内部制度安排的变化，利益机制指由上述制度规则在实施和运行中所决定和表现出的合作社与其成员的利益关联方式和合作社的利益分配规则、分配方式及其动态关系和作用；组织成员合作行为包括成员参与合作的行为动机、利益目标以及入股、惠顾、民主参与组织活动的行为和生产经营行为等组织化行为选择；组织绩效是农民专业合作社组织目标实现的程度，主要反映在农民专业合作社对成员增收的贡献、自身经济效益和成长能力等方面。

上述逻辑思路，如图 3-1 所示：

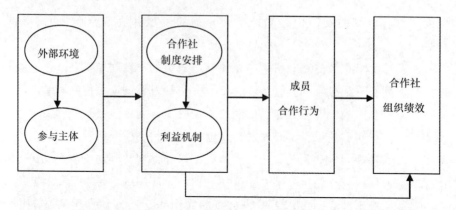

图3-1   农民合作社利益机制的形成及其与成员合作行为和组织绩效的关系

图3-1反映了农民专业合作社制度安排、利益机制及其与组织成员合作行为和组织绩效的动态关系及其相互作用的内在机制。在这个逻辑框架中，各种因素的相互关系和作用机制包括以下几个方面：

第一，农民专业合作社利益机制的形成及其对组织成员合作行为的影响。首先，各种行为主体在有限理性制约下，在外部环境变化提供的潜在利润诱导下，各自基于自身效用最大化对合作社的组织形式和制度规则进行谈判、博弈和选择，形成自身制度安排，不同的制度安排与参与主体的利益需要相互作用、相互影响，共同决定了农民专业合作社利益机制的形成。其次，由于参与主体和外部环境不同，农民专业合作社在具体的组织形式、制度安排和利益机制方面各自具有自身的特点，它们既是组织成员依据自身的成本—收益进行权衡和选择的结果，同时又为组织成员的行为提供了不同的激励和约束，影响成员参与合作的行为。

第二，成员合作行为对合作社组织绩效的影响。成员作为农民专业合作社的资金提供者、业务惠顾者和决策控制者，他们对于合作社不同的参与行为影响和决定着农民专业合作社在资金、产品等方面的资源获取能力和业务经营的规模及其稳定程度，决定着合作社的经营管理水平和能力，从而决定和影响农民专业合作社的发展和组织绩效，制约农民专业合作社在农业和农村社会经济发展中的功能和作用的发挥。

第三，农民专业合作社的制度安排和利益机制对其组织绩效的直接影响。企业绩效既取决于主要由成员努力水平所决定的经济效率，也取决于企业所拥有的生产要素配置和由此决定的企业能力（叶生洪等，2006）。农民专业合作社的各项制度安排和由此决定的利益机制既通过影响成员的努力方向和程度而间接影响合作社的组织绩效，又通过资源配置直接决定和影响合作社的各项能力和组织绩效。

由于外部环境、行为主体、合作社制度创新和利益机制与组织绩效之间处于相互影响的动态变化与发展之中，共同形成了推动农民专业合作社发展和成长的基本机制，因此，分析、评价利益机制的形成及其对农民专业合作社成长和社会经济功能发挥的影响，既要考察外部环境、参与主体的构成和合作社制度安排等因素对利益机制的影响，又要考察利益机制对合作社组织绩效的直接影响和通过影响成员合作行为所产生的间接影响。由于农民成员的需求和参与行为是农民专业合作社存在和发展的基础和根本动力，因此，本书主要研究农民专业合作社利益机制的形成及其对成员合作行为的影响和由此产生的对合作社组织绩效的影响，目的是为建立我国以农民为主体的农民专业合作社成长和发展的运行机制提供科学参考。

基于以上分析，关于农民专业合作社利益机制、成员合作行为和合作社组织绩效的关系，本章得出以下三个假说，并在以后各章中进行理论分析和实证检验。

假说1：我国农民专业合作社利益机制是外部环境、成员需求和合作社各项制度安排综合作用的结果。

假说2：农民专业合作社利益机制对成员合作行为和合作社的组织绩效具有重要影响。

假说3：利益机制不仅直接影响农民专业合作社的组织绩效，而且通过影响成员合作行为而间接影响合作社的组织绩效。

第四章

农民合作社的制度安排与利益机制的理论分析

第一节　合作社的制度安排和组织优势

作为一种特殊的社会经济组织，合作社不仅有其特定的功能和目的，而且具有不同于其他经济组织的制度体系和运行机制。因此，认识合作社的组织特性、制度安排及其变迁的内在机制是研究农民合作社利益机制及其变化的基点。

一　合作社的组织特性、基本原则和制度安排

（一）合作社是以成员为核心的社团组织和特殊企业

合作社是从事企业经营的互助组织，具有社会团体和经济实体的双重性质。首先，合作社是人的联合，以自助、民主、平等、公平和团结为基本价值（国际合作社联盟，1995），成员自愿入社、民主自治、地位平等，通过互助互利维护自身利益，这些都体现了合作社由成员民主结社的性质。在合作社中虽然也有资本的联合，但资本的联合仅仅是维系合作社运行的必要条件，成员行使自己的权利不依赖资本量的大小，合作社以惠顾者（劳动者）这一生产要素为核心，其生产、分配及治理都以惠顾者（劳动者）的意志和利益为基本出发点，资金在合作社中处于从属地位。其次，合作社是进行企业经营的经济实体，经济活动是合作社的主要业务，合作社通过生产、加工、运销、服务、金融、保险等具体经济业务的持续经营，服务成员，满足他们的经济需求。社团性质是合作社基本的和首要的性质，因为成员自愿联合实现互助互利是合作社的基本目标，而建

立和经营企业只是达到这种目标的必要手段。

合作社作为一种社团组织和企业都具有特殊性。首先，合作社与普通的社会团体不同，普通的社会团体是一种非企业组织，而合作社具有企业性质，并在市场中发挥作用。其次，合作社与其他商业性企业不同，合作社是参与性的自助组织，是由利用其服务的惠顾者成员联合所有、民主控制、利益共享的特殊企业，成员要在三个层次上参与合作社的发展（联合国粮农组织，2007）：提供资本、人力、产品运输等方面的资源或贡献；参与合作社决策；参与利益分配，分享合作社的盈余。与一般企业相比，合作社企业不以营利为根本目的，合作社企业存在的根本目的是为成员提供服务，促进成员的经济和社会利益，使他们能够在资本、市场和竞争的社会中自卫和生存。合作社与成员密不可分（国际合作社联盟，1995），成员是合作社的核心，合作社不能脱离其成员而独立开展活动，而其他的营利企业可以离开所有权人而生存与活动。

可见，合作社为基层民众尤其是社会弱势群体解决共同面临的社会经济问题提供了组织手段，是整合社会与经济均衡发展的社会经济企业（陈佳容，2009），合作社具有社会公平与经济效率的双重目标：对内，通过平等合作和自我服务，帮助成员增加经济收入，不以追逐利润和谋取少数大资本的利益为目的；对外，积极参与市场竞争，注重效率和效果。公平与效率相辅相成，有机整合在合作制中（蒋玉珉，2008），合作社必须在公平与效率之间取得平衡：追求效率不能偏离公平的目的，有了效率必须服务成员；保持公平又必须合理配置资源，追求经济效率。合作社独特的组织性质和经营目标使它兼有经济功能、社会功能和思想文化功能（郭翔宇，2003），能够将成员的经济需要和社会文化需要结合起来，促进成员经济、社会公平和文明进步，在经济增长和社会发展方面发挥其他任何部门或企业不可替代的作用（唐宗焜，2003），是一个平衡的社会所不可缺少的重要部门和力量（国际劳工组织，2002）。

（二）合作社的组织原则和制度规定

合作社在长期的发展过程中逐渐形成了能够反映其本质特征的组织原则，这些原则集中体现了合作社的行为规范和规章制度中所蕴含的精神。国际合作社联盟（CIA）是规范和指导国际合作社运动的权威机构，自从1895 年成立以来，国际合作社联盟以罗虚戴尔公平先锋社提出的组织原则为基础，不断适应环境变化和合作社运动的新发展，对于合作社的组织原则进行总结、补充和完善，这些原则为合作社发展提供了基本的制度框架和行动指南，也被世界各国的合作社所广泛接受和实践（孔祥俊，1996）。

国际合作社联盟对于合作社组织原则最新一次的修订是在其 1995 年举行的 100 周年代表大会上通过的《关于合作社界定的声明》，新的合作社原则包括以下七项：自愿和开放的成员资格；成员民主控制，在基层合作社，成员有平等的投票权；成员经济参与原则，成员公平出资并民主控制合作社的资本，合作社资本至少有一部分作为合作社的共同财产，成员为取得成员资格所认缴的资本最多只能获取有限的报酬；自治与独立原则；教育、培训和信息的原则；合作社之间合作的原则；关心社区原则。

在国际合作运动中，合作社不仅是一种特殊的经济组织形式，而且也是一种人文社会思潮（林坚，2003），是不同哲学思想的反映（张晓山，2008），在《关于合作社界定的声明》中，国际合作社联盟阐明了合作社应坚持的基本价值观：合作社以自助、自律、民主、平等、公平和团结为价值基础；合作社成员继承创始人的传统，信奉诚信、开放、社会责任与关怀他人的伦理价值。

国际合作社联盟（1995）明确指出，自愿和开放的成员资格、成员民主控制和经济参与是各种合作社的典型特征，并强调合作社的核心原则之间相互联系，如果某项原则被忽视，其他原则就会失去存在的价值，应该把合作社原则作为一个整体来评判合作社。

综上所述，与其他的社会经济组织相比，合作社制度安排在正式规则和非正式规则方面都具有自身特点，合作社制度安排的基本特征是：在内部治理方面，以一人一票为基础，由成员民主控制；在所有权方面，资产由惠顾者以公平的方式提供，由惠顾者成员联合拥有；在利益分配方面，按惠顾额分配盈余和实行资本报酬有限①。可见，国际合作社原则虽然一直处于修订、完善之中，但民主管理、按惠顾额返还盈余以及资本报酬有限仍然是合作原则的核心（苑鹏，2005），而且，民主、平等、公平和团

_____

① 合作社的"成员经济参与"原则事实上包括了"资本报酬适度"和"盈余返还"两个方面。

结等价值观和意识形态等非正式规则对于合作社的产生和运行同样具有特别重要的意义。合作社各项规则之间相互联系、不可分割，在理论研究中，只有把合作社的组织原则和制度安排作为一个有机整体来认识，才能真正解释合作社的存在和成长；在实践中对于合作社原则不能机械照搬、以偏概全，更不能囿于经济上的含义而忽视合作社理念的培育。

二　合作社存在的合理性及其组织优势

合作社是由使用者成员联合拥有、民主控制并受益的特殊企业，合作社的所有权配置给了使用合作社服务的顾客。一直以来，新制度经济学家对于合作社独特的制度安排及其效率存在质疑，然而，在现实世界中却一直存在着不同形式的劳动管理型企业（LMF）①，其历史甚至比典型的资本雇佣劳动型企业（KMF）还要久远。而且，关于合作社制度安排低效率的观点并未在实证研究方面取得有力的支持，因此，不能认为劳动管理型企业是制度性非效率或低效率，否则，就无法解释为什么劳动管理型企业已经在某些特定的市场环境中反复出现并且一直存在的事实（普特曼等，1996），更无法解释现实中存在的管理型企业在面临破产或倒闭等财务危机时，往往由职工买断变成劳动管理型企业的现象（卢周来，2009）。

关于合作社存在的合理性及其组织优势，一些学者在现代企业理论的框架下给予了解释，比较有代表性的观点有：

波纳斯（Bonus，1985）认为，合作社的主要集体组织优势来自于将关键交易内部化到由交易专用资源共同拥有的企业中，通过这种方式使它们避免了外部机会主义对其投资产生的准租金的潜在威胁，同时其内部的"合作精神"又足以控制内部机会主义的威胁，因此，劳动管理型企业是交易费用很低的一种企业制度安排。

---

①　在现代经济学文献中，对于合作社存在问题的分析，更多的是在劳动管理型企业的框架内进行。因为任何类型的企业，都必须与资本和劳动这两种生产要素的所有者发生关系，因此，一些经济学家按照生产要素的雇佣情况将企业分为两种类型，即资本雇佣劳动型企业（Capital-Managed Firm，KMF）和劳动管理型企业（Labor-Managed Firm，LMF）。劳动管理型企业分为两类：第一类是自第二次世界大战至20世纪80年代中后期冷战结束之前，以前南斯拉夫工人合作社为典型代表的LMF组织；第二类则是存在于市场经济国家中的各类合作社。

汉斯曼（Hansman，2001）从企业所有权的角度讨论了合作社的存在和运作的合理性，认为 LMF 在特定条件下是有效率的。汉斯曼（2001）将企业的契约关系分为"市场契约关系"和"所有权关系"，前者交易的对象只是与企业有商业往来的客户；后者指交易的对方是企业的所有者。汉斯曼认为，所有权配置的首要问题是使企业与所有客户之间的市场交易总成本达到最低，因此，在其他条件不变的情况下，如果企业把所有权配置给予其交易遭遇最大障碍（因市场不完善而承担最高交易费用）的那一类客户，企业的交易费用总额将实现最小化；同时，由于所有权关系本身也存在成本，这些成本包括企业治理成本和与剩余索取权相联系的风险承担成本，所以，企业所有权配置应在成本最低的所有权配置状态下，实现企业交易费用的总和最小化，即企业与一般客户的市场交易费用与作为所有人的那一类客户拥有企业的所有权成本之和达到最小。在此理论框架下，汉斯曼对劳动管理型企业的两类成本分别进行了分析。

第一，与 KMF 相比，LMF 具有节约市场交易费用方面的优势。LMF 企业中的雇员具有相互监督的激励，有助于减少企业的偷懒行为；雇员有进行专用性人力资本投资的激励；企业中的管理者和雇员之间存在较经济的信息沟通机制，能更有效地克服企业内部的机会主义行为。

第二，LMF 相对于 KMF 在所有权成本方面具有优势和弱势。所有权成本包括代理成本（维持管理的成本）、风险承担成本以及集体决策成本。在监督管理层的代理成本方面，LMF 比 KMF 企业具有优势。在 KMF 中，投资者一般都很难对企业的管理层进行监督，而 LMF 的雇员通常都掌握很多的企业信息，雇员的大部分收入都源于企业，因此，他们更有动力和条件监督管理者，并且通过集体行动促使管理层服从自己的意志。在风险承担方面，同投资者相比，人们普遍认为员工承担企业剩余收益波动的能力较弱，但从现实中的 LMF 分布的领域看，在一些资本相对密集而且稳定性较差的行业以及高风险的农业、畜牧业中合作社仍然普遍存在，这说明风险承担对于所有权形式的选择并不是很重要的因素。但是，LMF 集体决策成本高昂，成员的偏好、期望等个体差异将提高决策成本，降低决策效率。集体决策的成本随所采用的特定决策机制的不同而不同，如果决策是通过谈判达成的，在存在私人信息的情况下，谈判成本高；如果通过投票达成，将会出现投票循环①。虽然存在一些方法能够避免产生以上问题，如制定和采用有助于增加企业成员利益同质性的规章制度，但每种措施都存在不可忽视的成本，因此，在同等条件下，采用集体决策的LMF都面临更高的决策成本，这在相当程度上抵消了LMF在市场交易费用上的节约，这是LMF相对于KMF分布较少的原因。

此外，汉斯曼（2001）还对新古典理论与产权学派提出的合作社存在的"反常供给"、"就业不足"、"时间期界"、"融资困难"等问题进行了讨论，认为这些问题都不是决定LMF在现实中分布较少的关键性因素。汉斯曼（2001）认为，合作社能够在竞争激烈的农业领域获得蓬勃发展的原因在于"合作社低得超乎寻常的所有权成本"：合作社将企业所有权配置给作为顾客的成员手中，为农户对合作社实施监督提供了动力和机会，从而降低了合作社的代理人成本；由于成员间利益的高度一致性，基于共同经营目标的集体决策成本也可能最小化；虽然合作社对入社股金的来源、数量及分红进行限制可能会降低合作社的筹资能力，不利于合作社的发展，但融资问题似乎并没有给合作社的建立和成长造成太大困难，所以，合作社严密的所有权结构既节省了市场交易成本，又可以在规模经济效应明显的地方有效地监督管理人员，在规模经济效应不明显的地方保持企业家所有人的工作积极性。

事实上，合作社的集体决策成本并非不可克服，现实中，合作社常常采用代议制的方式进行集体决策或采用间接的方式行使成员的管理权力，如当成员数量超过一定规模后，成员通过推举代表进行集体决策；成员民主选举理事会作为自己的代理人，由理事会负责企业日常运作；而且，合作社通常建立在熟人社会的基础上，这也有利于克服由于成员异质性导致的决策成本（卢周来，2009）。汉斯曼也承认，现实中，LMF通常制定和采用有助于增加企业成员利益同质性的规章和制度，以降低集体决策的成本。因此，汉斯曼并没有真正回答现实中合作社分布较少的原因。

卢周来（2009）从合作博弈的角度，对于LMF的存在条件及其分布状况给予了较为可信的解释。他认为，现代经济条件下，劳动力市场通常处于持续性非充分就业状态，而资本通常较为稀缺，由此决定了劳动与资

---

① 指虽然多数成员倾向于某一决定，但任何其他的决定都可能形成。

本相比在缔约中讨价还价能力较低；同时，由于劳动与劳动者的不可分离，无法对劳动进行分散化，劳动者与出资人相比较，对风险敏感程度高，加剧了劳动力与资本要素市场之间的不对称，这是企业权力安排通常表现为"资本雇佣劳动"的原因。卢周来还指出，即使在以上的背景下，LMF 仍然能够在下列三种情况下存在：（1）企业不需要从外部资本市场进行融资，资本在市场上的稀缺程度并不形成资本拥有者在企业的讨价还价能力。（2）当企业的生产技术要求非常专业化的人力资本投入时，由于这种高度异质性的人力资本可替代程度很低，因而能够在企业内部拥有比资本更大的控制权。（3）虽然通常情况下劳动力由于无法分散风险而在与资本讨价还价过程中处于被动地位，但是，当劳动力需要承担的风险过高，而又无法被资本要素保险时，此时，对劳动力来说生产严格优于不生产，由劳动者成为承担风险的企业所有者就具有合理性，如农业部门存在很大的自然风险和市场风险，农户更容易组成合作社进行合作销售。

以上的研究文献说明：一方面，在一定的条件下，LMF 不仅能够存在，而且具有同样的制度性效率；另一方面，合作社的制度优势和组织效率受成员构成和环境的影响，因而具有不稳定性，如当 LMF 需要扩大规模时，或者在生产经营上需要更多的资本时，可能导致控制权向资本拥有者偏移的重新分配，从而发生制度变迁。

第二节　农民合作社的盈余分配制度与组织绩效

盈余分配制度是合作社最基本和最主要的利益机制，合作社在盈余分配方面实行与股份公司按股分红完全不同的分配制度，合作社的盈余主要按惠顾额返还成员，成员股金一般不分红或分红受到严格限制。研究合作社利益机制的形成及其对组织绩效的影响，必须对合作社这一独特的分配制度的存在原因、运行基础及其与组织目标之间的关系进行深入分析。

一　合作社的收益分配制度及演变

经济利益分配是在一定的社会生产方式下，各经济利益主体依据经济或政治的权利占有社会劳动成果的活动。通过各种途径所创造的收入只有借助分配的过程才能最后成为满足劳动者生活需要的手段，而收入的多少又直接关系到劳动者生活消费的数量与质量，进而对劳动者的后续经济行为产生影响。合作社的分配制度是其利益机制的核心问题。

合作社的收益是其经营服务总收入扣除当年的生产资料成本补偿（折旧和原材料耗费）之后的余额，这是合作社在一定时期内的新创造价值，也就是支付工资、利息和税金之前的"V+M"纯收入部分。

合作社的分配参与者应该包括国家、投资者、债权人、经营者、惠顾者、员工个人等，这些利益主体按照自身利益最大化的要求，凭借对生产要素的所有权或占用权及对收益形成作出的贡献要求参与分配。而在合作社中，成员既是出资者，又是惠顾者，他们凭借对资产的所有权和惠顾额参与分配，是最重要的分配参与者。

由于不同要素的所有者对合作社的贡献不同，他们只能凭借对生产经营成果的不同贡献参与分配，因此，合作社利益分配的形式和依据是多重的，合作社的分配制度是一种复合分配制度（丁为民，1998），其具体分配项目包括：（1）工资。合作社为了向成员提供各种专业化服务，需要雇用各种层次的专业人员；有时合作社还需要成员向合作社投入劳动，因此，合作社需要向雇员和成员的劳动支付工资报酬。西方合作社一般按照平均工资额与相邻企业基本一致的原则支付工资，但由于经理人员的报酬明显低于私人企业相应职位人员的收入，所以整体上合作社内部的工资差别相对较小（丁为民，1998；王洪春等，2007）。（2）股金红利、贷款利息和税金。合作社要按照资本报酬有限的原则，对所使用的成员的资本支付股金红利。国际合作社原则规定（CIA，1995），成员缴纳的身份股金一般不支付利息，对于成员为合作社未来发展所提供的额外资本，合作社要按照"公平合理"的利率支付利息，利息率一般相当于银行利率的水平。与营利性公司不同，合作社支付给成员的股金利息不属于剩余分配，而是与贷款利息一样被计入经营成本，其分配顺序也在提取公积金之前。此外，利用借入资本的合作社必须向金融机构支付贷款利息，合作社的可分配盈余要按照相关法律向国家纳税。（3）公积金。合作社的发展还需要从税后盈余中提取部分积累资金，公积金一方面直接用于合作社的未来发展，另一方面用于弥补合作社亏损或作为向银行贷款的抵押资本。（4）惠顾返还。合作社的可分配盈余在缴纳税金和提取部分公积金后，主要根据成员和合作社的惠顾（交易）额返还成员，或用交易折扣的方法给予成员优惠。

自 20 世纪 90 年代以来，由于合作社经营规模的扩大和纵向一体化经营的发展，合作社对资金需求越来越多，为了缓解资金缺口，吸引外来资本，有些合作社适当放松了对资本报酬的限制，对外来资本按照竞争性的市场利率而不是银行利率付给报酬，如瑞典的欧代尔合作社将其经营活动分为非营利性业务和营利性业务两部分，非营利性业务的经营以成员为主，对于成员投入这部分业务的股金实行资本报酬限制原则，分红率不超过 7%；营利性业务的经营对象不限于成员，对于投入这部分业务的额外股金给予较高报酬（杜吟棠，2002）。但是，合作社用于股份分红的比例要在章程中明确规定，很多国家的相关法律也对用于按股分红的利润比例有最高限额的规定（全国人大农业与农村委员会课题组，2004）。合作社在分配中坚持资本报酬有限的原则，避免了成员投资向资本的转化，如果在盈余分配中对于股金分红不加限制，成员股金就不再是单纯的"入社费"，而是一种职能资本的形式，可能导致成员为了股金分红而大量入股，加大成员的投资风险，合作社也会演变为股份制企业（王洪春等，2007）。

可见，在合作社中，成员凭借两种产权获得利益：一是凭借劳动获得工资报酬和惠顾返还；二是凭借资本获得股金红利和利息。由于合作社经济剩余的绝大部分要按成员与合作社的惠顾额返还成员，因此，在各种分配依据中，按惠顾额分配居于主体和支配地位，惠顾额是成员劳动量的体现，因此，合作社的分配以按劳分配为主。

二　农民合作社的盈余分配制度与组织绩效

合作社的经济剩余是指合作社的全部收益扣除当年成本之后的余额，合作社的经济剩余称为"盈余"而不是"利润"，以区别于营利性企业，因为合作社的目标是为成员提供服务，而不是追求营利最大化，合作社的盈余只是维系合作社正常经营的安全额度（苑鹏，1998）。与营利企业按股本分配盈余不同，合作社按成员与合作社的惠顾额分配盈余，这意味着合作社的剩余分配主要服从于使用者而不是投资者，合作社代表的是其内部交易对象——使用者成员的利益，而营利企业代表的是投资者的利益。

　　由于成员是合作社的主要业务伙伴和顾客，所以，合作社的大部分盈余来源于成员与合作社之间的交易，这与营利性企业的利润主要来自于股东之外的顾客具有根本的不同。对于服务性合作社而言，年终按惠顾额（量）分配的盈余实际上是当年对成员"多收"或"少付"的价款，属于成员储蓄性质（李锡勋，1982），因此，合作社将"盈余"按成员与合作社的惠顾额返还，也就是将在与成员交易中收取的价款余额再按照交易比例返还给成员。可见，合作社"盈余"的性质决定了其特定的分配方式。自"罗奇代尔原则"（The Rochdale Principale）以来，按惠顾额分配盈余一直是合作社的一个核心原则和重要特征之一。

　　德姆塞茨（1999）认为，由多种生产要素所有者组成的经济组织是一种团队生产，团队生产能否产生比各个要素单独生产之和更大的收益，关键问题之一是对团队成员的贡献和努力给予正确的计量和分配，使每一个成员的投资回报与其对团队产出的贡献相一致，只有这样，才能促进所有要素投入者的生产性努力，发挥他们各自在专业化分工与协作中的比较优势，保证团队的生产率；如果随机地支付成员的报酬，而不与其要素的生产率紧密衔接，就会导致成员的"偷懒"或"搭便车"行为，使团队瓦解。可见，经济组织生产率的高低是其利益分配制度及其激励水平的结果，合作社要获得组织效率，必须建立合理的利益分配制度，对组织成员的努力程度和贡献大小进行正确计量并以此为依据进行收益分配。

　　合作社的作用主要是减少经济活动的风险和不确定性、降低交易成本、获得规模经济优势和打破市场垄断（勒普克，1992），合作社节约交易成本和规模经济的制度收益属于效率收益，其他方面的收益属于公平收益（国鲁来，2001）。可见，合作社的组织效率主要来自于节约交易成本和规模经济的收益。"按惠顾额返还盈余"的分配制度能够平衡合作社公平和效率的双重目标：一方面，通过盈余返还，将合作收益回馈给每一位成员，体现了合作社成本经营的理念和对公平目标的追求；另一方面，能够把成员所得的利益回报和其"生产率"相联系，促进合作社效率的提高。

　　农民合作社"按惠顾额分配盈余"的制度对组织成员生产性行为的激励和组织效率的影响主要表现在以下几个方面：

1. 有利于降低合作社的经营成本，提高合作社的经济效益

农民建立合作社的基本动因之一是通过交易环节的合作和联合改善在市场中的谈判地位，形成与垄断组织相抗衡的力量，降低农户进入市场的交易成本，为此，合作社必须保持较大的经营规模以获得足够的市场份额。同时，扩大与成员的经营业务，也有利于合作社实现规模经济，降低合作社在产品运销、储藏、加工、农业投入品集中购买等环节的单位产品成本和信息、技术等领域的服务成本，提高合作社的市场竞争力。此外，较大的经营规模也有利于合作社进行品牌经营，采取更先进、合理的交易方式和经营手段，进一步提高经营效率。因此，具有一定的经营规模是合作社存在和发展的必要条件和基础，成员持续、稳定的惠顾是合作社存续的关键条件。可见，成员的业务惠顾是对合作社发展最重要的贡献，交易额是对成员惠顾贡献的准确计量（国鲁来，2001），"按惠顾额分配盈余"不仅能够调动成员惠顾的积极性，也是合作社保持经营效率的客观要求和必要的激励机制。

2. 有利于降低合作社内部的监督成本，提高市场竞争优势

面对市场竞争，合作社要保持经营效率，还必须不断提高农产品及其加工品的品质，树立良好的品牌形象和市场信誉，以获得更高的市场价格和产品附加值。根据尼尔逊（Nelson，1970）对商品的分类，农产品更多地具有经验品和信用品的特征，合作社对成员提供的产品质量很难鉴定，而且，农户生产分散，在生产过程中存在很大的自然风险，这些因素导致农产品生产过程同样难以监督，为此，合作社必须对成员提高产品质量的努力提供利益激励，否则，成员在产品质量方面很容易产生机会主义行为，既增加合作社的经营风险，也使合作社的品牌战略难以实施。合作社"按惠顾额返还盈余"使生产者成员分担合作社的风险和收益，既避免了对成员生产行为的巨额监督成本，又能够有效减少他们在产品质量方面和产品交易方面的机会主义行为，激励成员提高产品品质和与合作社交易。与私人企业相比，合作社在产品质量控制和扩大经营规模方面具有竞争优势，从而提高市场竞争力和经济效率。

3. 有利于调动成员专业化生产的积极性，促进合作社的持续经营

农民合作社一般是经营同类产品的农业生产者的联合，需要农户的家庭经营达到一定程度的专业化和规模化。然而，农业生产周期长，面临的

自然风险和市场风险都很高，农户的专业化和规模化生产需要增加专用性投资，专业化和规模化必然加大农户生产经营的风险。根据威廉姆森（Williamson，1985）的分析，资产专用性程度是影响交易费用的重要因素，随着农户资产专用性程度的提高和专用性投资的增加，农户会陷入被交易伙伴"套牢"（Hold-up）或"敲竹杠"的不利地位。而按"惠顾额分配盈余"赋予了生产者在合作社剩余分配中的主体地位，使生产者成员成为合作社的所有者，从而激励成员进行专用性投资和扩大经营规模，有利于合作社的稳定经营和持续发展。

此外，股金分红也是合作社收益分配的重要方面，但由于合作社实行资本报酬有限和成员公平入股的原则，股金分红率较低，成员的入股金额基本均等，因此，成员获得的分红量相差不大，因而激励效果较小。

综上所述，合作社的存续依赖于成员的持续惠顾（萨茨，1984），按交易额返还盈余能够推动成员与合作社发展业务关系，既是合作社最基本、最重要的激励机制，也是合作社扩大市场份额、实现公平和效率目标的重要手段。

第三节　合作社的产权制度与盈余分配

一　产权制度及其功能

产权制度是经济组织的制度基础，对于人的经济行为、活动绩效和财富分配都具有至关重要的作用和影响，产权安排在经济运行中能够发挥的重要作用和基本功能主要表现在以下几个方面。

（一）激励和约束功能

产权是一组权利的结合体，是"对财产的广义的所有权——包括所有权、使用权、收益权和处理权"[①]，产权的内容包括权能和利益两个不可分割的方面，任何一个主体拥有了属于自己的产权，不仅意味着他有权做什么，而且界定了他可以得到的相应的利益，或者有了获取相应利益的稳定的依据或条件。在经济运行过程中，各当事人的利益若通过明确产权得到肯定与维护，产权主体的努力就会得到明确的收益，而且这种收益具

---

① 黄少安：《产权经济学导论》，经济科学出版社2004年版，第65页。

有明确的预期，主体行为的内在动力也就有了保证，产权的激励功能就能通过利益机制而得到实现。产权提供的激励是经济发展的动力，是促使个人努力的内在机制。同时，产权的激励功能还包含着约束功能，因为产权关系是与经济活动主体切身利益相联系的一种责任关系，不适当地使用产权会使产权价值受损，因此，当事人就会从追求自身的最大利益、长远利益的角度去关心产权营运效果和生产经营的效益，从而产生出自我约束的行为机制。产权的约束和激励是内生于市场主体的，是代价最低、效能最高的机制。

（二）外部性内部化

外部性是一个经济主体的活动带给了别的主体可以无偿得到的收益，或给别的主体造成的无须赔偿的损失，外部性是降低资源配置效率的重要原因。产权制度具体规定了如何使人们受益或受损，因而谁必须向谁提供补偿以使他修正行动的规则，因而能使经济行为的外部性内在化，德姆塞茨指出，"产权的一个主要功能就是引导人们实现将外部性较大地内部化的激励"[①]。

（三）资源配置功能

产权的资源配置功能是指产权安排或产权结构直接形成资源配置状况或驱动资源配置状态改变、影响对资源配置的调节（周彦兵，2006），因为产权就是对各种资源或生产要素的权利，相对于无产权或产权不明晰状况而言，设置产权就是对资源的一种配置，而且，任何一种稳定的产权格局都形成了一种资源配置的客观状态，而产权的变动也同时改变资源配置状况，从而影响资源配置的效率。产权界定是市场机制发挥作用的条件，市场对资源的配置是不同产权主体间的自愿交易和相互博弈的运动过程，市场主体只有在产权明确的基础上才可能有配置资源的行为。

（四）收入分配功能

产权是收入分配的基本依据。生产活动是各种生产要素相结合的过程，对生产结果的分配只能按照各种生产要素的不同产权来进行，谁是生

---

① ［美］德姆塞茨：《关于产权的理论》，载 R. 科斯、A. 阿尔钦等著《财产权利与制度变迁——产权学派与新制度学派译文集》，胡庄君、刘守英等译，上海三联书店、上海人民出版社1994年版，第97页。

产要素的产权主体，谁就获得相应的收入，产权越多，分得的收入越多。无论是按资分配，还是按劳分配，它们本质上都是按生产要素的产权分配。而且，这种生产要素的产权是在生产之前就必须界定的，更是在收入分配之前就得到了界定，"从社会总体情况看，产权是基本的分配依据"①。

二 合作社产权结构与产权关系

合作社是由需要其服务的惠顾者联合建立的合作企业，他通过成员之间的互助合作集中个体分散的资源，并通过企业经营的方式服务成员，增进成员利益。"成员经济参与"是合作社的基本原则，成员必须以公平的方式向合作社投资（CIA，1995），成员股金是合作社最重要的资金来源。成员公平入股指每个成员在合作社中的股金大致均等，以保证成员在合作社中的平等地位。为了防止少数人利用资本的力量控制合作社的业务活动，合作社一般对成员认购股金的最高额给予限制（丁为民，1998；张晓山等，2009）。

成员投资主要包括直接投资、返还保留、资本保留、未分配收益等，成员出资的目的主要是为了获得合作社提供的优惠服务。由于成员的投资方式不同，因而形成了合作社两种不同的产权形式。

（一）成员股金

成员股金是利用合作社服务的惠顾者为他所参加的合作社提供的一定数量的资金，每个成员都必须对合作社做一定的资金贡献，也只有惠顾者成员才能购买股份，成为合作社的股东（缪恩克勒，1991）。成员股金主要由成员直接投资、惠顾返还保留和资本保留构成。直接投资包括成员缴纳的身份股股金和额外购买的作为投资股的股金：成员要取得成员资格并获得成员的优惠，必须缴纳身份股股金或一定的入社费；合作社在发展过程中，为了应付市场竞争的需要，有时还要求成员进一步投资，从而形成成员投资股股金。惠顾返还保留是将应该按惠顾额比例返还给成员的合作社盈余中的一部分或全部被合作社保留在合作社，作为成员追加的投资。资本保留是指营销合作社把成员产品销售收入扣留下来作为合作社发展的

---

① 黄少安：《产权经济学导论》，经济科学出版社2004年版，第214页。

资本，这种融资方法不受净收益的影响，资本来源更加稳定。实践中，合作社往往面临着成员投资意愿不强的困境，因此，合作社除了在初创时期和成员入社时以外，往往通过惠顾返还保留和资本保留等方式筹集资本，而不是要求成员进行直接的现金投资（王红春等，2007）。

成员股金是合作社生产经营的基础，这部分资本属于成员个人所有，入社时投入，退社时撤出。对于成员缴纳的投资股，合作社还支付一定的股金红利，体现了成员个人对股金的收益权，也是合作社对使用的资源支付的所有权成本。合作社的股票是作为个人股票发行的，原则上不可分割和转让，许多合作社对成员股份的转移有明确的规定，目的是把合作社的资产所有权限制在惠顾者手中。由于股票收益极为有限，因而，合作社的股票对外部投资者并不具有吸引力。

（二）储备金

储备金也称为积累基金，是指没有分配给任何成员以及其他个人账户的净收入保留，它们可能来源于非经营性收益如利息、租金等，也可能来源于未分配的经营性收益。在一定的时期内，合作社的生产成果总量是确定的，从盈利中提取一部分公积金就会减少成员当期从分配中获得的收益，因此，合作社的积累必须维持在一个适当的水平，以兼顾合作社的长远发展与成员眼前的经济利益。由于合作社所需资金数量不同，因而不能硬性规定合作社应保留多少储备金，多数国家的法律只规定一个必须提取的法定储备金的起码份额（如年利润的25%），当储备金达到一定数量（如相当股金总额或年交易额的一定比例等）则不再继续提取（缪恩克勒，1991），每年实际应提取多少储备金，完全由合作社和成员的需要而定，如欧盟合作社法第65条第2款规定，章程应当要求盈余在进行任何其他分配之前创办法定公积金，直到法定公积金达到30000欧元，财政年度的盈余扣除结转的亏损后用于投入法定公积金的比例不得低于15%。而印度、德国等国则由合作社自己决定公共积累的数额和筹措渠道（王红春等，2007）。

从盈利中提取一部分公积金是合作社产权制度的重要组成部分，公积金至少有一部分不可分割（CIA，1995），由集体拥有，成员退社时只能要求退还入社股金，而不能对公积金要求权利，从而在合作社内部逐渐积累起一笔产权属于合作社的资金，扩大了合作社的可支配资源，保证了合作社发展资金的稳定性，有利于增加合作社的信用度和参加市场竞争的能力，因此，大多数国家的合作社立法都规定了合作社的公共积累不可分割（联合国粮农组织，2007）。

　　然而，关于合作社能否保留不可分割的公共积累，在理论界和实践层面一直存在分歧和争论。当一个成员要离开合作社时，是只返还他最初的出资，还是分配一部分积累，不同的国家做法并不一样，甚至一个国家内的不同合作社的做法也不同（联合国粮农组织，2007）。实践中，不可分割的集体资产占合作社资产总额的比例在各国合作社之间的差别也较大，高的达到80%～90%，低的仅占2%～5%（张晓山等，2008）。在理论界，一种观点认为，储备金是一种集体盈余，应分配给成员而不应由合作社保留（张晓山，1999）；而另一种观点认为，从经营管理的角度看，合作社保留一部分不可分割的储备金是完全必要的，只有储备金不按经济需要保留时，才会出现忽略成员利益的情况（缪恩克勒，1991）。

　　从产权的激励功能和效率的角度看，公共积累不可分割会形成模糊的产权关系，成员缺乏这部分投资的处理权、收益权，将会影响产权对成员和管理人员行为的激励和约束作用。首先，公共积累属于共有产权性质，造成成员个人对于这部分股份的所有权不明晰，合作社的公共积累越多，脱离成员控制和监督的财产就越多，合作社与成员关系的密切程度就越低（张晓山，1999；杜吟棠，2002），尤其是当这部分不可分割的公共积累在合作社总股本中的比例达到一定程度时，这个问题也就越严重。其次，共有产权的形成与成员自由进出的政策相矛盾。一方面，它会造成新进入的成员自动地占有了共有财产，这对提供了这部分贡献的老成员是不公平的；为了避免新成员的搭便车，老成员还可能在接受新成员时设置一些约束。另一方面，对于打算退出的成员来说，共有财产不能变现还是一种流动损失，由于这部分资产来自于未分配净收益，由此降低了合作社绩效和收益在成员心目中具有的水平。最后，当合作社进行清算时，对于公共积累的公平分配几乎是不可能的。一种可能是根据以往惠顾情况分配给惠顾者，但追踪以往惠顾者及其惠顾情况非常困难；另一种可能是赠予其他合作社或合作社联社，显然，这种方式也不会受到成员的欢迎（徐旭初，2005）。为了避免共有产权所导致的问题，一些合作社对于公共积累的产权采取了较为灵活的处理方式，如丹麦的一些合作社将未分配盈余按照每个成员拥有的额度划入其个人名下，他们可以在 7 年以后或者在退休后逐步提取，这种做法有利于保护为合作社做出更大贡献的成员的利益，密切他们与合作社的联系，增强他们参与合作社的积极性（全国人大农业与农村委员会课题组，2004）。我国 2006 年 10 月 31 日通过的《农民专业合作社法》规定，农民专业合作社每年提取的公积金应按照章程规定量化为每个成员的份额并记入成员个人账户，显然，该法的规定是以合作社资产全部量化到成员名下、合作社剩余为零为依据的。

但是，产权的界定也需要耗费成本（巴泽尔，1997），为了发挥产权界定的作用，产权经济学提出了产权安排应掌握的交易费用比较原则，即对哪些资产应界定产权和予以保护以及在什么条件下改变资产的产权安排，都应该以节约交易费用为标准。合作社的公共积累是否分割，涉及不同的产权界定成本，由于不同的合作社在发展中面临的问题不同，产权界定的成本和收益也不同，因此，对于这一问题的处理不能一概而论，更好的选择应该是由成员决定。合作社在起步阶段，保留一部分公共积累更有利于合作社的稳定发展，而且，这时合作社的公共积累一般较少，如果合作社的成员高度同质，是否界定这部分资产权利对成员意义不大，合作社"模糊界定的产权"有利于节约交易成本（马彦丽，2007）。相反，当成员异质性程度较高、合作社积累较多时，明晰合作社公共积累的产权就是必要的。

综上所述，成员公平参股形成合作社的自有资金，这是合作社基本的产权框架。合作社的股金制度是一种特殊的产权制度，具有以下特点：合作社的每一位成员都是股金的持有者，只有惠顾者才有资格购买股份成为股东和合作社成员，每个成员拥有的股金大致均等；股金的所有者是成员个人，而不是合作社集体所有，成员退社时有权撤走；合作社的资金和资产由合作社集体共同占有和使用；成员个人享有股金的收益权——股息；股份不允许转让。合作社特殊的股金制度使合作社的产权主体具有普遍性和均齐性，每个成员都拥有一部分财产所有权，成员拥有的产权大致均等；合作社的产权主体是成员个人，每个成员又都是劳动者，实现了资本联合和劳动联合的统一；由于合作社的股权与使用合作社的服务紧密联系，因而，合作社的股权是一种人头权，是依附于成员资格的权利。

　　与股份公司相比，合作社也采取了资金入股的形式来聚集资金，但两者内部的产权结构和产权关系有着本质的不同。在公司制企业中，资本的所有者以购买公司股票的形式获得公司的股权，实现了资本的联合，资本所有者是企业的产权主体，股金既是经营的手段又是股东对企业所有权的代表，是股东获取利润的依据。由于股东拥有的资本有很大差别，因此，企业内部各个产权主体的关系是：大股东支配中小股东并共同支配作为劳动者的员工。由于劳动者以劳动力出卖者的身份进入生产过程，因此，劳动者的劳动已经属于资本所有者，它们并不属于劳动者。而合作社由成员公平入股建立，在合作社中，成员既是惠顾者（劳动者），又是所有者，成员同时拥有资本和劳动两种生产要素，并且作为主体将两种生产要素结合于生产经营过程中。成员向合作社投入的股金主要是经营企业的手段和实现成员互助的条件，而不是获得利润的手段，成员行使自己的权利不依赖资本量的大小，只要是合作社的合格成员，就自然而然地获得了某种权利。因此，合作社是以劳动联合为基础，联合起来的劳动者是企业的主体，而资金在合作社中处于从属地位。

　　（三）合作社独特的产权制度是利益分配制度的决定因素

　　产权是收入分配的基本依据，合作社独特的产权制度是其利益分配制度的决定因素。合作社的产权主体是成员个人，成员通过平等合作和公平参股实现在合作社企业内的直接结合，并在直接生产过程中，劳动者之间结成平等合作的关系，从而避免了资本与劳动的对立，使成员获得了个人劳动的产权，维护了合作社劳动合作的组织性质，为成员享有合作社企业的剩余索取权和剩余控制权提供了所有权基础和依据。

　　首先，将合作社企业的剩余索取权给予了作为惠顾者的成员。股金制度将合作社财产的所有权限定在作为惠顾者的成员手中，这意味着将合作社的剩余索取权分配给了作为惠顾者的每一位成员，这种产权安排使剩余索取权不再依附于资本，而成为一种成员权，从而为生产者成员参与盈余分配提供了产权保障。

　　其次，产权制度是合作社独特的盈余分配制度建立和运行的条件和基础。与股份公司或其他工商企业按资分配不同，合作社剩余分配制度的主要特点是限制股金收入，以劳动量（或惠顾额）为主进行分配，这种独特的利益分配制度也是由其产权特征决定的。因为，在合作社中，成员缴纳股金的主要目的不是为了投资或获得投资收益的最大化，而是为了取得成员资格，能够使用合作社的服务和享有成员的各种权利，股金是进行劳动联合的基础和合作经营的手段，而不是获得利润的手段。这种产权安排保证了成员作为惠顾者的主体地位，使资本居于次要、从属的地位，从而为成员主要凭借劳动量即惠顾额获得剩余收入提供了产权依据。在合作社中，成员投资与使用合作社的服务和享有成员的各种权利相联系，成员投资的收益权主要通过获得优惠服务和惠顾返还的收益间接体现，所以，合作社对于成员的身份股一般不支付报酬，而对于成员对合作社额外的投资支付红利。股金红利也是合作社特殊产权制度的实现形式（丁为民，1998）：一方面，它承认成员个人对其缴纳的"进入费"拥有所有权，红利就是对这种个人所有的资产支付的租金或价格；另一方面，它又把这种租金的水平限制在只相当于通行利率的水平，从而否定了成员投资向资本的转化，为合作社根据非资本的原则分配经济剩余提供了余地。

综上所述，成员要凭借劳动量（或惠顾额）占有联合劳动的成果，必须是合作社资本的提供者，即保证成员惠顾者与所有者身份的同一。可见，成员公平参股的股金制度是合作社按惠顾额分配盈余制度建立和有效运行的基础。

第四节　合作社的治理结构与盈余分配

一　公司委托—代理关系与治理结构

在两权分离的现代企业中，股东只保留对所出资本的终极所有权（剩余索取权和剩余控制权）并承担有限责任，而将企业的经营权以合同控制权的形式赋予董事会和管理层，董事会和管理层依法对企业法人财产进行经营控制，从而在股东和董事会以及管理层之间形成了委托—代理关系。作为代理人，董事会和管理层是具有独立利益的经济人，其行为目标与股东（委托人）的目标不可能完全一致。在委托人与代理人存在目标冲突的情况下，代理人可能利用信息优势不为委托人利益服务，甚至损害委托人的利益，从而导致现代企业的委托—代理问题。为了解决委托—代理的问题，需要有关于所有者、董事会和经理人员三者之间权力分配和制衡关系的一种制度安排，这就是公司治理，也称为公司治理机制或公司治理结构。

公司治理结构是所有企业参与人权利和利益分配的合约（张维迎，2005），通常有狭义和广义的理解。张维迎（1996）认为，狭义的治理结构指有关公司董事会的功能、结构、股东的权力等方面的制度安排；广义的治理结构是有关公司控制权与剩余索取权的一整套法律、文化和制度性安排，这些安排决定公司的目标、谁在什么状态下实施控制以及如何控制、风险和收益如何在企业成员之间分配等一系列问题。广义的治理结构涉及保护公司所有者利益实现的一系列制度安排，是包括公司产权制度、激励约束机制、财务制度、企业文化在内的公司利益协调机制。

企业的产权安排确定了企业的委托人和代理人，构成了公司治理的基础，即确立了企业治理的权力主体及权力客体，因此，企业的产权安排决定相应的治理结构，而治理结构是企业所有权安排的具体化。青木昌彦（1995）认为，公司治理的内容包括：如何配置和行使控制权；如何监督和评价董事会、经理人员和职工；如何设计和实施激励机制等；良好的公司治理结构能够利用这些制度安排的互补性质，并选择一种结构来降低代理人成本。

事实上，公司治理和公司治理结构并不是两个完全相同的概念，治理结构只是公司治理的静态表现。从现代经济学的角度看，公司治理是有关各方依据合约规定，对公司高层经营活动行使权力（刘汉民，2007）。从静态上看，公司治理表现为一种结构和关系；从动态上看，公司治理则表现为一个过程和机制（刘汉民等，2001）。公司治理存在两类机制：一是外部治理机制，指来自企业外部主体（如政府、中介机构等）和市场的监督约束机制，尤其是指产品市场、资本市场和劳动力市场等市场机制对企业利益相关者的权力和利益的作用和影响。二是内部治理机制，是企业内部通过组织程序所明确的所有者、董事会和高级经理人员等利益相关者之间权力分配和制衡关系，具体表现为公司章程、董事会议事规则、决策权力分配等一些企业内部制度安排。

哈特（1995）指出，只要存在代理成本和不完备合约，公司治理就必然在一个组织中产生。代理问题体现了组织成员之间存在利益冲突，不完备合约是由于交易费用过高使代理问题不可能通过合约解决。在没有代理问题的情况下，公司中所有的个人都可以被指挥去追求利润或企业市场价值的最大化，或者去追求最小成本。每个人的努力和其他各种成本都可以直接得到补偿，因此不需要激励机制调动人们的积极性，也不需要治理结构来解决争端。如果出现代理问题并且合约不完备，则公司治理结构就至关重要。哈特指出，在合约不完备的情况下，治理结构是一个决策机制，而这些决策在初始合约下没有明确的设定，治理结构分配公司非人力资本的剩余控制，即资产使用权如果没有在初始合约中详细设定的话，治理结构将决定其如何使用。

根据以上分析，公司治理结构本质上就是关于公司所有权分配的合约，而公司所有权包括占有权、处分权和收益权等。各个治理主体必定会通过其在公司中所拥有的权力来为自己谋取更多的收益分配，公司的分配制度就是各个参与收益分配的主体不断博弈而最终达到的，一旦公司治理结构发生改变，权力的配置必然发生倾斜，就会形成新的分配制度和分配格局。如在股东至上的治理模式中，股东是最大的剩余收益者，公司的财务目标就是股东财富最大化，而在员工至上的治理模式中，员工便成为收益分配时首要考虑的对象。因此，治理结构是影响和制约收益分配的重要因素。

二 合作社的成员民主控制原则及其盈余分配

合作社是由使用合作社服务的成员民主控制的组织，合作社的管理机构由成员民主选举产生，合作社的方针和重大事项由成员决定，无论成员在合作社中的股份数量有多少，他们每人都有一票的表决权。根据前文的分析，合作社特殊的股金制度将合作社的剩余索取权赋予了每一位成员，为成员凭借惠顾额参与盈余分配提供了产权基础。但是，索取权只是个人参与分配的必要条件，而不是充分条件，在现实分配过程中，仅仅掌握索取权是不够的，因为利益相关者有权获得剩余并不等于他一定能够获得剩余，"索取权的实现还要依赖相应的控制权"[①]，控制权通常包括监督权、投票权等。剩余索取权和剩余控制权是具有高度互补性的权利（卢现详等，2007），效率最大化要求剩余索取权和控制权的安排应该对应（米尔

---

① 杨瑞龙、周业安：《企业共同治理的经济学分析》，经济科学出版社 2001 年版，第 121 页。

格罗姆等，1992），否则就会产生激励扭曲，出现"敲竹杠"问题。有控制权而无收益权，经济人就会缺乏实现最优产出的激励，相反，有收益权而无控制权，经济人就会只顾实现私利最大化而不关心资源的损耗。"按惠顾额分配盈余"意味着成员以惠顾者的身份掌握了合作社的剩余索取权，为了保证成员剩余索取权的实现，成员还必须掌握合作社企业的剩余控制权，以保护成员作为所有者的利益和实现激励约束相容。也就是说，为了使合作社利益按照"按惠顾额分配盈余"和"资本报酬有限"进行分配，必须由作为惠顾者的成员对合作社民主治理和控制。可见，成员民主控制的治理原则是合作社盈余分配制度实现的必要条件和权利保证。

成员民主控制的治理原则也是合作社产权制度的具体体现和必然要求，合作社独特的产权制度是成员民主治理的基础和决定因素。因为，股金制度使每一位成员都是所有者，成员共同承担合作社企业的经营风险，拥有合作社的剩余索取权，而且由于成员均衡持股，他们在组织中地位平等，因此，合作社的治理只能采取以成员一人一票为基础的民主控制制度。丁为民（1998）指出，合作社所有权的个体性必然要求由成员个人而不是法人掌握财产的管理权，合作社所有权的普遍性和所有权客体的均等性必然要求每一个成员拥有相同的管理权。

三　合作社的委托代理问题和治理结构

成员对合作社的民主控制主要有两种方式：一是直接决策，即在成员大会上直接对合作社的事务进行表决；二是间接决策，即通过选举产生理事会，把决策权委托给理事会成员，由理事会代表自己来运营合作社或由理事会来雇用经理人负责合作社的具体经营。这样，在广大成员与理事会之间以及经理人之间就形成了委托—代理关系，由此产生了合作社的委托—代理问题，成员要对理事会成员或经理人员进行监督、激励，就必然产生代理成本。为了解决合作社的委托—代理的问题，需要建立合理的治理结构。

合作社的产权制度将剩余索取权安排给了惠顾者成员，在剩余索取权给定的情况下，合作社治理的核心内容就是根据剩余索取权在普通成员、理事会和经理人员之间恰当地安排剩余控制权，在各个利益相关者之间建立利益协调机制，以控制代理风险和代理成本，保护成员利益，提高决策效率。

广义的合作社治理结构是有关合作社控制权和剩余索取权分配的法律、文化和制度性安排，是合作社所有权安排的具体化；狭义的治理结构指合作社内部通过组织程序所明确的成员、理事会和经理人员等利益相关者之间权力分配和制衡关系，具体表现为组织章程、理事会议事规则、决策权力分配等组织内部制度安排。

合作社的治理问题包括两个方面：一是委托人对代理人"偷懒"倾向或行为的治理，即作为所有者的成员对合作社经营管理者的激励和约束；二是合作社经营管理者对成员的投机主义倾向或行为的治理。其中，成员对合作社经营管理者的激励约束是合作社治理的核心。合作社对于经营管理者的治理一般通过下列治理机制来实现。

（一）权力制衡机制

按照分权制衡的原则和现代企业制度的要求，合作社的组织结构一般分为三个部分，即成员（代表）大会、理事会和监事会，他们各有自己的明确职责：监事会行使监督权，理事会行使业务经营权，成员掌握合作社的最终决策权。这三个机构既相互联系又相对独立，构成了相互不可分割的有机整体，三者之间的基本关系是：由成员民主选举产生理事会和监事会，由理事会直接经营合作社或招聘包括总经理在内的管理班子对合作社实行经营管理，经理则雇用和监督各业务部门的雇员。合作社的管理机构虽然在形式方面与股份公司的机构设置相似，但其治理制度有着本质的不同。股份公司的控制权是由成员拥有股票的份额决定的，实行一股一票；而合作社的控制权则由成员掌握，不论拥有股份多少，一般实行一人一票，即使有些合作社在一人一票的基础上根据交易额或股份额增加了一定的投票数，但增加的票数都有严格限制。为了保证成员对合作社的控制，世界各国一般在有关法律中对下列问题作出了明确规定（缪恩克勒，1991）：一是只有成员才有资格进入理事会，以保证理事与合作社成员基本利益的一致；二是成员有权在成员大会上以多数赞成的方式罢免全部或任何理事及监事的职务。

（二）信誉机制

信誉机制是行为主体基于维持长期合作关系的考虑而放弃眼前利益的

行为（张维迎，2005），对"偷懒"的惩罚不是来自合同规定或法律制裁，而是未来合作机会的中断。合作社一般规模较小，往往由地缘、业缘接近的农民组成，是一个"熟人社会"或"半熟人社会"，在这种人格化的关系网络中，合作社代理人的自利行为和普通成员的投机行为都具有很高的声誉成本，信誉和名声能够对管理层和成员的行为形成有效约束，从而提高治理效率。

（三）退出机制

合作社实行自愿和开放的政策，成员有退出的自由，成员退出合作社还可以带走其在合作社的股金。进入威胁与退出威胁是促进合作的重要保障，前者通过成员继续留在合作社，选择"以牙还牙"式的共同"偷懒"策略来保障合作；后者则是保留退出权，通过退出威胁来促进合作（罗必良，2007），成员退出权在合作社治理和保持合作社效率中具有重要作用（林毅夫，1992）。当成员的权利受到侵害时，他们可以用脚投票，即通过退出机制来维护平等。

（四）外部监督机制

西方国家不仅通过制定相关的法律来规范合作社内部的权利、义务关系，而且还通过审计部门或者审计行业协会对合作社进行监督管理。德国1983年的《营利合作社和经济合作社法》规定，合作社必须加入一个合作社审计协会，并且每年都要接受行业审计协会的审计和指导，审计内容包括财务审计、管理层的素质评价、管理层在促进成员利益方面的努力和效果的评价，并且根据审计结果，向管理委员会或董事会提出改进建议。年度审计结果要向顾问委员会以及成员大会报告，使合作社成员清楚地了解合作社的经营情况，正确评估自己和合作社的经济利益，以便在成员大会上作出正确的决策。日本农协中央会也制定了统一的财务审计制度，由理事会、监事会对农协内部财务活动进行监督和审计，由各级中央会对各综合农协及联合会进行监督审计。

总之，合作社的治理结构，一部分由有关法律决定，如合作社法、税法、土地法、金融法、公司法和其他有关法律，另一部分由合作社根据自身的具体情况在章程中规定，如合作社的具体目标、业务活动类型、成员需求等因素。

第五节　农民合作社的制度变迁态势 及内在机制分析

一　合作社制度安排中的矛盾和变迁态势

（一）合作社制度安排中的矛盾

一直以来，新制度经济学家对于合作社独特的制度安排及其效率存在质疑，在产权经济学和代理理论的视野中，合作社的制度安排存在着产权模糊和较高的代理成本，造成成员的"偷懒"或"搭便车"行为，合作社资源配置效率低，不可能是合格的市场竞争者（维塔利奥，1983；波特等，1987；库克，1995；富尔顿，1995；亨德里克斯等，2001；德姆塞茨，1999）。国内学者在总结国外研究的基础上，也对于合作社的制度安排及其效率提出了类似的批评（国鲁来，2001；林坚等，2002；应瑞瑶，2004；孙亚范，2006；郭富青，2006），认为合作社在制度安排上对于公平的追求会导致效率损失，合作社是高成本、低效率的组织，在市场竞争中面临各种问题：（1）"门户开放"政策容易导致经营规模和经营资产不稳定，降低合作社的资信水平，也不利于合作社的稳定发展；"门户开放"还会造成新、老成员利益不协调，如果大量新成员加入，会降低合作社人均占有资产存量，使合作社出现资金和经营困难，老成员利益受损，他们的投资收益被稀释，合作社的经济效益下降。（2）合作社不仅对入社股金的来源及数量进行限制，而且在分配上严格限制股金分红，这会造成合作社资金短缺，限制合作社为成员服务的能力。（3）合作社产权结构存在内在矛盾：成员虽然是合作社财产的所有者，但每个成员都不能脱离其他个体单独行使所有权，从而在合作社内部形成一笔无追索权的公共财产，成员个人和公有财产积累完全脱钩，降低了成员对于合作社的投资激励，容易产生对全部盈余尽可能分配的要求，导致合作社公共积累不足，加剧合作社的资金困难。（4）合作社的民主管理与专业化管理存在突出矛盾，"一人一票"的集体决策机制成本高、效率低。（5）合作社的管理者只能以普通成员的身份参与剩余分配，对管理者经济激励不足，不仅抑制企业家的创新冲动，而且还可能引发管理者的投机取巧等机会主义行为；由于对管理者缺少资本的激励与约束，合作社需要建立严密的监督制度，从而增加了监督成本。

为了减少和避免成员的"搭便车"行为，建立权利与责任对称的现代企业制度，一些学者提出了比例原则（巴顿，1989），比例原则以交易额为依据分配合作社的控制权、所有权和收益权：成员的投票权以交易额为基础；成员按照交易额的多少认购股金；盈余在成本经营的基础上按照惠顾（交易）额分配给成员（徐旭初，2005）。比例原则以公平的理念取代传统的平等观点，既体现了成员权利与义务的对等，也有利于激励成员与合作社交易，对于竞争不断加剧的发达国家合作社的发展具有战略意义（苑鹏，2005）。

可见，由于公平与效率存在的固有矛盾，合作社的制度安排虽然在实现公平方面具有制度优势，但也存在一些结构缺陷和效率方面的劣势，需要顺应环境的变化不断修正和调整。

（二）农民合作社发展面临的挑战和制度变迁态势

自 20 世纪 80 年代中期以来，由于经济全球化和贸易自由化趋势的不断加剧，西方国家对农业支持弱化，一些国家甚至放弃了对农民合作社扶持、保护的法律和政策，使农民合作社直接面对国内外强大的竞争者。在巨大的市场竞争压力之下，一些农民合作社由于经营困难而破产倒闭，一些经营成功的农民合作社由于缺少保持增长的融资机制而转型为投资者所有企业（苑鹏，2005）。为了适应新的社会经济环境和实力强大的竞争对手尤其是跨国公司的挑战，欧洲传统的农民合作社加快了战略调整和制度创新，北美出现了更注重经济效率的"新一代合作社"（国鲁来，2010）。

"新一代合作社"的主要目标是发展农产品加工业，以提高产品的附加值，它们与传统的农民合作社致力于商品营销的主要目标截然不同。"新一代合作社"与传统农民合作社最重要的区别是有交货合同和成员资格不开放或受限制（尼尔森，2000），"新一代合作社"建立时，首先由倡导者根据市场对最终加工品的需求确定合作社的生产规模，然后按照合作社加工产品的预定量与成员签订交货合同，规定成员向合作社交货的数量和质量；农户通过购买股份成为农民合作社的成员，成员按购买的股份交售产品，每一股有交售一个单位产品的权利，合作社每股价格按照需要筹集资金的数量来决定，成员股份在得到理事会批准以后可以在市场上交易。"新一代合作社"在经营上取得了成功，其制度调整解决或减轻了传统农民合作社制度安排所导致的眼界问题、公共产权问题、投资组合问题等（尼尔森，2000），与此同时，"新一代合作社"仍保持了传统农民合作社的基本特征：首先，它仍然是服务对象即农业生产者所有的企业，合作社的投资者与惠顾者身份同一。其次，"新一代合作社"按成员的股份进行盈余分配，但由于成员的持股额与农产品的交售额挂钩，两者比例一定，实际上是间接的剩余按惠顾额比例返还。"新一代合作社"在分配上只留很少的盈余作为储备金，甚至完全不留。最后，"新一代合作社"的管理仍然坚持一人一票原则，理事会也从成员中选举产生，为了避免少数人控股局面，"新一代合作社"对每个成员可以拥有的股份数量进行了限制。

总体上，国外农民合作社在组织结构、业务经营、制度安排、融资手段等方面发生了明显变化（黄祖辉，2000；孙亚范，2006）：在业务经营方面，农民合作社更加注重经济效益，与成员的交易日益遵循商业规则，并通过外向型经营和与工商业资本联合，提高盈利能力和水平；在组织结构和发展战略方面，农民合作社通过合并、联合、收购和纵向一体化，扩大经营规模，降低成本，增强经济实力；在融资方面，农民合作社放松了对于外部资金进入的限制，引入了成员参股证和债券、将集体资产部分量化到个人等新的融资手段；在运行机制方面，从进出自由向成员资格不开放变化①，从绝对的一人一票向承认差别发展，公共积累向产权明晰发展，对外来资本实行按股分红，引入职业经理进行专业化管理（应瑞瑶，2004）。但是，农民合作社对于外部环境进行的适应性调整并没有改变其基本性质，农民合作社在制度变迁过程中仍然坚持了成员所有、民主控制、按惠顾额返还盈余以及资本报酬有限的组织原则。

二　合作社制度安排的决定因素和制度变迁的内在机制

综上所述，合作社要求得生存与发展，既要保持自身的组织优势，又要不断顺应新的环境进行自我调整和自我完善，面对越来越复杂和多变的环境，制度安排和创新是合作社保持生命力的关键。要认识和把握合作社制度创新的基本规律，必须对决定合作社制度安排的根本因素和制度创新

---

① 事实上，任何合作社的成员资格都不可能完全不开放，这里应该是指有限开放，与国际合作社原则强调的合作社向利用合作社服务并愿意承担成员义务的人开放并不矛盾。

的内在机制进行深入分析。

　　合作社是市场经济中的弱者适应和参与市场竞争的特殊企业，是社会中的弱势群体通过互助合作增加经济收入的手段，因此，合作社是介于"纯社会"与"纯经济"之间的"混合型"事业（于跃门，2002），其经营宗旨兼有经济目的和社会目的，具有社会公平和经济效率的双重目标。由于合作社具有实现社会公平的作用，因而承担了一部分政府的职能，所以许多国家给予合作社减免税收的政策优惠，以弥补合作社由此导致的效益损失（夏英等，2000）。由于合作社的制度安排必须同时体现公平和效率的要求，从而使其在产权安排、治理结构、分配方式和组织制度等方面与营利企业和公益组织有明显区别。

　　公平是一个涉及哲理、伦理、政治、社会、经济等诸多领域的范畴，其核心是利益分配问题（周诚，2004）；效率是经济学中的核心范畴，一般指资源配置的"帕累托最优"状态。关于公平与效率的关系问题，国内外理论界长期以来存在着严重分歧：西方学者从机会成本的视角出发，普遍把公平与效率的关系看作是替换关系，如美国经济学家阿瑟·奥肯（Okun，2010）认为，追求效率需要牺牲某些公平，实现公平需要牺牲某些效率，而国内学者主要从经济哲学的视野看待二者的关系，一般认为，公平与效率之间是辩证统一的关系（王碧峰，2006；陈江玲，2005），它们相互依存、相互促进、相互制约并且相互转化（吴宣恭，2007；李牧耘，2005），而不是非此即彼、不可兼得的。笔者认为，上述观点的分歧只是分析问题的角度不同，如果将公平和效率绝对化，片面地追求某一方面，就会使公平与效率完全对立起来，出现顾此失彼的状况，而如果将二者有效结合就会达到相互促进的目的，因为，公平的实现能够从根本上提高人们参与经济活动的积极性与主动性，从而有利于资源的合理利用和经济效率的提高。

　　兼顾公平和效率是合作社独特价值和组织优势的来源。合作社自愿和开放、成员民主控制、经济参与和关心社区等合作原则，使成员在组织中地位平等、收入差距缩小，合作社更好地融入所在地区的社会经济环境中，一方面体现了合作社对于公平目标的追求，另一方面能够在组织内部形成团结互助、相互信赖的成员关系和融洽的外部关系，在社会上树立良好的社会形象，使合作社在更广泛的范围内获得经济资源和社会资本，调动更多成员参与和贡献的积极性，促进合作社效率的提高。但是，由于公平与效率之间存在着的固有矛盾，合作社如果片面追求公平的目标，就会影响经济效率，以自愿和开放原则为例，合作社对于成员的进入和退出不加限制，就会在实现公平的同时损失效率，最终影响公平的水平。因此，合作社制度安排和创新的关键是协调公平与效率之间的矛盾，在二者之间实现恰当的平衡。

合作社在公平与效率的平衡只能是动态的和相对的，由此决定合作社制度安排的动态性和实践中的多样性。因为，合作社能否存在和发展取决于两个基本因素：一是适应外部环境和市场竞争，二是满足成员需要，这两个因素及其变化决定了合作社对于公平目标和效率目标的不同追求。由于外部环境是动态的，在不同环境条件下成员及成员的需要也是不断变化的，因此，同一合作社在发展的不同时期和阶段对于公平和效率的追求不同，在经营中可能更偏重于公平和效率的某一方面，从而导致其制度安排的调整和变化；由于现实中各种合作社合作领域不同、成员构成不同，所处的社会经济环境和产业环境不同，成员的社会经济需要不同，合作社对于公平和效率的追求也不完全相同，因此，实践中，不同合作社在具有共同特性的同时，在制度安排上又有一定的差别，表现出多样性，如美国的"新一代合作社"产生于市场经济高度发展和市场竞争日趋激烈的20世纪八九十年代，由于经济、社会和成员的个人条件都发生了很大变化，因此，与欧洲传统的农业合作社相比，"新一代合作社"实施增加附加值的战略，在经营目标上更加注重效率，因而其组织制度安排与传统的合作社相比具有明显不同的特点。

但是，合作社的经营宗旨和目标无论怎样变化，都必须同时兼顾社会目的和经济目的，同时追求公平和效率，而不能只片面追求某一个方面，否则，合作社就会演变为公益组织或投资导向型企业。

由于公平与效率的内在矛盾，合作社只有选择公平与效率达到平衡的最佳结合点，才能既满足成员需求，又保持市场竞争力，使合作社获得健康发展，如果单纯偏向于公平，就会使合作社在市场竞争中面临问题而不能持续发展，相反，如果单纯偏向于效率，就会使合作社独特的功能和组织优势退化，丧失对成员的凝聚力，从而向投资导向型企业趋近。

面临日益严峻的市场环境，国际合作社联盟（ICA，1999）第32届代表大会再一次强调了合作社战略调整和保持自身特点的重要性，这次大会的主题是"赋予成员资格以新的价值：迎接新世纪的挑战"，会议指出，在经济全球化的时代，合作社必须改变自我，通过合并、兼并、重组、合资、建立战略性同盟等，对新生竞争力量作出有效反应；在这场大变革中，合作社应当更加坚定其永恒的二重性——经济的目标和社会的目标，这既是挑战，也是合作社的力量所在。

综上所述，合作社制度安排的决定因素是成员的社会经济需求和所处的外部环境，尤其是竞争环境、消费者需求以及政策、法律、社会文化因素等，合作社内外部因素的变化将影响合作社的经营宗旨和目标，使合作社偏向于追求公平或效率，合作社经营宗旨和目标的变化又推动合作社进行战略调整和制度变迁，公平和效率的矛盾和动态平衡是合作社制度创新的基本机制。

三 成员需求与合作社组织模式及绩效分析

根据前面的分析，成员社会经济需求方面的差别及其变化将导致合作社发展战略和制度安排方面的差别及其变化，成员对合作社的需求主要是服务和资本增值，那么，成员的这些需求及其变化将对合作社的发展战略和制度安排产生怎样的影响？这些变化又将怎样影响合作社的发展和组织绩效？尼尔森（Nilsson，2001）对于合作社产权安排的分类及其组织演变的分析，有助于我们认识上述合作社制度变迁的机制。

尼尔森（2001）指出，成员在合作社中具有惠顾者和投资者的双重角色，惠顾者角色追求改善市场失败，农户投资合作社的目的在于能利用合作社提供的购买、销售、信贷等服务。传统的合作社往往强化成员的惠顾者角色而抑制其投资者角色，甚至使成员们遗忘了自己的投资者角色，而投资者角色通常体现在那些剩余索取权可交易的合作社中[1]。尼尔森（2001）按照成员的角色偏好将合作社划分为四种典型模式，不同种类的合作社具有不同的经营战略和产权安排，因而具有不同的组织优势和适应

---

① 可见，在尼尔森的分析中，传统的合作社是指成员的惠顾者与投资者的角色完全同一的合作社，这些合作社遵循经典的合作社原则，由成员均等持股，成员资本金不分红，完全或基本上根据惠顾额返还盈余。

范围，并且随着合作社的发展而相互演变。

1. 传统的合作社

此类合作社是作为一个集体的合作组织，成员们更加重视惠顾者角色而不是投资者角色，对投资回报持无所谓的态度。成员们从惠顾者角度出发关心、支持和控制合作社，合作社一般不会产生资金困难和明显的产权问题。传统合作社存在的一般条件是：合作社业务与成员自身经营密切相关，合作社通常只进行初级产品收集和粗加工，由于投资范围小，合作社资本需求少，合作社主要依靠成员惠顾来扩大经营规模和获取经济效益；存在着有利于密切与成员关系的社会环境，如成员们有较多的共同特性或经营状况相似，成员的利益较一致，从而在业务经营上容易形成集体决策。

2. 企业家的合作社

成员们同时倾向于惠顾者角色和投资者角色，合作社能有效地强化成员的市场地位。如果与股份相应的剩余索取权可交易，成员们愿意进行大额投资并获得资本收益。当合作社进一步增加资本需要时，就会允许外部投资者进入，合作社业务也不再局限于自有初级产品的加工，而有可能拓展到已有经营活动以外的业务，以获取更高的投资回报，如产品精加工、扩张性营销策略等。随着合作社经营的复杂化，需要的投资增加，合作社要有效经营，就必须清晰地界定产权。由于成员们在合作社的投资增多，他们越来越可能以企业家或商人的眼光看待合作社，从而社会因素越来越被抑制。"新一代合作社"就属于此类。

3. 衰退的合作社

在这种类型中，成员们对于合作社纠正市场失败的功能失去信任，而且也不再重视其投资者角色，那么，合作社必然处于困难之中，合作社存在的合理性受到威胁和质疑。这种合作社多数是从传统的合作社演变而来，如果合作社将很多投资拓展到与成员们的业务关联较少的领域，而其投资又以不可分配资本为基础，就会产生较大的所有权问题，成员们面对日益复杂和陌生的合作社，会逐步丧失监管的能力和动力，导致合作社与成员的关系越来越不协调，组织资源枯竭，经理层和（或）董事会"内部人控制"的风险加大，市场功能衰弱，组织效率逐渐丧失。

4. 非合作社组织

那些面临难以克服的困难而衰退的合作社最终将演变为非合作社组

织。衰退的合作社要继续生存，就要进行结构调整，转变为传统的合作社或企业家的合作社，也可能转变为投资者所有的公司或其他一些综合形态的组织形式。

尼尔森（2001）强调，当成员们认为合作社可以纠正市场失败，或当成员们有足够的信任和凝聚力来控制合作社时，惠顾者角色更为重要；由于成员们的惠顾者与投资者角色并不能截然区分，因此，在四种典型合作社模式中间还存在很多中间形式。

根据尼尔森（2001）的分析，成员社会经济需求方面的差别及其变化对于合作社发展战略、制度安排、组织发展及绩效的影响主要表现在两个方面：（1）当成员们主要是为了改善市场地位、利用合作社服务的动机建立合作社时，他们更加重视惠顾者角色，合作社往往坚持传统的经营宗旨和原则①，重视对成员惠顾的回报而不是资本的回报，合作社在发展战略上主要是收购、集中成员生产的初级产品或进行粗加工。这时，合作社的制度安排能够实现公平和效率的平衡，合作社能够良性发展并有较好的组织功效。但是，传统合作社的业务只能局限于与成员生产有密切联系的产品购销和粗加工领域，如果合作社为了追求盈利而向其他业务领域扩张，就会出现严重的所有权问题，合作社对于效率的追求会影响公平的实现，使合作社陷入困境而难以为继，因此，随着合作社的业务扩张，传统合作社如果不进行制度创新，公平和效率的目标就会出现对立和矛盾，合作社就不能持续发展。（2）如果成员们既重视惠顾者角色又重视投资者角色，合作社的产权安排必须进行调整并清晰界定，如实行可交易的股份，引入外部投资者，在分配上兼顾对成员的资本回报等"新一代合作社"的做法。以"新一代合作社"为主要代表的企业家的合作社通过制度调整，不仅能够平衡成员对于服务和投资的需要，平衡公平和效率的目标，而且由于能够向产品的深加工领域和更广泛的市场拓展，提高了盈利水平，因而具有更高的效率，更高的效率又能够提高公平的水平，增强合作社为成员服务的能力，更有效地强化成员的市场地位，实现合作社的良性发展和更好的组织绩效。

可见，从制度安排和组织功能看，传统合作社和企业家的合作社是两

---

① 即更加重视公平而不是效率。

种比较有效的合作社模式，这两种模式各有自己的适用范围和组织优势。传统的合作社功能相对单一，经营范围有限，主要通过初级产品营销规模的扩大获得经济效益，一般适用于业务活动简单、成员同质性较高的情况。但是，传统合作社的制度安排不利于合作社向需要更多投资的产品加工领域和更大的市场领域拓展，合作社向成员提供了更多公平的收益，而在一定程度上牺牲了组织效率，同时，由于传统合作社能够满足成员需求，公平能够反过来促进效率，从而实现公平和效率的平衡，合作社能够稳定发展。如果合作社要进入产品加工等需要大量投资的领域，就需要放松成员资格、资本收益等方面的规定性，采用企业家的合作社模式，这种模式一般适用于业务活动相对复杂、成员同质性较弱的情况。但是，合作社的业务扩张和制度调整不能背离为成员服务、纠正市场失败的根本宗旨①，如果合作社在这方面的功能衰退，合作社将丧失存在的理由，最终将难以生存或演变为投资者导向的企业。

综上所述，由于外部环境和成员的需要不同，人们可能采取的合作形式可能是传统的合作社、企业家的合作社或介于它们之间的各种混合形态，具体合作形式的选择或变化取决于适应外部环境和成员需要而必须实现的公平和效率的平衡。

第六节　本章总结

本章对农民合作社的组织特性、制度安排、利益机制及其相互关系进行了系统的理论分析和解释，研究表明：

（1）合作社作为以成员为核心的社团组织和特殊企业，兼具社会公平与经济效率的双重目标和社会、经济、文化等多种功能，由此导致合作社制度安排与营利企业和公益组织有明显区别，合作社制度安排的基本特征是：由惠顾者成员公平持股、民主控制、盈余主要按惠顾额分配和限制资本报酬。

（2）合作社成员所有的产权制度、民主治理结构与盈余分配制度之

① 这其实反映了合作社的组织特性所决定的公平与效率的统一，甚至效率最终必须服从公平的要求，提高效率必须改善服务、增进成员利益。

间相互联系、相互制约，构成一个有机整体，共同影响组织目标的实现，其中，"按惠顾额分配盈余"是合作社制度安排的核心，成员民主控制的治理机制是合作社盈余分配制度实现的必要条件和权力保证，成员所有的产权制度是合作社制度安排的基础，是合作社盈余分配制度和民主治理机制运行的基础和决定因素。

（3）由于公平与效率存在的固有矛盾，合作社的制度安排虽然在实现公平方面具有制度优势，但也存在一些结构缺陷和效率方面的劣势，因而需要顺应环境的变化不断修正和调整；合作社制度安排和创新的关键是协调公平与效率之间的矛盾，在二者之间实现恰当的平衡。

（4）合作社制度安排的决定因素是成员的社会经济需求和所处的外部环境，合作社内外部因素的变化将影响合作社的经营宗旨和目标，使合作社偏向于追求公平或效率，合作社经营宗旨和目标的变化又推动合作社进行战略调整和制度变迁，公平和效率的矛盾和动态平衡是合作社制度创新的基本机制；由于外部环境、成员构成和需要不同，人们可能选择传统的合作社、企业家的合作社、衰退的合作社甚至投资者导向型企业或介于它们之间的各种混合形态，这些组织形式具有不同的经营战略和制度安排，在公平和效率方面的绩效具有明显差别，其中，传统的合作社和企业家的合作社是两种比较有效的合作社模式，两者虽然在公平和效率的目标上各有侧重，但由于公平和效率存在着对立统一关系，两种合作社模式都在公平和效率之间实现了恰当的平衡，因而能够实现较好的组织绩效。两种合作社模式各有自己的适用范围和组织优势，实践中具体合作形式的选择将取决于外部环境的变化和成员的需要。

综上所述，农民合作社作为适应成员社会经济需求和外部环境变化的复杂组织，其组织目标与功能、制度安排、利益机制和组织绩效之间是相互影响和作用的有机整体，合作社外部环境和成员构成与需求的不同及其变化将导致合作社经营宗旨和目标的差异及其变化，推动合作社进行战略调整和制度变迁，合作社独特的产权制度、民主治理结构与盈余分配制度之间相互联系、相互制约，共同构成和决定了合作社的利益机制和其他各项运行机制，影响和决定着合作社的组织绩效。

第五章

我国农民专业合作社发展及其利益机制的调查分析

第一节　我国农民专业合作社的发展历程、特点和存在问题

一　我国农民专业合作社的发展历程

我国农民专业合作社是在农户家庭经营的基础上顺应农村市场化改革和农业商品经济的发展而产生的新的农业产业组织形式，其产生发展的历程与我国农业商品化、市场化发展的进程基本一致。自 20 世纪 80 年代初诞生以来，我国农民专业合作社的发展大体上可以划分为以下三个阶段。

（一）萌芽和起步阶段（20 世纪 80 年代初—90 年代中后期）

20 世纪 80 年代初，由于农村家庭联产承包责任制的实行，农业商品生产开始发展，逐步形成了粮食生产与多种经营并存的新局面，一批农村能人和专业户由于掌握生产技术和善于经营而率先致富。在他们的影响和带动下，农村开始出现以生产技术交流和技术服务为目的的专业或综合性的技术研究协会，这是我国农民专业合作社的雏形。据中国科协统计，1986年全国有农村各种专业技术协会 6 万多个，到 1992 年发展到 12 万多个。①

进入 20 世纪 90 年代以后，我国农产品购销体制的改革逐步深化，农村市场经济体制开始确立，农业生产领域涌现出一批新兴产业，农业专业

---

① 全国人大农业与农村委员会课题组：《农民合作经济组织法立法专题研究报告》，《农村经营管理》2004 年第 3 期。

化、商品化、社会化程度有了明显的提高，农民对于社会化服务的需求越来越多。在科协、农业等部门的推动下，农民专业协会在全国很多地区获得了快速发展，农民合作的领域也从单一的技术服务向产前、产后领域扩展，出现了以共同购买农业生产资料或销售农产品为目的的农民专业合作社。在发展方式方面，除了农村能人和经营大户牵头兴办外，基层政府、农业技术推广部门和村集体、供销社等组织也开始领办各类合作经济组织。总体上，这一时期的合作组织虽然在组织规模、活动内容、内部管理和合作方式等方面有了进一步的发展，但绝大多数组织仍然是以技术服务和信息服务为主的松散型组织。

（二）全面推进和稳定发展阶段（20世纪90年代后期—2006年）

20世纪90年代后期，我国农产品买方市场格局开始形成，尤其在2001年我国正式加入WTO之后，农产品竞争由国内市场转向日趋全球化的市场。为了提高我国农业国际竞争力和增加农民收入，各级政府和相关部门对于农民专业合作经济组织的引导和扶持力度加大，推动了农民专业合作经济组织数量的快速增长和服务功能的不断完善，部分组织内部制度建设逐步规范，农民专业合作经济组织在农村商品经济发展中的作用日益重要。据农业部统计，到2004年，农村比较规范的农民专业合作经济组织已超过15万个，其中，农民专业协会约占65%，农民专业合作社约占35%；[1] 到2006年底，入社农户3486万户，占全国农户总数的13.8%，农民专业合作经济组织带动非成员农户超过5000万户；在组建方式方面，约占70%的农民专业合作经济组织由农村能人和专业大户领办；农民专业合作组织的业务活动领域涉及产加销综合服务的占44.5%，技术信息服务的占20%左右；分布的产业以种养业为主，占73%。[2]

这一阶段，虽然农民专业合作经济组织在全国广泛兴起，但由于制约农民专业合作经济组织发展的各种内外部因素并没有根本改善，尤其是缺乏完善的支持、保护农民专业合作经济组织发展的政策、法律体系和管理体制，农民专业合作经济组织的发展基础仍然非常薄弱，总体上，农民合

---

① 中国社科院农村发展研究所等：《2004—2005年：中国农村经济形势分析与预测》，社会科学文献出版社2005年版。

② 李玉勤：《农民专业合作组织发展与制度建设研讨会综述》，《农业经济问题》2008年第2期。

作经济组织仍然处于发展的初级阶段（全国人大农业与农村委员会课题组，2005），主要表现在：在发起方式上主要依赖行政力量和龙头企业的介入；在组织形式上以松散型合作为主；在合作内容上多数局限于技术、信息等服务方面，合作进行农产品加工、销售的组织较少；经营规模小，带动能力弱，活动区域绝大多数局限在乡镇范围内；相当一部分的合作经济组织在民主管理、利润返还等方面运行不规范，一些合作社实质上是股份公司。

（三）调整和快速发展阶段（2007 年至今）

2006 年 10 月 31 日，我国《农民专业合作社法》颁布并于 2007 年 7 月 1 日起正式实施，随后，与农民专业合作社法相配套的《农民专业合作社登记管理条例》、《农民专业合作社示范章程》、《农民专业合作社财务会计制度（试行）》也相继发布并实施。同时，国家和地方政府又陆续制定了一系列扶持农民专业合作社发展的政策措施，浙江、江苏、陕西、湖北、湖南、山东、安徽、北京等省市陆续制定实施了农民专业合作社法的地方性法规。这些法律、法规和政策的实施，既对农民专业合作社及其行为进行了规范，又极大地改善了农民专业合作社发展的宏观环境，使农民专业合作社进入了调整、完善和加速发展的新阶段。这一阶段，农民专业合作社数量快速增长，发展呈现加速态势。2007 年底，全国在工商部门登记的农民专业合作社共有 2.6 万个，入社农户只有 34 万人；[①] 到 2010 年底，全国农民专业合作社数量超过 36 万个，入社农户约 2800 万，约占全国农户总数的 10%。[②] 2007 至 2010 年的三年内，农民专业合作社数量和入社农户数量分别增长了 12.85 倍和 81.35 倍。

二　我国农民专业合作社发展的总体状况和特点

自 2007 年以来，由于政策和法律环境的明显改善，我国农民专业合作社进入到了改革开放以来最为活跃的创新、发展时期，在发展中呈现出以下特点。

---

① 张道阳：《立足职能，有所作为——工商管理机关贯彻农民专业合作社法两周年述评》，2010 年 7 月，国家工商行政管理总局网（http：//www.saic.gov.cn）。

② 降蕴彰：《中国农民专业合作社达到 36 万家》，2011 年 1 月，经济观察网（http：//www.eeo.com.cn）。

（一）数量显著增长，但平均成员规模下降

经过 2007 年和 2008 年两年的调整和发展，2009 年农民专业合作社数量已达到 24.64 万个，超过了 2006 年的 15 万个，到 2012 年农民专业合作社数量增加到 68.9 万个，比 2006 年增加了 53.9 万个，增加了 3.6 倍。但是，农民专业合作社在数量迅速增长的同时，平均成员规模下降，每个合作社带动农民成员数从 2006 年的 232 个下降为 2012 年的 77 人，下降了 66.9%。

2007 年至 2012 年我国农民专业合作社数、农民成员数和成员平均规模的变化状况见表 5 - 1。

表 5 - 1 我国农民专业合作社数、农民成员数和成员平均规模的变化状况

年份	2007	2008	2009	2010	2011	2012
农民专业合作社数量（万个）	2.6	11.1	24.6	36.0	52.2	68.9
农民成员数（万个）	34	134	2100	2800	4100	5300
平均农民成员数（个）	13	12	85	78	79	77
合作社年均增长（%）		326.5	122.2	46.1	44.9	32.1

资料来源：根据工商行政管理机关和农业部公布的相关数据整理。

由表 5 - 1 可知，2007 年和 2008 年登记的农民专业合作社平均农民成员数仅有 13 人和 12 人，其主要原因是合作社登记注册时需要提供较多的证明材料，如每个成员的身份证复印件、出资成员签名和盖章的出资清单等，因而形成了大量的隐形成员（张晓山，2009），这种状况在 2009 年登记注册手续简化后得到了明显改善。

（二）合作形式多样，组织之间发展水平呈现较大差异

2007 年尤其是 2008 年以来，由于各项法律、法规和优惠政策的颁布、实施以及各级政府的行政推动，农村各种民间组织和个人兴办和参与农民专业合作社的积极性明显提高，农民专业合作社在数量快速增长的同时，合作形式更加丰富：一方面，一些功能更加专业化的农民专业合作社产生并获得了快速发展，另一方面，原来的农民专业合作社功能不断完善，成为产加销综合服务合作社。根据农业部门的统计，在 2011 年的 50 多万个农民专业合作社中，实行产加销一体化服务的合作社占总数的 52.3%；以生产服务为主的合作社占 26.9%；以购买、仓储、运销、加工和其他服务为

主的合作社所占比重分别为 3.5%、0.8%、3.3%、2.2% 和 10.9%。[①] 在组织发展和成长方面，有的农民专业合作社在立法前已经运行过一段时间甚至运行了较长的时期，组织开始进入稳定发展时期或快速成长期，合作社发展的主要目标是提升服务功能和市场竞争力，而有的农民专业合作社在立法后成立，尚处于生存期，组织内外部关系尚未理顺，发展很不稳定，部分合作社基本的服务功能还不能正常发挥。

（三）业务领域较广泛，服务内容进一步拓宽

从产业分布看，虽然农民专业合作社仍然主要集中在种植业和养殖业，但其涉及的产业门类日益增多，业务活动领域更加广泛，目前，农民专业合作社的业务领域已涉及种植、养殖、农机、林业、植保、技术信息、手工编织、农家乐等农村各个产业（陈晓华，2010）。根据农业部门的统计，截至 2011 年底，种植业、畜牧业、服务业、林业、渔业合作社在全部合作社中所占比重分别为 48.3%、28.2%、9%、5.1%、3.9%。[②] 在服务内容上，越来越多的农民专业合作社从单纯的技术、信息服务领域延伸到产品购销和加工等领域，部分合作社还在产业合作的基础上开展了资金、保险等方面的互助合作。2011 年，农民专业合作社为成员提供的经营服务总值已达 6183 亿元，其中，统一销售农产品总值达 4615 亿元，平均为每个成员销售农产品 1.34 万元；统一购买生产投入品总值达 1568 亿元，平均为每个成员购买生产投入品 0.46 万元；拥有注册产品商标的合作社 3.96 万个，通过产品质量认证的合作社 2.1 万个，参与信用合作组建资金互助合作社的合作社 5849 个，分别比 2010 年增长 26.4%、25.7% 和 6%。[③] 可见，随着农民专业合作社经营领域的不断扩大和服务功能的不断完善，它们正日益成为农业产业化经营和农民增收的重要载体。

三　我国农民专业合作社发展中存在的问题

从总体上看，我国农民专业合作社仍处于发展中的初级阶段（孙中华，2008；郭红东等，2010），在自身成长和带动农户增收等方面都存在

---

① 农业部经管司、经管总站：《全国 2011 年农民专业合作社发展情况》，2012 年 5 月，中国农业信息网（http://www.agri.gov.cn）。

② 同上。

③ 同上。

一些突出的问题。

（一）组织规模小，对农户的覆盖率低

目前，我国农民专业合作社整体发展水平仍然很低，与农户的需求和市场经济发达国家还存在着较大的差距。到 2011 年底，全国农民专业合作社成员只有 4100 万户，仅占全国农户总数的 16.4%，合作社平均成员规模不足 80 人，而市场经济发达国家绝大多数农户是合作社的成员（孙亚范，2006），如美国农民合作社的成员占全部农户的 82%，法国占 90%以上，日本农协几乎将所有农户都纳入到了组织体系中。第二次世界大战结束以后，西方市场经济发达国家的农民合作社走向成熟，进入了质量型、内涵式的发展阶段，分散的农业基层合作社通过合并和集中，实现了业务的集中和经营规模的扩大，有效地提高了农民合作社的经济效率和市场占有率，许多合作社已经发展成为全国性规模，其业务活动和经营范围已经越出国界，朝着国际化方向发展（黄祖辉，2000），其中一些已发展成为规模巨大的跨国集团。例如：德国从 1950 年至 1998 年，农民合作社数量从 23842 个减少为 4221 个，但合作社平均成员规模从 137 个增加为711 个（傅夏仙，2006）；20 世纪 70 年代中期，法国合作社系统在全国谷物出口中已占 40% ~50%，鲜果占 70% ~80%，家禽占 40%；美国的兰德莱克奶制品合作社联社，1996 年合作社的销售额达到 35 亿美元，占美国黄油市场的 1/3，成为美国最大的奶制品加工企业（刘志扬，2003）。

（二）服务功能不完善，带动农户增收能力不强

总体上，目前多数农民专业合作社只能提供一般性的信息、技术服务和统一购买农资、销售中介等较低层次的产销服务，而在资金融通、统一生产标准、农产品加工领域等方面的服务功能还很弱（邓衡山，2010；孙亚范，2009），农户通过合作社销售的农产品和购买的农业生产资料所占市场份额都较少（苑鹏，2009），农民专业合作社自身的经济效益和为成员创造的经济收益还较有限（张梅等，2010；刘滨，2009）。

2011 年，各类农民专业合作社当年可分配盈余虽然比上年增长了55.4%，达到了 491.6 亿元，但平均每个合作社只有 9.66 万元。[①]

---

① 农业部经管司、经管总站：《全国 2011 年农民专业合作社发展情况》，2012 年 5 月，中国农业信息网（http://www.agri.gov.cn）。

（三）组织管理和运行机制不健全，发展不规范

组织管理不规范的问题一直是我国农民专业合作社发展中的突出问题，相关研究成果显示，这一问题在 2007 年《农民专业合作社法》实施后并没有得到根本的改善。目前，农民专业合作社在组织管理中存在的突出问题主要是：（1）组织机构和管理制度流于形式，日常运作主要由少数人控制，缺乏有效的成员民主管理与监督机制（孙中华，2008；苑鹏，2010）。（2）股权主要集中在个别领办的能人、大户或依托企业手中，生产者成员在合作社资金构成中所占比例低（张忠根等，2009；郭红东等，2010）。（3）大部分农民专业合作社没有建立规范的盈余分配制度，对成员二次分配比例较小，部分合作社没有进行二次分配，一些合作社股金分红比例过高（郭红东等，2010；卢新国，2009；何频等，2010）。此外，由于农民专业合作社登记管理中存在的问题和地方政府片面追求合作社发展数量的行为倾向，近年来还出现了一些不符合《农民专业合作社法》规定条件和程序的虚假合作社（郭大鹏等，2010；任大鹏，2009）。

（四）经济实力薄弱，缺乏市场竞争能力

我国农民专业合作社经济实力普遍较弱，发展中面临资金、技术、人才和其他基础条件的限制，相当部分的合作社缺少必要的资金和资产（夏英，2009；郭红东等，2010；邓衡山，2010），一部分合作社甚至没有办公和经营服务设施，产品缺少品牌和销售市场，生产经营没有基本的收入来源（郭红东等，2010）。由于综合实力不强，绝大多数农民专业合作社既无力向农产品加工、储藏等产后领域延伸产业链和提高产品附加值，也无力在更大范围内参与市场竞争，不少合作社还面临着生存威胁。

第二节　立法后农民专业合作社的发展状况和利益机制

江苏省一直是我国农民专业合作经济组织发展较快的省份之一，自20 世纪 90 年代后期以来，全省农民专业合作经济组织一直保持稳定增长的态势（孙亚范，2006），据江苏省农业部门统计，截至 2010 年底，全省依法登记的农民专业合作社 3.5 万个，入社农户 307.6 万人，成员出资528.2 亿元，三项指标均居全国前列。

本节利用 2010 年 1—9 月对于江苏省 205 个农民专业合作社的问卷调查资料，以江苏省为例，对于立法后我国农民专业合作社的发展状况和利益机制进行分析。

一　农民专业合作社发展的基本状况和面临的主要困难

（一）成立时间和成员规模

在 205 个样本中，2000 年之前成立的组织只有 19 个，占 9.3%；2001—2003 年成立的组织有 34 个，占 16.6%；2004—2006 年成立的组织有 66 个，占 32.2%；2007 年以后成立的组织有 86 个，占 42%。这说明，大多数农民专业合作社建立存续的时间较短，发展不成熟，处在起步阶段；立法后新成立的合作社在农民专业合作社中占有较大的比例。

农民专业合作社成员规模普遍较小，合作社之间成员规模差别很大，规模最小的仅 5 人，规模最大的 3612 人，平均 262 人，有 55.6% 的合作社成员规模在 150 人以下。成员规模的具体分布情况见表 5－2。

表 5－2　　　　　　农民专业合作社的成员规模及其分布状况

成员数	50 人以下	50 ~ 100 人	100 ~ 150 人	150 ~ 250 人	250 ~ 500 人	500 人以上
频数（个）	32	23	59	41	27	23
百分比（%）	15.6	11.2	28.8	20.0	13.2	11.2

（二）建立方式及获得政府扶持的情况

农民专业合作社的建立方式见表 5－3。从调查样本的统计结果来看，农村能人、专业大户、农产品加工营销企业和村委会是领办农民专业合作社的主要力量，而农民自发组建的合作社所占比例不高。

表 5－3　　　　　　农民专业合作社的建立方式

建立方式	农民自发组建	农村能人或大户领办	加工营销企业领办	农技部门领办	基层政府推动组建	村委会领办	供销社领办
频数（个）	25	99	36	14	2	23	6
百分比（%）	12.2	48.3	17.6	6.8	1.0	11.2	2.9

205 个样本中，136 个获得了政府财政扶持资金，占 66.3%，它们平均拥有扶持资金 22.57 万元；有 23 个合作社获得了优惠贷款，占 11.2%，它们平均获得优惠贷款 63.05 万元。这说明，江苏省农民专业合作社的政策环境较好，大多数农民专业合作社获得了政府的财政扶持，合作社的融资环境也在一定程度上得到了改善。

（三）行业分布情况

205 个样本中，从事种植业和养殖业的组织各有 90 个和 87 个，分别占 43.9% 和 42.5%；从事农产品加工业的农民专业合作社有 22 个，占 10.7%；从事农机等其他服务的农民专业合作社有 6 个，占 2.9%。可见，农民专业合作社主要从事种养项目，搞加工、流通的合作社还较少。

（四）农民专业合作社的服务内容

农民专业合作社为成员提供的服务内容见表 5-4。

表 5-4 农民专业合作社为成员提供的服务

服务内容	频数（个）	选择百分比（%）	样本百分比（%）
产品销售	198	20.2	97.5
信息、技术服务	198	20.2	97.5
统一供应生产资料	168	17.1	82.8
农产品加工、贮藏	98	10.0	48.3
统一产品品牌	125	12.8	61.6
资金服务	62	6.3	30.5
统一制定生产质量标准	118	12.0	58.1
农机服务	13	1.3	6.4

由表 5-4 可知，大多数农民专业合作社能够为成员提供产前、产中的生产服务和产后的产品购销服务，近一半合作社的服务功能还延伸到了农产品加工、贮藏领域，但农民专业合作社普遍缺乏资金服务功能。在典型调查中发现，农民专业合作社在产后环节的服务多数停留在联系客户和中介推销的层次上，主要实行统一收购和统一销售的组织较少；农民专业合作社的农产品加工服务以粗加工为主，而深加工基本上是依托龙头企业进行的。总体上，农民专业合作社的服务功能还很不完善。

此外，为了获得政府财政、税收等各项优惠政策的支持，一些由少数专业大户构成的合伙企业也登记成为了合作社，这些企业由个别种养大户或贩销大户投资入股、合伙经营，在分配上完全实行按股分红，企业与成员之间并不存在服务与利用的关系，是典型的虚假合作社。

（五）农民专业合作社发展中存在的主要困难

由表5－5可知，缺乏资金、人才、技术等生产要素和成员合作意识薄弱是农民专业合作社发展中面临的主要困难。可见，农民专业合作社发展的组织基础和外部条件还很不完善，政府对于合作社的资金支持、人才培训和合作社知识的宣传教育工作尤其滞后。

表5－5　　农民专业合作社发展中存在的主要困难（限选2项）

主要困难	缺资金	缺技术	缺经营管理人才	成员合作意识薄弱	其他	总计
频数（个）	177	38	84	103	8	410
百分比（%）	86.3	18.5	41.0	50.2	3.9	199.9

二　农民专业合作社的组织绩效和成长能力

（一）农民专业合作社的经营状况

农民专业合作社作为经济组织，必须通过合作经营获得良好的经济效益才能提高为成员服务的能力和带动成员增收，由表5－6可知，目前只有50.7%的合作社经营状况较好，经济效益明显，另有一半的合作社盈利水平低，合作效益不明显。

表5－6　　　　农民专业合作社近两年的经营状况

经营状况	频数（个）	百分比（%）	累计百分比（%）
经营较好，经济效益明显	104	50.7	50.7
经营一般，略有盈余	89	43.4	94.1
经营困难，基本没盈余	12	5.9	100

（二）农民专业合作社带动成员增收状况和成员的满意状况

表5－7反映了成员农户与非成员农户生产经营同一产品的收入比较，说明了农民专业合作社带动成员增收的状况。由表5－7可知，94.6%的合作社能够带动成员增收，41%的合作社带动成员增收的绩效明显，说明这些组织不仅取得了明显的经济效益，而且能够通过相应的利益机制保证成员经济利益的实现。

表 5 - 7   成员农户与非成员农户生产经营同一产品的收入比较

成员农户与非成员农户 产品纯收入比较	频数（个）	百分比（%）	累计百分比（%）
高得多	84	41	41
高一些	110	53.7	94.6
差不多	11	5.4	100

在满足成员利益需求方面，有 32 个农民专业合作社的成员对合作社提供的服务和收益分配很满意，占全部调查样本的 15.6%，成员感到较满意的合作社有 86 个，占 42%，成员感到一般的合作社有 87 个，占 42.4%。这说明，农民专业合作社虽然都能够在一定程度上满足成员需求，但绝大多数合作社与成员的期望仍存在差距，其中有相当比例的合作社与成员的需求还存在明显差距。

（三）农民专业合作社的成长能力

农民专业合作社要参与市场竞争和带动成员增收，必须具备相应的能力，根据第四章的分析，规模经济是农民专业合作社组织绩效的重要来源，因此，市场竞争能力、扩大经营规模的能力和提高服务水平的能力是推动农民专业合作社成长和发展的基本能力。由表 5 - 8 可知，在 205 个样本中，成长能力很强的合作社所占比例较低，接近 50% 的合作社扩大经营规模的能力不足，40% 以上的合作社缺乏较强的市场竞争能力和提高服务水平的能力。

表 5 - 8   农民专业合作社的成长能力

农民专业合作社的成长能力		很强	较强	一般	较弱	很弱
市场竞争能力	频数（个）	15	101	67	14	8
	百分比（%）	7.3	49.3	32.7	6.8	3.9
扩大经营规模的能力	频数（个）	15	88	77	21	4
	百分比（%）	7.3	42.9	37.6	10.2	2
提高服务水平的能力	频数（个）	21	99	66	17	2
	百分比（%）	10.2	48.3	32.2	8.3	1

三　农民专业合作社的利益联结和利益分配机制

农民专业合作社是由成员共同投资入股和共同分享合作收益的利益共同体，合作社与成员之间基本的利益联结方式是为成员家庭经营提供社会化服务，产权联结和盈余返还是合作社利益机制的核心。本节从与成员的利益联结方式和内部利益分配两方面考察农民专业合作社利益机制的状况。

（一）农民专业合作社与成员的利益联结方式

由表5-9可知，农民专业合作社与成员建立了多种利益联系，如以优惠的价格提供信息、技术或产销服务，参与盈余分配、制定保护价或最低保证价和给予风险补贴等，65%以上的农民专业合作社通过股份分红和按照惠顾额返还盈余与成员建立了较为紧密的利益关系。

表5-9　　　　　　　农民专业合作社与成员的利益联结方式

利益联结状况	频数（个）	选择百分比（%）	样本百分比（%）
制定了保护价或最低保证价	120	15.4	59.1
按照惠顾额返还盈余	133	17.1	65.5
股份分红	137	17.6	67.5
给予风险补贴	36	4.6	17.7
提供无偿或低偿的信息、技术服务	174	22.3	85.7
产品购销价格优惠	87	11.2	42.9
免费使用合作社的品牌	93	11.9	45.8

以上调查结果说明：（1）85%以上的合作社能够为成员提供无偿或低偿的信息、技术服务，有40%以上的组织能够在产品销售或物资供应中对成员实行价格优惠和免费提供产品品牌，这些利益和实惠都是成员不需要通过分配而获得的合作收益；（2）农民专业合作社中，进行股份分红的合作社所占比例稍高于按照惠顾额返还盈余的合作社比例，说明实践中更多的农民专业合作社在盈余分配中倾向于采取股份分红的分配方式；（3）近60%的合作社在产品购销中制定了保护价或最低保证价，与成员建立了相对稳定的购销关系，在一定程度上降低了成员进入市场的风险，解决了小生产与大市场的矛盾；（4）17.7%的合作社建立了风险补贴机制，成员之间结成了"风险共担"的共同体。

（二）理事长从合作社中获得的利益形式

具有企业家才能的管理型人才是农民合作经济组织健康发展的关键要素（廖祖君，2010），加强对于以合作社理事长为代表的管理者的利益激励，使他们能够获得与其企业家价值和贡献相对应的经济回报，是农民专业合作社利益机制的重要内容。由表5－10可知，绝大多数农民专业合作社没有建立与工作业绩相联系的管理者薪酬制度，大多数理事长凭借其在合作社中的投资参与盈余分配，而生产大户一般同时获得股份分红和惠顾返还的收益。

表5－10　　　　　　　　理事长从合作社中获得的收入形式

利益形式	固定工资	奖金	津贴	股份分红	惠顾返还	股息	无收入
频数（个）	43	18	16	172	81	8	6
百分比（%）	21.5	9.0	8.0	86.0	40.5	4.0	3.0

（三）农民专业合作社的利益分配机制

分配制度是保证农民利益实现的最重要的制度安排（冯开文，2003），我国《农民专业合作社法》明确规定，成员地位平等、实行民主管理、主要按照惠顾额即交易额返还成员盈余是农民专业合作社应当遵循的基本原则，第三十七条还强调了按照交易额分配盈余的比例不得低于60%，这些规定保证了农民成员作为分享合作社利益的主体。

本次调查结果显示，在205个调查样本中，有158个合作社近两年进行了盈余分配，占77.1%；进行分配的合作社普遍提取了公共积累，盈余分配中分配项目的平均比例分别是：公共积累占16.3%，股金分红占42.6%，惠顾返还占40.9%。158个进行了盈余分配的合作社按照惠顾额返还盈余和股份分红的具体状况如表5－11所示。

表5－11　　　　　　　进行盈余分配的合作社的主要分配方式

频数和百分比	全部按股分红	以按股分红为主	两者比例相等	以惠顾返还为主	全部按惠顾额返还
频数（个）	10	56	12	78	2
占进行分配的样本比例（%）	6.3	35.4	7.6	49.4	1.3
占全部样本的比例（%）	4.1	23.0	4.9	32.1	0.8

由表 5 - 11 可知，农民专业合作社在盈余分配中普遍实行按股分红和按惠顾额返还成员盈余两种分配方式，在 158 个进行了盈余分配的合作社中，有 41.7% 的合作社在分配中以按股分红为主或全部实行按股分红，50.7% 的合作社在分配中以惠顾额返还为主或全部实行惠顾返还，7.6% 的合作社在分配中按股分红和惠顾额返还的比例相等，这说明，目前农民专业合作社的盈余分配很不规范，相当部分的合作社股份分红的比例过高，部分合作社在分配中甚至完全"公司化"。

从全部调查样本的盈余分配状况看，目前农民专业合作社在盈余分配中还存在以下突出问题：（1）近 1/4 的合作社未进行盈余分配，尚未建立与成员紧密的利益联系；（2）只有 80 个合作社建立了按惠顾额返还成员盈余为主的盈余分配机制，仅占全部调查样本的 32.9%。这说明，绝大多数农民专业合作社尚未建立以按惠顾额返还成员盈余为主的利益分配机制，对于生产者成员的利益保护不够。

四　农民专业合作社的资金来源和产权结构

（一）农民专业合作社的资金来源

调查结果显示，农民专业合作社的自有资金主要来源于成员个人投资和龙头企业或农技部门等团体成员的投资。在 205 个合作社中，有 45.4% 的合作社有团体成员投资，而且 14.2% 的合作社团体成员投资在 50% 以上。

（二）农民专业合作社的股金制度和股东数占成员比例

农民专业合作社要参与市场竞争，需要一定的资金基础和其他生产要素的支撑，因此，成员经济参与是合作社基本的组织原则，而且，成员的资金投入和经济参与能够在成员之间建立紧密的资产联系，使每个成员能够作为产权主体分享合作剩余，形成组织内部"利益共享、风险共担"的运行机制，激励成员从自身利益出发关心合作社的经营和发展，解决组织内部"搭便车"等有损集体利益的各种机会主义行为，提高合作效率。而调查结果显示，相当一部分的农民专业合作社与成员之间的资产联系薄弱，绝大部分的合作社尚未建立成员公平持股的产权结构。

在所调查的 205 个农民专业合作社中，仅有 105 个合作社要求普通成员入股，占全部样本的 51.2%，说明近一半的合作社缺乏健全的成员股金制度。农民专业合作社股东数占成员总数的比例分布状况如下：股东占成员比例在5%以下的合作社占全部样本的30.7%，股东占成员比例在5%~12%的合作社占全部样本的18.5%，上述两项合计占全部样本的49.2%，接近全部样本的50%；股东占成员比例在12%~40%和40%~60%的合作社分别占8.8%和4.9%，股东占成员比例在60%以上的合作社仅占全部样本的35.1%。这说明，大多数农民专业合作社由少数成员持股。

在实际调研中我们发现，一方面，相当一部分的农民专业合作社在发展中面临资金困难；另一方面，农民专业合作社又在创办和发展过程中对成员的资金投入没有严格要求，甚至不要求成员认购股金。根据典型调查以及与合作社负责人的访谈，存在上述矛盾现象的原因主要有以下两方面：一是农民对于合作社不够了解和信任，因而在加入时和发展中心存疑虑，不愿认股；二是合作社的领办人和管理层对于合作社的组织性质和基本原则存在模糊认识，为了自身的经济利益和获得更多的控制权而在股金设置中有意将普通农户排除在外。

（三）农民专业合作社股金集中状况及大股东的组织角色

从调查结果看，农民专业合作社的股金集中度普遍很高，由全部成员均等持股的合作社很少，合作社最大的股东拥有股金对最小股东股金倍数的分级情况见表5-12。

表5-12 **最大股东股金额对最小股东股金额倍数分级**

倍数	5倍以下	5~10倍	10~20倍	20~40倍	40~100倍	100倍以上
百分比（%）	27.6	17.6	15.1	10.6	11.6	17.6

由表5-12可知，70%以上的合作社其最大股东拥有股金额是其最小股东拥有股金额的5倍及以上，这说明，合作社股金主要集中于个别大股东是普遍现象，绝大多数农民专业合作社尚未形成由全体成员所有的产权制度。

在全部样本中，大股东是理事长的合作社占88.3%，大股东是理事会成员的合作社占9.8%，另外各有两个合作社的大股东是合作社的监事和普通成员，各自所占比例不足1%。可见，大股东在农民专业合作社中基本上是理事长或理事会成员。

（四）农民专业合作社的融资倾向

由表 5－13 可知，面临新的资金需求，有相当比例的农民专业合作社倾向于向现有股东、理事会成员和团体成员融资，仅有 45% 的合作社倾向于向全体成员融资，说明大部分农民专业合作社的股金结构有进一步集中的趋势。此外，有 31% 的合作社倾向于向金融机构借款，加大政府的金融支持有利于缓解股金集中的趋势。

表 5－13　　　　农民专业合作社的融资倾向（限选 2 项）

融资倾向	现有股东	团体成员	理事会成员	愿意投资的成员	金融机构借款	合计
频数（个）	69	22	51	90	62	294
百分比（%）	34.5	11.0	25.5	45.0	31.0	147.0

五　农民专业合作社的组织管理和治理结构

（一）管理机构设置状况

由表 5－14 可知，农民专业合作社基本上都设立了理事会、成员大会或代表大会作为决策机构，有 163 个合作社还设立了监事会作为监督机构，占调查样本的 79.5%；有 49.3% 以上的合作社设置了财务、销售等专业化的职能部门开展经营和管理，但也存在着部分合作社成员代表大会设立不规范的问题。我国《农民专业合作社法》规定：成员超过 150 人的可以按照章程规定设立成员代表大会，行使成员大会的部分或者全部职权。这一规定既体现了合作社的效率特征，又体现了合作社民主管理原则的要求（张颖等，2010）。本次调查，成员规模超过 150 人的合作社占 44.4%，而设立了成员代表大会的合作社占 69.5%，这说明至少有 25.1% 的合作社成员代表大会的设立不符合法律规定。在成员规模较小的情况下设立成员代表大会代替全体成员进行决策，可能削弱大多数成员民主参与的权利，影响合作社的民主管理。

表 5－14　　　　农民专业合作社的管理机构设置状况

管理机构	频数（个）	选择百分比（%）	样本百分比（%）
成员大会	84	9.1	41.4
成员代表大会	141	15.3	69.5

续表

管理机构	频数（个）	选择百分比（%）	样本百分比（%）
理事会	198	21.5	97.5
监事会	163	17.7	80.3
生产技术部门	117	12.7	57.6
销售部门	118	12.8	58.1
财务部门	100	10.9	49.3

（二）理事长的社会身份

由表5－15可知，合作社领导人的社会身份多种多样，其中，专业大户、营销大户和村干部等农村能人占77%，农民以外的社会力量占23%。企业人员、科技部门人员和政府官员等既不是农户成员，也不是专门的经理人，他们或者拥有自己的企业或经营实体，或者代表政府的意志和本部门的利益，在管理中并不能完全代表农户成员的愿望和利益，如何加强对于这部分人员的监督、约束，避免"内部人控制"是农民专业合作社发展中的重要问题。

表5－15　　　　　　**农民专业合作社理事长的社会身份**

社会身份	专业大户	营销大户	村干部	企业人员	科技人员	乡镇干部	其他社会团体成员	其他
频数（个）	93	62	36	28	20	3	4	2
百分比（%）	37.5	25.0	14.5	11.3	8.1	1.2	1.6	0.8

（三）理事会构成及其产生方式

理事会是农民专业合作社的经营决策机构，代表成员（代表）大会对日常的经营活动进行决策和管理，它既是合作社重要的内部治理机制之一，关系着合作社的经营效率，也是代表和维护成员利益的重要机构，理事会的成员构成和产生方式，对于农民专业合作社的发展方向和成员利益保护具有重要影响。

调查结果显示，有150个合作社的理事会成员主要由成员大会选举产生，占全部样本的73.2%；46个合作社的理事会成员主要由股东决定，占全部样本的 22.4%；有 9 个合作社其理事会成员主要由理事长决定，占 4.4%。这说明，有 26.8% 的合作社民主选举制度不健全，其理事会成员缺乏代表性。

205 个合作社的理事会成员构成见表 5 – 16。由表 5 – 16 可知，56.1% 的合作社理事会中有非农民成员，这些外部力量可能带来外部资源，提高理事会的经营能力，但也有可能增加理事会成员之间和与农民成员之间的利益冲突，降低合作社的凝聚力和成员对于理事会的信任度。另外，还有 6.8% 的合作社其理事会以非农民成员为主，不符合农民专业合作社的民办、民管性质。

表 5 – 16　　　　　　　　　理事会成员的构成状况

理事会成员的构成状况	频数（个）	百分比（%）
全部理事都是农民成员	90	43.9
农民成员占多数	101	49.3
非农民成员占多数	14	6.8

（四）对重大问题的决策原则和决策方式

成员民主管理是合作社的基本原则和治理特征，调查结果显示，对于重大问题的决策，有 148 个合作社以"一人一票"为基础，占全部样本的 72.2%；有 57 个以"一股一票"为基础，占 27.8%；有 85 个合作社按出资额设立了附加表决权，占 41.9%；有 20 个合作社按交易量设立了附加表决权，占 9.9%。这说明，虽然大多数合作社建立了民主决策制度，但仍有 1/4 以上的合作社在决策上完全由资本控制。

盈余分配是成员民主参与合作社决策的核心问题，对盈余分配的决定方式反映了合作社在重大问题决策中的民主程度。由表 5 – 17 可知，农民专业合作社的盈余分配方案主要由成员（代表）大会决定的仅占全部调查样本的 45.4%，说明在重大问题的决策中，大部分农民专业合作社存在着"内部人控制问题"。

表5－17　　　　　　农民专业合作社的盈余分配方案的决定方式

盈余分配方案的决定方式	频数（个）	百分比（%）	累计百分比（%）
主要由成员（代表）大会决定	93	45.4	45.4
主要由理事会决定	100	48.8	94.1
主要由理事长决定	12	5.9	100

（五）监事会设立及其对理事会的监督状况

监事会是成员民主参与和保护自身利益的重要机构，在调查样本中，设有监事会的合作社有163个，占全部调查样本的79.5%，监事会对理事会的监督状况见表5－18。由表5－18可知，在设立了监事会的农民专业合作社中，监事会能很好地发挥监督作用的比例也不高。

表5－18　　　　　　监事会对理事会的监督状况

监督状况	经常	一般	较少	很少
频数（个）	85	21	42	35
百分比（%）	41.5	10.2	20.5	17.1

（六）农民专业合作社的成员退出制度

作为成员自愿联合的组织，成员退出制度是农民专业合作社的重要治理机制，关系合作社命运的激励机制归根结底要靠成员的"退出权"来保障（林毅夫，1992）。目前，农民专业合作社在成员退出方面的规定见表5－19。

表5－19　　　　　　农民专业合作社的成员退出制度

成员退出制度	自由退出	有充分的理由才可以退出	主要股东退出必须有充分的理由	专业大户退出必须有充分的理由
频数（个）	139	19	42	5
百分比（%）	67.8	9.3	20.5	2.4

由表5－19可知，67.8%的合作社实行成员自由退出的制度，20.5%的合作社对于主要股东退出设置了限制条件，9.3%的合作社对于所有成员的退出设置了限制条件，2.4%的合作社对于专业大户退出设置了限制条件。

六　对调查结果的进一步讨论和分析

上述调查结果说明，江苏省作为农民专业合作社发展较快的省份，与全国相比，农民专业合作社发展的总体态势较好，发展质量也相对较高，农民专业合作社的服务内容已从以技术、信息服务为主转变为以产品购销服务为主，并且逐步向加工、贮藏和营销等产后领域拓展，多数合作社能够通过服务优惠、保护价或最低保证价收购和参与盈余分配等与成员建立了较为稳定的购销关系和利益联系，帮助成员发展商品生产，带动成员增收。但是，农民专业合作社在总体上仍处在发展的初创阶段，大部分合作社建立存续的时间不长，稳定性较差，组织内部缺乏成员公平持股、民主参与和按惠顾额返还盈余为主的利益分配机制，在满足成员需求和自我发展方面的能力不足。

2006 年 10 月至 2007 年 4 月，笔者曾经对包括农民专业协会和农民专业合作社的江苏省各级示范性农民专业合作经济组织进行了调查分析（孙亚范，2008；2009），比较两次的调查结果可以发现，立法后我国农民专业合作社的发展出现了一些新的变化趋势：（1）农民专业合作社的建立和运行更多地依赖农村能人、专业大户和村委会等民间力量的带动，发展中的行政色彩明显淡化；（2）经营状况较好和能够产生盈余的农民专业合作社所占比例分别提高了 5.6% 和 16.9%，说明总体上合作社的市场经营能力和经济效益有所改善；（3）建立成员股金制度和进行盈余分配及盈余返还的农民专业合作社所占比例明显提升，但合作社的股金主要集中于理事长等个别大股东和团体成员的现象仍然很普遍，农民专业合作社在分配中的"股份化"现象呈现加剧的趋势；（4）农民专业合作社的理事长更多地由农村能人和专业大户担任，由成员（代表）大会进行盈余分配决策的合作社所占比例明显提高。这说明，立法后农民专业合作社发展的外部依附性减弱，农民成员的主体地位得到强化，组织管理也趋向规范。此外，通过比较还发现，立法后农民专业合作社的服务内容没有明显变化，合作社在发展中面临的各种内外部约束依然很突出。

第三节　农民专业合作社发展的典型案例研究

本节选择江苏省发展状况较好、组织管理具有代表性的两个示范性农民专业合作社的调查资料，从组织层面进一步分析农民专业合作社的运行机制、组织绩效及发展中存在的各种具体问题。按照发展模式的不同，案例一属于龙头企业带动型合作社，案例二属于农技服务部门带动型合作社。

一　南京绿桥瓜果蔬菜专业合作社

南京绿桥瓜果蔬菜专业合作社成立于 2000 年 10 月，由南京绿桥农副产品有限公司牵头，联合 70 多个瓜果及蔬菜生产大户组建而成。合作社最初在南京市江宁区农工办登记，2006 年 5 月又在区工商行政管理局以"企业法人"正式注册，2008 年初又依据我国《农民专业合作社法》在工商部门变更登记为"合作社法人"。

（一）合作社产生背景及发展概况

处于南京市南郊的江宁区横溪镇是南京的"瓜菜之乡"，这里的农户有长期种植瓜果及蔬菜的传统，进入 20 世纪 90 年代后，农产品市场竞争日益激烈，由于农户家庭面临技术、销售等各种困难，造成果蔬品种老化和价格的恶性竞争，农户种植瓜果及蔬菜的经济收入逐年下降，生产积极性受到很大挫伤。为了扩大瓜果及蔬菜的产销规模和推广优质瓜果蔬菜的新品种、新技术，提高产品知名度和市场竞争力，南京绿桥农副产品公司因势利导，组织种植大户成立了绿桥瓜果蔬菜专业合作社。合作社注册资金 1000 万元，拥有成员 2310 个，辐射带动周边 10 万多农户种植瓜果蔬菜，形成了"龙头企业＋合作社＋基地＋农户＋市场"的农业产业化经营模式。至 2010 年，合作社已拥有"绿王大自然"、"苏田"两个产品商标，开发了 100 多个品种的瓜果及蔬菜系列产品，年销售瓜果、蔬菜 8 万吨，销售额 1.1 亿元，瓜果、蔬菜种植已成为成员家庭的主要收入来源，合作社也先后被授予"江苏省农业产业化经营先进单位"、"江苏省 20 佳合作社"、"江苏省'四有'合作经济组织"和"江苏省科技型农业专业合作社"等荣誉称号。

（二）合作社的组织管理和运行机制

绿桥瓜果蔬菜专业合作社由南京市的龙头企业——绿桥农副产品公司带动，由具有一定规模的瓜果、蔬菜种植或运销户按照自愿互利原则建立。绿桥农副产品公司由当地的西瓜种植大户和技术能手王宏山创办，1999 年，王宏山辞去了横溪镇中药饮片厂厂长职务，于 1999 年 7 月 1 日创办了绿桥公司。公司注册资金 50 万元，拥有三个农业示范园和两个农资经营服务部。合作社的资金主要来源于少数几个瓜果蔬菜生产运销大户和绿桥公司，其中，成员个人出资占合作社股金的 80%，绿桥公司出资占 20%，普通成员入社一般不要求缴纳股金。合作社实行独立核算、自负盈亏，并按照"民办、民管、民受益"的原则制定了组织章程和管理机构。

合作社的管理机构包括成员代表大会、理事会、监事会，并设立了技术部、营销部和财务部等职能部门。合作社成立以来已召开了四届成员代表大会，在 2010 年 4 月 8 日召开的第四届第一次成员代表大会上，全体成员代表按照一人一票的原则表决通过了合作社章程及规章制度，选举产生了理事会和监事会成员及理事长、监事会主席。第四届理事会共 7 人，监事会共 3 人，理事长由绿桥农副产品公司经理王宏山连任，理事会和监事会成员基本上都是合作社的股东。合作社依照《农民专业合作社法》为每个成员设立了成员账户，每年提取的公积金和国家财政补助的资金分别量化并记入到了成员个人账户。

绿桥瓜果蔬菜专业合作社主要依托绿桥公司的资金、技术和营销力量为农户提供产前、产中和产后服务，形成了技术、生产与销售服务的一体化。在一体化经营中，绿桥公司主要负责服务和营销，合作社主要组织农户按照合同进行生产和信息联系，合作社在农户和公司之间发挥了中介作用。绿桥公司作为合作社的团体成员和领办企业，还通过提供生产经营补贴、提高产品收购价格、实行保护价收购等方式与成员形成了较为稳定的利益联系。合作社的章程规定，合作社的盈余首先要提取 20% 的公积金，其余的 80% 进行盈余分配；在可分配盈余中，按惠顾量（额）返利占 75%，按股分红占 25%。2009 年，合作社平时以生产经营补贴和产品收购价格优惠共给成员让利 92 万元，年终产生盈余 12.1 万元，提取公积金 2.42 万元，占全部盈余的 20%，其余 9.28 万元的可分配盈余实行惠顾返还和按股分红，其中，按照惠顾额返还盈余总额 7.26 万元，占可分配盈余的 78.23%，按股分红总额 2.42 万元，占 21.77%。

（三）合作社的服务内容和运行绩效

合作社成立以来，以带动全镇农民发展蔬果生产、增加成员经济收入为目标，为成员提供产、供、销一体化服务。

1. 统一供应种苗和农资

合作社统一引进一批适合本地栽培、市场前景好的瓜果蔬菜新品种，通过试种筛选后，免费提供种苗给成员种植；按照绿色食品生产的要求，统一采购和供应符合标准的瓜果蔬菜专用农药、农膜等生产资料，并记录农户购种、购药、购肥及其他农资的情况，在产品上市时凭卡收购。

2. 统一制定生产技术操作规程和进行生产技术指导及培训

合作社的技术部具体负责生产过程中的技术指导、咨询、培训、推广等工作。合作社每年举办培训班和免费发放技术资料，帮助成员解决生产过程中的技术难题；依托江苏省农科院、南京农大、南京市蔬菜研究所等科研单位的技术优势，制定统一的瓜果蔬菜生产技术标准，指导成员实行标准化种植和设施化、反季节生产，目前已实现了瓜果蔬菜的四季生产和常年供应。

3. 统一收购成员产品和统一产品品牌销售

瓜果蔬菜成熟期，合作社按"就高不就低"的收购价原则统一收购农户的瓜果蔬菜，当市场价高于协议价时，以市场价收购；当市场价低于协议价格时，以协议价收购；合作社还将收购的产品进行分级包装和质量检测，符合标准的产品统一使用合作社的"绿王大自然"及"苏田"品牌，实行统一包装、统一价格、统一质量品牌进行销售。合作社成立了200 多人的农民经纪人队伍，在苏、浙、皖、沪等周边十多个大中城市建立了包括超市和果品市场等多种形式的营销服务网络，利用媒体对外宣传，提高产品的知名度、美誉度，并且建立自己的网站，实行网上销售。2010 年经合作社统一收购、装箱贴牌外销的西瓜已经达到 5 万吨，占当地总产量的 2/3 以上。此外，合作社还尝试建立自己的农产品超市，以合作社为核心的苏田农产品连锁店 2010 年 10 月正式开业。目前，"绿王大自然"牌产品商标已获得农业部绿色食品、无公害农产品认定，赢得了市场信誉和竞争力。

绿桥瓜果蔬菜专业合作社的建立和发展，对于当地果蔬业的发展和农民增收都发挥了重要作用。

1. 提高了农户进入市场的组织化程度，增加了农民收入

合作社通过公司带动对接市场，按照市场需求组织农户生产，对内为成员提供产前、产中、产后服务，对外及时了解和掌握市场信息，加强产品宣传和品牌创建，不断开拓新市场和营销渠道，并通过签订合同、提高收购价格、提供无偿服务和盈余分配等措施让利于民，不仅有效地解决了农户分散小生产与国内外大市场的矛盾，极大地降低了农户进入市场的风险，提高了农户的种植效益，而且使农户能够分享一部分农产品加工销售环节的利润，促进了农民增收。据统计，成员的人均收入比普通农户高出3000元以上，亩均效益高出6000元以上。经过十几年的发展，成员亩均收入已由原来的400元提高到2010年的10000元，成员每亩每年增收超过500元。

2. 发挥了示范引导作用，带动了当地果蔬业的发展

合作社一头连着企业，一头连着农户，既监督农户严格履行合同，又把农户的要求、意见及时反馈给企业，有效协调了企业与农户两方面的关系，提高了果蔬产业化经营的水平。在合作社的带动下，成员大棚设施栽培面积迅速扩大，生产技术水平和产品质量迅速提高，瓜果蔬菜的种植效益明显改善。随着服务能力的不断增强，合作社不仅吸引了更多农户的加入，经营规模和成员规模不断扩大，而且还带动了周边农户发展果蔬生产，其辐射范围已扩大到了相邻的六合区、浦口区等其他地区，促进了当地果蔬产业向专业化、规模化、标准化、优质化方向发展。目前，合作社所在的横溪镇全年各类西瓜种植面积5万多亩，保健南瓜、巨型南瓜、名特优新蔬菜、反季节蔬菜、普通蔬菜、脱水蔬菜、五谷杂粮等种植面积约4万亩，葡萄、草莓、吊瓜籽、板栗、油桃、冬枣、苹果等经济林果近3万亩，瓜后稻优质大米2万亩，合作社带动农户超过10万户，已成为连接基地、农户和市场的重要桥梁和纽带。

（四）合作社发展中存在的问题和困难

面对不断变化的市场和成员规模的迅速扩大，绿桥瓜果蔬菜专业合作社主要存在以下影响其可持续性发展的问题和困难：

1. 缺乏资金、人才，发展后劲不足

首先，合作社发展面临资金制约。随着当地果蔬产业的不断发展，合

作社需要进一步开拓市场和强化服务功能，增强对农户和成员增收的带动力，为此，合作社需要在产、加、销及技术、信息、教育培训和产品保险等服务环节加大资金投入，加强基地建设和服务设施建设，但是，合作社地位弱小，经济实力薄弱，合作社的融资面临成员入股积极性不高、难以获得金融机构借款和政府财政扶持较少等困难。目前，合作社亟须进行品种的更新升级、销售市场的进一步拓展和西瓜的深度加工，但由于资金严重不足，合作社很难开展这些活动。其次，合作社发展面临人才制约。一是缺乏经营管理人才，成员中具有市场意识和创新意识、敢于承担风险和愿意为大家服务的热心人相对较少；二是成员合作意识较差，很多农户只是在一种简单的利益驱动下加入合作社，对合作社关心支持不够。

2. 组织管理不规范，自主性、民主性较差

一方面，合作社主要依托绿桥公司开展活动，虽然合作社设有成员代表大会作为决策机构，但在实际运行中主要依靠理事会进行决策和管理。合作社的四届理事长都由公司经理王宏山担任，理事会、监事会成员主要是公司人员和合作社主要股东，普通农户缺乏自己的利益代表，在合作社发展中没有什么"发言权"。另一方面，由于大多数农户未入股，缺少民主参与的积极性，因此，合作社的日常管理主要由少数人控制，经营管理随意性较大，对理事会和负责人的权力缺少有效监督和约束。

（五）总结和启示

绿桥瓜果蔬菜专业合作社是由当地的农村能人和专业大户创办的龙头企业带动而发展起来的合作社，其基本特征是企业与农户通过合作社结成了利益共同体。合作社紧紧依托龙头企业，形成了产业链与利益链密切结合、合作各方共同受益的良性机制，既促进了企业和产业的快速发展，又增强了合作社及其产品在市场中的竞争力，维护了农民的利益，形成了企业、合作社、农户共赢的格局。在一体化经营中，龙头企业的作用在于发现、创造、开拓、占领市场以及承担市场风险，凭借经济实力形成稳固的产业链条，并且整合资金、技术、劳力、土地、信息等要素，"公司＋合作社＋农户"的农业产业化经营模式比较适合农民合作组织尚处在发展初级阶段的中国（黄祖辉，2008）。

总结绿桥瓜果蔬菜专业合作社成功运作的经验，可以获得以下几方面的启示：

1. 龙头企业领办的合作社具有独特的发展优势

一方面，以合作社为载体，使龙头企业的技术、人才、管理等要素延伸到分散农户的种养过程，提高农户的种养水平；另一方面，通过合作社约束、规范农户的生产与经营行为，达到龙头企业的要求。同时，借助龙头企业的实力及合作社内部机制，分解单个农户的资金投入、产品销售等市场风险。龙头企业稳定了原料来源，降低了交易成本；农户提高了组织化程度和市场谈判地位，在一定程度上分享到农副产品产销环节的利润，增加经济收入。

2. 建立能够兼顾公司和农户以及合作社自我发展的利益机制是龙头企业领办的合作社稳定发展的关键

龙头企业成为合作社的成员，实质上是把公司、农户不同利益主体之间的关系和矛盾内化在了合作社中（张晓山，2009），因此，只有在公司、农户和合作社之间形成公平、合理的利益机制，才能充分调动合作各方的积极性，促进合作社的快速发展。绿桥瓜果蔬菜专业合作社通过股份联结、优惠服务、生产补贴和提取积累及二次分配在公司、农户和合作社之间建立了较为稳定和协调的利益联系，较好地平衡了各方的经济利益，因而产生了优势互补、三方共同发展的综合效益。

3. 农民专业合作社的发展应具备一定的产业基础

瓜果及蔬菜是横溪地区具有比较优势的种植项目，当地农户也具有种植传统和经验，同时，横溪地区还是江宁区农业生产集中区和示范区，发展瓜果及蔬菜具有一定的产业基础和适宜的自然条件。绿桥瓜果蔬菜专业合作社围绕当地的主导产业和特色产品组建，其建立和发展既顺应了当地农户生产经营和产业发展的客观需要，又通过"公司＋合作社＋农户"的产业化经营模式带动和促进了区域主导产业的形成和发展，使产业优势和组织优势相得益彰，因而合作社规模能够迅速扩大和在市场中保持一定的竞争优势。

4. 具有奉献精神的农村企业家是合作社成功经营的重要条件

绿桥瓜果蔬菜专业合作社的发起人和带头人王宏山是西瓜种植大户和技术专家、经营能手，也是一个具有较高领导水平和大学文化程度、扎根当地的农村"能人"和企业家，他不仅有丰富的种植经验和灵活的经营头脑，而且具有热心为农民服务的奉献精神。20世纪90年代末，当全镇西瓜产业萎缩、农民增收困难时，他组织有关技术人员和种瓜大户到山东等地进行市场调查，走访本地瓜农，邀请专家研讨，积极寻找西瓜生产和销售中存在的问题和不足，并辞掉了镇办企业厂长的职务，带头创办了绿桥农副产品有限公司和绿桥瓜果蔬菜专业合作社，组织、带领全镇农民发展瓜果及蔬菜产业，他在产品开发、市场营销、品牌创建等方面具有良好的企业家素质，并且乐于奉献，这些因素对于合作社的快速成长和增强对农户的吸引力及凝聚力都发挥了关键的作用。为了尽快带动农民致富、发展地方经济，2005 年，王宏山主动回到自己的家乡——经济比较落后的云台村当村支部书记，带领全村调整产业结构、发展高效设施农业和村级工业经济。至 2011 年，云台村已建立了"瓜菜研发中心"、"5000 亩大棚设施栽培核心示范区"、"2000 亩休闲、观光农业旅游生态园"、"1500 亩红枫园"、"2000 亩果园"等一批农业项目建设，共流转土地 1.2 万亩，年实现土地租赁费 300 多万元，农民亩均增收 2000 多元，2010 年村人均纯收入达到了 1.2 万元。目前，云台村已成为省市闻名的"特色村"，是南京市农业标准化示范村和南京市科技示范村。

二　高邮市界首镇水稻生产服务合作社

高邮市界首镇有 13 个行政村，近 5 万亩耕地，是国家农业综合开发项目区。为了发挥项目建设的综合效应，促进农业增效、农民增收，2005 年 6 月由镇农业服务中心牵头成立了水稻生产服务合作社。合作社吸收成员 419 名，其中农业服务中心公益性农技人员 7 人，落聘分流经营性农技人员 11 人，农机手 115 人，5 亩以上的种粮大户 112 人，村组干部 174 人，形成了"合作社＋基地＋农户"的组织模式。

合作社成立以来，围绕农户需要和自身特点，不断完善服务功能，强化内部组织管理，逐步形成了适应自身特点的运行机制，至 2009 年底，合作社成员增加到 610 名，手扶插秧机从 43 台发展到 96 台，植保机械从 73 台套发展到 174 台套，拥有繁种基地 1000 亩、育秧基地 500 亩和工厂化育秧大棚 1000 平方米，服务农户已从最初的 135 户发展到 4000 多户，服务规模从 950 亩扩大到 25000 亩，约占全镇水稻面积的 70%。

（一）合作社的组织管理和社会化服务模式

合作社按照"民办、民管、民受益"的原则，将农技人员、农机专业大户和种粮户联合起来，实行自我管理、自我服务、自负盈亏。合作社在组织管理和社会化服务上的突出特点包括以下几个方面：

1. 建立了产权明晰、利益协调的合作机制

界首镇水稻生产服务合作社是一个由农业服务的提供者和使用者自愿联合、共同经营的互助组织，为了充分发挥成员在资源、技术、设备、管理等方面的独特优势，调动各方参与合作的积极性，合作社引入股份制，建立了能够兼顾各方需要的利益联结和分配机制。一方面，根据成员在合作社发展中的责任和贡献大小设置股金，使参与各方形成了利益共同体。农机手加入合作社，除了自带农机具外，还必须认购现金股金，合作社每股股金 10000 元，自带的农机具仍归个人所有，但由合作社统一安排作业，进行分工调配；种田大户可自愿认购现金股金；农业技术服务中心以高效植保机、工厂化育秧大棚和种子精选设备等资产入股。为了调动农技人员和村组干部发挥技术培训、指导和协调、管理的职能，合作社还设立了技术股和管理股，每股 500 元，农技人员和村组干部每人认购一股，并且凭借这部分股金参与股份分红。为了避免一股独大，保持合作社的公平性，合作社还对成员认购股金的最高额进行了限制：农机手和种田大户最多只能认购 3 股股金，农业技术服务中心入股资产严格控制在股金总额的 20% 以内。目前，合作社已形成 160 多万元的社员股金，其中，农业技术服务中心占 20%，社员个人占 80%。合作社利用自身积累和成员股金，购买了高速插秧机、播种机等新型设备，提高了服务能力。另一方面，合作社按照公平原则，建立了按交易量和股份分配相结合的利益机制。首先，合作社根据成员劳动贡献，进行第一次分配，农机手按照作业量获得作业报酬，技术人员按照工作贡献获得劳动报酬和工作奖励；农户成员按照成本价支付服务费，获得服务优惠，如 2008 年，机插费用对外每亩 135 元，而对成员农户每亩只收 121 元，让利 10.3%。其次，对于可分配盈余，合作社实行二次分配，其中，40% 作为公积金和公益金，用于合作社发展和成员的培训、教育以及新技术的实验、示范，其余 60% 按照股份在成员之间分配。

2. 建立了社员民主控制与决策机制

按照章程，合作社建立了由成员代表大会、理事会和监事会构成的治理结构。成员代表大会是合作社的最高权力机构，由 43 人组成，成员代

表由成员直接选举产生，成员代表大会按照一人一票的原则，选举产生理事会成员和监事会成员。理事会由 7 人组成，其中，农技人员 2 名，农机户 2 名，种粮大户 2 名，村组干部 1 名，合作社理事长郭登华是镇农技服务中心主任。监事会成员 5 人主要由农机户和种粮大户组成。成员代表大会每年召开两次会议，讨论决定合作社投资和利润分配等重大问题，合作社日常的经营管理由理事会负责，并且根据业务发展需要设立了育秧工作部、机插工作部、植保工作部和财务部，由职能部门负责各项具体的生产服务工作和财务管理工作。这种农技人员带动、多方参与的治理机制，既保证了成员对于合作社的民主控制和监督，又发挥了农技人员在技术、信息、社会资本和组织管理方面的经验和优势，兼顾了公平和效率。

3. 实行市场化经营和企业化管理

合作社围绕成员农户和水稻种植户的生产需要，积极开展社会化服务和市场化经营，并通过不断强化内部管理，降低服务成本，提高服务质量，增强对社员和农户的吸引力和带动力。一是实行订单作业。在对外服务方面，每年年初，合作社通过村组干部与农户联系、协商，落实作业面积，并与农户签订生产服务合同，明确双方的责、权、利，尤其规定了合作社的服务标准和应负的赔偿责任。服务价格一般根据当年的物价指数和用工标准，结合油料、人工等费用确定。由于原料和人工费用逐年上涨，合作社每亩服务费已从 2005 年的 95 元上升到 2009 年的 140 元。二是建立责任制，实行分工协作。在内部管理方面，合作社分别与农技员、农机手、成员签订育秧、插秧、植保工作责任书，明确各方职责，实行工作效果与经济利益直接挂钩。农技人员主要承担育秧前期的品种选定、秧池地势选择、苗床培育管理、病虫害防治等，确保秧苗质量；农机手主要负责按照规定工期和标准栽插秧苗；农户成员主要负责整理土地、及时让茬、肥料储运、大田病虫害防治和化学除草以及日常的田间管理；村组干部负责在年初与各农户做好面积的落实、茬口的选择、栽插次序的安排等，协调解决育苗、插秧过程中的矛盾和用工。三是建立了配套的管理制度。合作社制定了配套的技术规程、具体的服务标准和服务档案，加强日常管理，保证作业质量和服务水平。

4. 逐步形成了一体化、系列化的水稻生产服务模式

合作社从推广水稻机插秧技术入手，不断拓宽服务领域，服务内容已

从单一的机插秧发展到一体化的生产服务。一是统一供种。合作社向信誉好的供应商集中采购优质的水稻种子，避免了农户分散采购带来的品种杂乱、良莠不齐问题。二是统一育秧。合作社根据栽插次序和栽插要求，按标准化操作程序，定期定量培育出符合机插条件的秧苗。三是统一机插。合作社结合土地整理、用水供应、天气等情况，科学调配插秧机，统筹安排作业次序，实行统一机插。四是统一管理。从秧池的备耕到统一基肥的使用、苗肥的追施、揭膜后的水浆管理等，都由合作社统一管理。五是统一植保。合作社对秧苗出苗后、移栽后以及大田生长期间，实施全程病虫害防治。

5. 将机械作业服务和新技术的推广应用紧密结合

为提高服务质量，改善农户种粮效益，合作社免费为社员和农户发放技术资料，进行生产技术培训和田间技术指导，并且在育种、施肥等服务的各个环节引进和使用先进技术，如选择优质的抗病虫害能力强的优质种子，采用优质的复合肥和测土配方专肥，选用高效、低毒、低残留农药，采用现代药物喷洒技术进行综合防治，既提高了药物防治效果，又减少了用药频率和用药量，保证了稻米的品质，2010年又在育种环节实现了机械播种。通过先进生产技术的运用，增强了水稻抵抗病虫害、涝灾、风灾的能力，提高了水稻生产的技术、管理水平，改善了水稻的产量、质量和效益，增加了农户种粮收入，据测算，通过利用合作社的服务，农户每亩约节本增收 250 元。

（二）合作社的运行绩效和存在的问题

界首镇水稻生产服务合作社通过互助合作和专业化服务，有效缓解了分散经营的小农户与农业市场化、现代化之间存在的突出矛盾，促进了农业增效和农民增收，提高了水稻生产的规模化、现代化水平，实现了种粮户和农机户、农机手多方共赢的"帕累托"改进效率。经过几年的运行，合作社已树立了良好的服务信誉，实现了良性发展。

目前，合作社由于发展时间较短和内外部环境的约束，其健康成长还存在一些亟待解决的困难和问题：

1. 面临各种具体困难，服务功能难以向产后领域拓展

合作社在金融信贷、税收减免、用地安排、用电用油等方面难以获得政策扶持，经济实力不强，服务水平难以进一步提高。由于缺少资金和各

项服务设施，合作社的服务内容仅限于粮食生产环节的机械作业和其他相关生产技术服务，较少涉及产后的仓储、加工服务，带动农户增收的能力仍然较弱。

2. 与普通农户之间利益关系松散，发展不稳定

界首镇水稻生产服务合作社主要以农机专业户和种粮大户为主体，中小种粮户较少参与合作，只是合作社服务的使用者，不能凭借惠顾量（额）参与盈余分配。由于农户与合作社之间缺少紧密的利益纽带，合作社的服务对象不稳定，加大了合作社的市场风险，合作社的交易成本也较高。

3. 组织管理不够规范，内部缺少有效的监督约束机制

合作社的经营管理虽然由理事会负责，但实际运行中合作社的各项活动主要靠镇农业服务中心维系，成员的民主参与程度较低，监事会也较少对理事会行使民主监督权力，合作社对于成员还缺少足够的凝聚力。

4. 受市场和要素的双重约束，自我成长能力较差

首先，合作社的服务对象主要是数量众多、经营规模狭小、比较效益较低的种粮农户，市场谈判成本和履约成本都很高，获利空间较小；其次，受成员经济实力的限制，合作社拥有的农机具大多是中小型的普通机械设备，而高效、低耗、环保、多功能的先进机械设备很少，由于缺少资金和资产，合作社难以在更大的范围内开拓市场、延伸服务领域和范围，以获得规模经济效益；最后，参加合作社的农机户、农机手普遍存在着年龄老化、知识陈旧、文化水平和综合素质不高的突出问题，在掌握、运用新装备、新技术和改善经营管理方面的经验和能力不足，制约了合作社人、财、物的合理配置和经济效益的实现。

（三）总结和启示

界首镇水稻生产服务合作社是为农户提供生产中的农机、植保和施肥等生产性服务的合作社，和流通领域的购销合作社相比，这类合作社能够解决农户在生产中面临的技术、劳力困难，提高农业劳动生产率和土地生产率，加快农业生产的机械化、现代化进程和农业综合生产能力的提升。随着我国工业化、城市化的快速推进和农村青壮年劳动力向非农产业的持续转移，农民生产服务合作社作为农业现代化的有效载体，其发展空间将越来越广泛。因此，各级政府应根据现代农业发展的需要和农民生产经营

的实际，多途径培育农机、植保、施肥等为农户提供专业化生产服务或综合性生产服务的各种合作社。

界首镇水稻生产服务合作社的成功运行具有以下几个方面的启示：（1）应按照自愿互利、优势互补的原则，鼓励专业大户、农技人员、农机企业、村组干部以及其他各类农村能人和社会力量领办合作社，与农民结成利益共同体；（2）基层农技部门在农业社会化服务中具有信息、技术、人才、设备和组织管理方面的优势，由农技部门领办农民专业合作社，能够有效提高合作社的服务水平和服务能力，加快农民专业合作社的发展；（3）农民专业合作社的发展应以合作制为基础，引入股份制，实行劳动合作和资本合作相结合，这样既能够在更大范围内实现资金、技术和人才等生产要素的优化组合，又有利于提高合作社的自我发展能力和对农户的带动力，改进和维护农户的经济利益。

第四节　成员构成、外部环境与我国农民专业合作社发展

根据本书第四章的分析，成员需求和外部环境因素是决定农民专业合作社经营宗旨、制度安排和利益机制的根本因素，而合作社经营宗旨、制度安排和利益机制的变化又影响和决定着合作社的发展方向、发展水平和组织绩效，因此，我国农民专业合作社发展中存在的种种问题和制度安排上存在的各种缺陷，是不同参与主体在特定环境条件约束下不断进行利益博弈的结果，只有对我国农民专业合作社的参与主体和发展的外部环境进行分析，才能从根本上把握制约或推动我国农民专业合作社发展、制度变迁及利益机制形成和运行的内在原因。本节通过文献梳理和理论分析，对可能影响我国农民专业合作社的成员构成因素和外部环境因素进行探讨。

一　成员的高度异质性与农民专业合作社制度安排的矛盾

农民专业合作社成员异质性是指成员特征的差异化，其根本表现是成员基于基本特征的利益诉求存在差异（邵科，2008）。合作社是成员基于共同利益而进行的自愿联合与合作，保持成员利益的一致性是传统合作社

制度安排建立的基础和有效运行的条件，也是合作社制度优势的来源（黄胜忠，2008），因此，合作社成员的同质性对于传统合作社的发展至关重要。由于合作社的存在是为了满足使用者成员的需要，合作社的成功主要依赖成员对合作社的利用和成员集体行动的力量，而非投资规模的大小，因此，长期以来，合作社始终坚持"民主管理"的基本原则（苑鹏，2010）。

然而，由于我国农民专业合作社发展的社会经济条件和具体路径不同，目前，我国农民专业合作社的参与主体呈现明显的多元化和高度异质性的特征，农民专业合作社成员既有农民成员，也有非农民成员；既有个人成员，也有团体成员，团体成员中又包括企业、事业单位和其他社会团体。根据工商部门的统计，截至2009年3月底，全国实有农民专业合作社13.91万户，成员总数170.21万个，其中，农民成员162.67万个，占成员总数的95.57%，非农民成员6.81万个，占总数的4%；企业单位成员0.59万个，事业单位成员0.08万个，社会团体成员0.05万个；单位成员合计0.72万个，约占总数的0.42%。同时，由于我国农民合作社产生于农村工业化和现代化的背景下，随着我国农村剩余劳动力的大规模转移，农民的职业和收入都发生了巨大变化，农村社会阶层分化明显，呈现"类金字塔"型结构，在金字塔的底部分布着数量最多的传统农业家庭和年老贫困家庭，在金字塔的上层和中层是农村企业家家庭、外出打工家庭（又分为高收入和低收入两类）、个体工商户和种养大户家庭（侯麟科，2010），处于不同层次的农民家庭在人力资源、社会资源、物质和经济资源以及农业经营规模方面具有较大差距（林坚，2006），在农民和农户分化明显的情况下，农民专业合作社的农民成员内部也存在明显差别，他们一部分是进行农产品生产的普通农户，另一部分是种养大户、运销大户和农村各类技术、经营能人。

由于我国农民专业合作社主要由农村能人、专业大户、涉农部门和企业领办，因此，我国农民专业合作社的主要参与者可以大致分为以下不同主体：普通农户、生产及运销大户和农村各类能人（如村干部）、基层农技部门、龙头企业和供销社等。这些成员在个人特性和经营规模、资本实力、社会关系等方面具有的资源禀赋不同，生产经营活动分别处于农业产业链的不同环节，参与合作社的动机、利益偏好、风险承担能力不同，在合作社创建和发展过程中扮演的角色也不同（张忠根，2009；徐旭初，2005），根据成员与农民专业合作社的产权关系将合作社的成员分为股东成员与非股东成员、生产者成员与投资者成员、大股东成员与小股东成员。投资者成员是以追求投资收益为目的的、不从事农产品生产的非生产者成员，主要包括农业企业、农技部门、村基层组织和运销大户；生产者成员包括进行农产品生产的种养大户和小农户。多种主体在合作社中分化为核心成员、骨干成员、普通成员和辐射带动成员（苑鹏，2010），合作社成员构成呈现分层和分群的特征。

农民专业合作社的建立和制度安排是不同参与者之间"讨价还价"和博弈的结果，在成员高度异质性的情况下，不同成员在利益追求、资源禀赋、谈判实力和技巧方面的差别将深刻影响合作社内部的权力结构和利益分配，与建立在成员同质性基础上的传统合作社的制度安排产生了明显矛盾。由于成员构成的异质性，各种领办主体对合作社治理的影响日益凸显，如何在合作社、领办成员和其他成员之间建立合理有效的利益联结机制是绝大多数合作社面临的问题（任大鹏，2009）。现实中，往往由核心成员和骨干成员承担合作社的经营风险，合作社的控制权也向他们倾斜，而普通成员的利益难以保护，面临着被剥夺的风险（苑鹏，2010）。随着我国《农民专业合作社法》的实施和农民专业合作社的发展壮大，合作社这种制度安排的可持续性和效率必然面临挑战（黄胜忠，2007）。

二　制度环境的特殊性对农民专业合作社发展的制约

任何组织的存在和发展都需要一定的组织基础和环境条件，新制度经济学的制度变迁与创新理论认为，外部环境变化所导致的产品和要素相对价格的变化是制度变迁的源泉，而宪法秩序、技术、市场规模、偏好与观念等因素的变化以及知识积累、现存制度安排和行为准则等因素都对制度变迁产生重要影响和制约。合作社是市场经济发展到一定阶段的产物，特定历史阶段的社会文化条件、经济发展水平、市场经济的发展水平与合作社的发育程度紧密相关（张晓山，2005）。经过二十多年的改革发展，我国基本具备了重建农民组织体系的政策环境、法制保障、市场条件和实践基础（张红宇，2007），但是，目前我国宏观环境中仍然存在着多种不利于农民专业合作社发展的约束因素。

（一）政策和法律环境的变化及其影响

进入 21 世纪以来，各级政府对于农民专业合作经济组织的发展越来越重视，农民专业合作经济组织发展的法律环境、政策环境不断得到改善。自 2004 年以来，中央连续 10 个一号文件都明确提出了支持农民专业合作组织发展的政策措施，而且力度逐年加大，在财政扶持方面，从 2003 年到 2009 年，中央财政累计安排专项资金达到 13.75 亿元；从 2004 年至 2009 年，农业部农民专业合作组织示范项目建设已累计安排项目资金 1.45 亿元（雷萌，2010）。与此同时，各级地方政府也制定、实施了多项扶持政策，如江苏省从 2001 年开始设立专项发展资金，对农民专业合作经济组织进行重点扶持，而且扶持力度逐年加大，2004 年，全省安排了 500 万专项扶持资金，2005 年，省级扶持项目经费增加到 1000 万元，到 2008 年，省级扶持资金已扩大到 5000 万元，累计已达 1.15 亿元；在省级项目的导向下，各市、县也加大扶持力度，扶持资金累计超过 7000 万元。

2006 年 10 月 31 日通过的《农民专业合作社法》不仅解决了长期以来农民专业合作社法律地位不明确的问题，为农民专业合作社的发展提供了基本的法律和制度框架，而且在法律层面明确了对农民专业合作社的扶持方式，促进了农民专业合作社发展环境的进一步改善。自 2007 年以来，国家已相继发布了《农民专业合作社登记管理条例》、《农民专业合作社示范章程》、《关于农民专业合作社有关税收政策的通知》、《关于做好农民专业合作社金融服务工作的意见》和《关于支持有条件的农民专业合作社承担国家有关涉农项目的意见》等政策措施，从工商登记、试点示范、税收减免、财政扶持、金融支持和项目建设等方面加强了对合作社的支持力度，为农民专业合作社的发展创造了良好的条件。

但是，由于我国《农民专业合作社法》和各种政策措施实施时间很短，各级政府在支持农民专业合作社发展方面还存在各种具体困难和问题：（1）管理体制不顺。目前，农业、林业、渔业、工商、财政、科协和供销社等部门都参与了合作社的指导和管理，但由于部门之间缺乏沟通和协调，各部门对于合作社的指导和管理经常出现"缺位"、"错位"和"撞车"现象（郭红东，2010；张勤，2008；韩俊，2007），难以形成整体合力，减弱了各项政策措施的效果。（2）扶持力度不够。实践中，各级政府主要对少数示范合作社进行了扶持（郭红东等，2010），对于大多数合作社的扶持力度较小，一些地区还面临财力不足的困难（韩俊，2007）。（3）政策体系不完善。在市、县两级，具体的、可操作性强的扶持政策比较缺乏，农民专业合作社在注册登记、资金融通、税收减免、产品保险、公共服务、用水、用电、用地等方面存在各种困难和问题（黄祖辉等，2010；孙亚范，2010；孙中华，2008；张勤，2008；韩俊，2007）。（4）扶持手段不够合理。目前，政府过分注重"短、平、快"的扶持手段，而对于见效较慢但有利于合作社长远发展的宣传教育和人才培养方面的扶持还很不够（马彦丽，2007）。（5）对合作社的监督管理非常薄弱。对于农民专业合作社的登记，工商部门一般采取形式审查的方式，而且相关法律、法规并未规定对于农民专业合作社的营业执照进行年度检验，因此无法准确掌握农民专业合作社的发展和经营情况。实践中，合作社虚报出资金额现象严重，一些企业或个体工商户也登记为农民专业合作社，享受国家对合作社的税收优惠政策（郭大鹏等，2010），造成发展和管理上的混乱，严重影响了农民专业合作社的健康发展和支持政策的效果。（6）政府行为不规范。在合作社的发展中，基层政府行政干预或不当介入的现象仍然存在（韩俊，2007），注重形式、数量而忽视合作社的规范化建设和质量提高的行为倾向比较明显（何频等，2010；雷萌，2010）。

（二）农村基本制度的影响

目前，我国农村市场经济制度还不够完善，农村经济仍停留在市场化中期阶段（蔡立雄，2009），商品化、货币化、信息化、知识化、信用化发展不充分，农村基本制度安排与市场经济发展仍不相适应，市场在劳动力、土地、资本以及农产品等资源的配置中还不能充分发挥调节作用，我国农业和农村发展仍然面临着市场失灵的困境。

1. 农地制度、户籍管理和就业制度对农户合作需求的约束

土地是农村最基本的生产要素，但现有的土地制度安排并不符合市场原则，土地在很大程度上承担着农村社会保障的功能；我国农村土地属于集体所有，农户的土地不能任意买卖、抵押和处置，土地经营权的自发流转受到了限制，使农业生产处于分散化、细碎化的半自给自足状态。同时，我国城乡分割的人口管理、劳动就业和社会保障制度尚未发生根本性

的改变，这些制度与农村土地制度相互强化，严重阻碍了农村剩余劳动力的转移和农村城镇化进程，使我国的农业劳动力转移呈现"半工半耕"的兼业化特征（李明艳等，2010）。以农产品销售、加工为主要业务的农民专业合作社的发展一般以专业农户为基础（苑鹏，2006），农业生产的商品化程度和区域专业化程度较高是农民合作社产生发展的客观条件（杜吟棠，2004），然而，由于受我国现行农地制度、户籍管理和就业制度的影响，我国农户难以进行大规模的专业化、商品化生产，削弱了农民专业合作社产生的组织基础。

2. 农村金融制度存在结构性缺陷和功能性缺陷

结构性缺陷主要表现为政府主导的金融处于绝对主导地位，民间中小商业金融和互助合作金融缺失，区域性和地方性银行机构发展滞后；功能性缺陷主要表现在金融功能不健全，农村资金蓄积功能、可持续发展能力、风险分散与转移机制存在缺陷。目前，农村正规金融机构信贷供给不足，农村信用社是大多数县以下地区唯一为农民提供贷款服务的正规农村金融机构，由于自身商业化改革的需要，农村信用社对农户信贷供给的意愿不强，在许多地区农村信用社已经成为农村资金外流的一个重要渠道（董晓林等，2008）。

3. 农村公共品供给制度缺陷

自我国农村市场化改革以来，乡镇政府和农村自治组织成为农村公共品最主要的供给主体，农村公共品的投资主要采取制度外的财政进行安排，即主要依靠向农民收费、集资、摊派和罚款等形式来筹集，而公共品的供给决策基本上是自上而下的行政命令（景国薇等，2008），这种公共品的供给制度不仅加重了农民负担，而且造成农村公共品供给总量不足、供求结构不匹配（陈东，2008；蔡立雄，2009）。自2002年以来，虽然国家进行了公共品投入体制改革，加强了政府在农村公共品投入中的责任，减轻了农民负担，农村公共品的供给也开始向"国主民辅"的供给模式转变。但在税费改革后，乡镇政府财力进一步弱化，农村公共品面临着基层政府供给能力下降与农民自我供给缺乏制度化规范等突出问题，陷入"国难主"与"民难辅"的两难处境（刘建平等，2006）。目前，农民急需的生产性公共产品如大型的水利灌溉设施、电力设施、大型农业固定资产投入以及农业信息服务、农业科技推广、农业气象服务都严重短缺，而涉及农村可持续发展的农村公共品供给如教育、医疗、社会保障、农村生态环境保护等更加短缺（方齐云等，2006；陈东，2008）。农村公共品供给短缺，虽然为农民专业合作社为农户提供信息、技术以及其他生产经营服务提供了空间，但是，农村基础设施供给严重不足，农村教育、医疗、社会保障落后和生态环境脆弱，也在很大程度上增加了农民专业合作社建立和运行的成本，削弱了合作社成长和发展的能力。

总之，由于我国农村市场经济体制改革滞后，农村生产要素市场尚未发育成熟，导致农民专业合作社的发展面临土地、资金、技术、服务等各种条件的制约。实践中，一些农民专业合作社为了获得各种生产要素，在建立和运行中不得不寻求政府部门的庇护，从而丧失了发展的自主性和独立性，影响了合作社的健康发展（孙亚范，2006）。

（三）农村社会文化环境的影响

文化是一个包含知识、信仰、艺术、道德、法律、习俗和个人作为社会成员所必需的其他能力及习惯的复杂整体（泰勒，2005）。任何经济活动，总是离不开人的维持和推动，一定时期人们的经济行为总是要受其思维方式、价值判断准则、观念、心理素质的支配与影响，社会的共同文化减少了人们交往的成本，支持着劳动分工（柯武刚等，2000）。新制度经济学将人们在长期交往中无意识形成并获得社会认可的价值信念、伦理规范、道德观念、风俗习惯、意识形态等文化因素称为非正式制度或规则，这些因素以惯例、习俗等方式出现，是调整和处理组织内部成员关系以及与外部交往中的相互行为和关系的重要制度规则。在现代社会中，人们社会经济生活的大部分空间仍然由非正式制度来约束。作为社会约束体系的重要组成部分，正式制度和非正式制度在制度变迁和制度运行中相互依存、相互补充，正式制度只有在社会认可，即与非正式制度相容的情况下才能有效发挥作用（卢现祥，1996）。

任何一种经济制度都是在特定的文化环境中成长起来的（孙亚范，2003），农民合作社的产生和发展与农民的民主意识、参与意识、人文精神和市民社会的发展程度具有密切关系（张晓山，2005）。在我国，封建的自然经济有着长达数千年的历史和根深蒂固的影响，传统乡土文化缺乏现代经济伦理意义上的平等合作精神与经验（管爱华，2004），新中国成立后，小农经济虽然解体，但长期的计划经济体制又进一步强化了农民对于政府和集体经济组织的依赖心理和平均主义的价值观。改革开放以来，商品经济关系开始向农业和农村大范围渗透，农民在观念和行动中受到了市场经济的冲击，与传统社会和旧的经济体制相对应的道德标准、价值观念、行为方式等方面都发生了很大的变化，农民的市场、竞争、效率等观念开始觉醒。但是，任何观念和意识一旦形成，就具有相对的独立性与稳定性，当客观条件发生变化时，观念的稳定性就表现为习惯势力或惯性。与城市相比，农村受传统文化浸透更深，非正式规则复杂得多，农民对市场的感知和理解有一定的局限（姜广东，2002），目前，我国农村社会经济结构转型缓慢，小农生产方式依然普遍存在，传统的观念体系尚未根本转变，农民仍然带有传统农民的特质，血缘、亲缘、地缘等文化特征在农村社会依然占主导地位，血缘关系和地缘关系仍然是我国农民主导性的人际关系（谢建社等，2004）。农村核心价值观决定着农民潜在的合作意识和参与合作的行为方式，现阶段，我国农民根深蒂固的小农观念、家庭和家族观念、狭隘的利益观念与合作社的民主平等和互助合作精神存在很大差距，合作社发展的人文基础薄弱。作为一种非正式制度规则，社会文化体现着一个社会的价值观、信任结构和权利倾向，是企业产权结构的内在决定因素（姜广东，2002），因此，我国农村社会文化不仅影响农民的合作意识和合作行为，而且对农民专业合作社各项制度规则的建立和有效运行形成制约。

三　农业产业环境对农民专业合作社成长的挑战

同一制度安排在不同的资源环境下具有不同的比较优势（罗必良等，1999），合作社的制度安排不仅会受到一个国家或地区正式制度和非正式制度环境的约束，而且也会受到所处产业的产业特性、资源禀赋的影响和制约。农业产业是农民合作社存在和发展的空间，也是影响合作社行为和战略最直接的环境因素，农业产业的兴衰和发展趋势对合作社的成长至关重要。我国农业产业所处的发展阶段、资源基础、市场环境与西方市场经济国家明显不同，这些特殊的产业条件可能给农民合作社的发展带来发展机遇和挑战。

（一）农户经营规模狭小，农业专业化程度较低

分工是产生合作的基本前提，农民专业合作社是农业生产专业化、集

约化、市场化水平不断提高的产物，只有农户专业化、商品化生产达到一定的程度，在独立进入市场需要支付较高交易费用时，农民才可能产生强烈的合作需求。我国农户经营规模狭小，土地分布零碎，限制了农户商品化、专业化和规模化经营，导致农户经营效益低下，农产品商品率低，加剧了农户家庭的兼业化经营。近年来，我国农户兼业化程度不断加深，农业劳动力非农就业与农户兼业已成为农村社会经济中存在的突出现象（郝海广等，2010），随着国民经济的快速发展，农业机会成本上升，农业在农户经济中逐渐被边缘化（何秀荣，2009）。

农民专业合作社是农业经营者的自愿联合，个人之间经过谈判来达成一致意见，需要支付组织成本和谈判成本。我国农户经营规模狭小，农业专业化程度低，对于农民专业合作社的成长和发展形成了多方面的制约：一是小规模农户参与合作难以获得明显的规模经济收益和降低交易费用的收益，抑制了农户参与合作社的积极性、主动性，加大了合作社制度创新的成本。二是小农户经营效益低下，对于农民专业合作社的投资有限，限制了合作社经济实力的提高。三是降低了农民专业合作社制度创新的收益。农民专业合作社要获得规模经济和降低交易费用的收益，必须组织数量众多的小农户，从而增加了合作社创办和运行的组织成本和谈判成本，减少合作社制度创新的收益（孙亚范，2004）。四是小农户更容易依赖专业大户或其他强势主体的带动，加重了合作社成员的异质性问题（徐旭初，2005）。

（二）农村人力资本短缺，合作社企业家高度匮乏

人力资本是体现人自身的生产知识、技能及健康素质的存量，人力资本是稀缺的社会经济资源。农民专业合作社作为农民自主、自治、自我管理和自我发展的社会经济组织，其建立和发展要求农民具备较高的人力资本素质和经营管理能力，合作社在参与市场竞争中尤其需要高素质的人才进行运作和管理（郭红东，2010）。然而，我国农村人力资本高度稀缺，难以在农民专业合作社的发展中有效发挥其主体作用。根据邓衡山等（2009）对全国进行的大规模问卷调查和案例研究结果，现有农民合作组织大多由乡镇政府和村干部、企业参与发起，完全由专业户自发组建的农民合作组织仅占16%；由专业户作为创办主体的合作组织运行普遍较好，而空壳组织往往是由乡镇领导或村组织发起成立，

可见，农村人力资本缺乏已成为农民专业合作社发展的重要制约因素。

农村人力资本短缺对于农民专业合作社发展的制约主要表现在以下几个方面：（1）我国农民文化素质和经营管理能力普遍较低。截至 2008 年底，我国农村劳动力中，高中文化程度及以上的仅占 15.7%，初中文化程度的占 52.8%，小学文化程度的占 25.3%，文盲与半文盲仍占 6.2%（张艳华，2010），农民较低的文化水平制约了他们领会和创造新制度的能力。而且，我国绝大多数农民只具有管理集体经济和家庭经营的经验，普遍缺少经营管理现代企业的经验和能力。（2）农村人力资本流失严重。随着工业化、城市化的快速推进，我国近 80% 的农村青壮年劳动力已经转移到了非农产业（中国农民工战略问题研究课题组，2009），农业劳动力老龄化、女性化、低文化等特征越来越突出。（3）具有合作精神的企业家人才高度匮乏。合作社的组织者、领导者，既需要具有市场经济的意识和经营管理方面的能力，又需要具备合作社知识并认同互助合作的理念和价值观，具有乐于奉献、勇于承担社会责任的精神，国内外农民合作经济组织发展的实践证明，合作社的创建和成功运营离不开具有合作精神的企业家人才（张晓山等，2009）。目前，我国农村社会中合作社企业家人才高度匮乏。一方面，我国农民普遍缺乏自我组织、自我管理的能力，农村中懂技术、会经营、善管理、能凝聚和带领农民共同闯市场的精英人物少；另一方面，我国农民专业合作社领导者的整体素质较差，他们合作意识薄弱，缺少经营管理经验和能力，在观念和能力方面还远远不能适应合作社发展的需要。在农民专业合作社发展过程中，有些领导者过多考虑自身利益，挫伤了农民参与合作社的积极性，导致了合作社名存实亡或解体（孙亚范，2006）。

（三）我国农业产业发展对于农民专业合作社的挑战

我国农民合作社起步于 20 世纪 90 年代，与西方国家农民合作社在发展初期所面临的历史条件相比，我国农民合作社成长的社会经济环境和农业产业环境都发生了根本变化，合作社在起步阶段就面临着经济全球化和农业产业垂直一体化的严峻挑战。

全球化促进了世界贸易的快速增长，从而在数量上和质量上改变了世界各国对农产品的国内需求，处于农业现代化过程中的国家，农业和食品生产部门被重新定位为提供城市居民所需要的多样化的食品和高价值的出口商品，小农户的生存前景取决于其主要食品生产的竞争力以及其参与高价值产品市场的程度（平加利等，2007）。在这个过程中，小农户面临着日益扭曲的市场结构：一方面是规模不断扩大、数量不断减少的大食品公司和食品零售商；另一方面是由少数几家公司控制的具有垄断性的农业投入品供给系统。在这样的市场格局下，小农户通过合作提高市场谈判力变得越来越困难。进入 21 世纪以来，我国农业市场化和国际化程度快速提高，农业和农村经济面临着日益激烈的国内外市场竞争，跨国公司凭借其资本、技术、管理等优势，已迅速形成对我国部分农业产业链的控制态势（姜长云，2008），限制了我国农业产业组织存在和发展的空间；同时，随着国内外市场一体化程度的加深，我国农业产业化经营迅速发展，农业纵向一体化加速，农业生产与农产品市场之间形成相互关联的网络化态势（张晓山等，2009），农业产业开始呈现以垂直协调为主要特征的供应链管理趋势。

　　欧美国家农民合作社是农业一体化的重要载体（孙亚范，2006），农民合作社通过一体化介入到农产品深加工领域，甚至将经营活动延伸到消费者的餐桌，以获得更高的产品增加值和利润（黄祖辉，2000），提高了合作社的自我发展能力和带动农户增收的能力。然而，我国农业产业化发展路径与西方国家不同，欧美国家农业产业化开始于农民合作社进入成熟阶段的 20 世纪 50 年代，农民合作社经过多年的发展具备了一体化的经济实力和管理能力，而我国自 20 世纪 80 年代末开始推进以龙头企业为主要载体的农业产业化，在 90 年代末开始发展农民合作社，农民专业合作社诞生就面临实力较为强大的农资供应商和农产品加工经销企业（张忠根，2009），合作社在市场交易中难免处于弱势地位，增加了合作社进入农业产前、产后环节的困难，导致合作社更多地停留在低层次的产销合作。

　　随着经济全球化和农产品市场的开放，食品安全成为全世界消费者最关心的问题。在国内市场，由于经济发展和生活水平的提高，我国消费者的食品消费观念发生了深刻变化，由对食品数量的需求转向了对质量的要求，人们更加关注食品的营养、新鲜以及安全性（赵建欣等，2007）。国内外农产品市场需求的变化对于农产品供应商提出了更高的要求，合作社要使自己的产品符合市场的需要，就必须在产、加、销环节采用更加先进的技术和更大规模的投资，具备良好的企业管理能力和营销能力。

总之，面临国内外市场需求的新变化和激烈的市场竞争，我国农户迫切需要组织起来整体进入市场，这既为我国农民专业合作社的发展带来了新的机遇，也在人才、技术、管理、营销等方面带来了各种新的挑战。要应对这些挑战，合作社需要顺应新的环境进行战略调整和制度创新，如经营战略应更多关注市场，注重与农业供应链中其他经营主体的合作和纵向协调，更多地参与和融入农产品供应链网络（贾大猛，2009），同时，政府应给予农民专业合作社多方面的扶持。

第五节　本章总结

本章以前面的理论分析为基础，通过文献梳理和调查资料的统计分析，对我国农民专业合作社的发展状况和基本约束因素进行了研究，获得以下基本结论：（1）立法后我国农民专业合作社数量获得了快速增长，业务领域和服务功能进一步拓宽，在农业产业化经营和农民增收方面的作用开始显现，但农民专业合作社总体上还处于成长的初期阶段，普遍存在着成员规模较小、服务功能不完善和股权过于集中、民主管理机制薄弱、盈余分配制度不健全的突出问题，相当一部分的合作社自我发展能力和带动农户增收能力还较弱；（2）由于发展路径、产业基础和外部环境都具有特殊性，现阶段，我国农民专业合作社的发展和制度变迁面临着成员高度异质性的内在矛盾和制度环境、产业环境的制约和挑战。

第六章

农民专业合作社利益机制影响
因素的实证分析

本章运用对江苏省农民专业合作社的问卷调查资料，对影响我国农民专业合作社利益机制形成的因素进行实证分析。

第一节　研究假说和数据来源

一　研究假说

根据第三章和第四章关于农民专业合作社制度变迁和利益机制的理论分析，结合国内已有研究成果，笔者认为，农民专业合作社的制度安排和利益机制是在一定的环境条件约束下成员基于利益和能力进行动态博弈的结果和表现，农民专业合作社利益机制的形成受组织外部环境、成员需求和合作社产权安排与治理结构的影响。而且，由于目前我国农民专业合作社的发展呈现多样性，发展水平也存在较大差异，因此，农民专业合作社的发展模式、服务功能也可能对农民专业合作社利益机制的形成产生明显影响。基于此，本章提出如下有待检验的假说。

假说1：合作社所在区域的经济发展水平、市场竞争状况、政府政策和行为等外部环境因素对农民专业合作社利益机制具有显著影响。

假说2：发展模式、成员构成、服务功能等合作社自身发展因素对利益机制具有显著影响。

假说3：农民专业合作社的产权安排和治理结构对利益机制具有显著影响，成员所有的产权制度和民主治理结构越规范，合作社与成员农户的利益联结越紧密，"按惠顾额返还盈余"的利益分配机制越健全。

二　数据来源和样本数据的基本情况

本章使用的数据来自于课题组对于江苏省农民专业合作社及其领导人的问卷调查资料，本次调查于 2010 年 1—9 月进行，共获得有效问卷 205 份，205 个农民专业合作社分布在全省 13 个市，调查样本的基本情况见表 6 - 1。

表 6 - 1　　　　　　　　　调查样本的基本统计特征

统计量	分类指标	频数（个）	有效比例（%）
样本区域分布	苏南	32	15.6
	苏中	72	35.1
	苏北	101	49.3
建立时间段	2000 年以前	19	9.3
	2001—2003 年	34	16.6
	2004—2006 年	66	32.2
	2007 年以后	86	42
分布行业	种植业	90	43.9
	养殖业	87	42.5
	加工业	22	10.7
	农机服务及其他	6	2.9

第二节　变量设定和研究方法

一　变量选择

根据第五章的研究，目前农民专业合作社的利益机制主要包括保护价或最低保证价收购产品、产品购销价格优惠和盈余分配，因此，本章选择以下 4 个被解释变量分析农民专业合作社的利益机制，分别用 $Y_1 \sim Y_4$ 表示：Y_1 代表合作社是否实行保护价或最低保证价收购产品；Y_2 代表产品购销是否给予成员价格优惠；Y_3 代表按惠顾额返还盈余的比例；Y_4 代表按股分红比例。表 6 - 2 列出了所有被解释变量的具体含义及其统计特征。

表 6 - 2　　　　　　　　　　**被解释变量的具体定义及其统计特征**

变量	变量含义	均值	标准差
Y_1	是否实行保护价或最低保证价收购产品（1 = 是；0 = 否）	0.5854	0.4939
Y_2	产品购销是否给予成员价格优惠（1 = 是；0 = 否）	0.4244	0.4955
Y_3	按惠顾额返还盈余的比例	0.4092	0.1732
Y_4	按股分红的比例	0.4255	0.1990

　　相关影响因素分为外部环境因素、合作社自身发展因素、产权结构、治理机制四类。（1）外部环境因素。农民专业合作社的产生、发展既与特定的社会文化条件和市场经济的发展水平紧密相关（张晓山，2005），也离不开政府的支持和保护，结合江苏省农民专业合作社发展的现实状况，本章主要用区域经济发展水平、市场竞争状况、政府财政扶持、贷款优惠、财务检查和对领办人的物质或精神奖励六个方面的因素来反映农民专业合作社发展的外部环境。（2）农民专业合作社的自身发展因素。根据第五章的分析，我国农民专业合作社在成员构成、发展模式、成立时间、服务功能方面存在明显差异，因此，本章主要用成员构成的异质性、发展模式、成立时间段、服务功能四个方面的因素来反映农民专业合作社的自身发展状况。由于我国农民专业合作社法允许团体成员加入，现实中也有相当部分的合作社存在团体成员，因此，本章用团体成员数来反映农民专业合作社成员构成的异质性。（3）产权结构。成员公平持股是农民专业合作社产权结构的基本特征，因此，本章主要用普通成员是否入股、团体成员投资所占比例、最大股东股金占总股金比例三个指标反映合作社的产权结构。（4）治理机制。成员民主控制是合作社治理的基本原则，由于现实中相当一部分的农民专业合作社在机构设置和民主管理方面流于形式，因此，本章主要用合作社理事会的成员构成、监事会的监督状况以及合作社对于重大问题的决策原则和决策方式反映合作社的治理机制。

　　上述四个方面因素的具体解释变量共有 23 个，解释变量及其含义见表 6 - 3。

表 6 - 3   解释变量及其含义

类别	变量	变量说明	变量取值
外部环境	X_1	合作社所处区域的经济发展水平	1 = 苏南；2 = 苏中；3 = 苏北
	X_2	产品购销是否面临较大的竞争压力	0 = 否；1 = 是
	X_3	是否获得政府财政扶持资金	0 = 否；1 = 是
	X_4	是否获得优惠贷款	0 = 否；1 = 是
	X_5	是否接受过管理部门财务检查	0 = 否；1 = 是
	X_6	领办人是否获得过政府奖励	0 = 否；1 = 是
自身发展因素	X_7	团体成员数	具体人数
	X_8	是否农村能人或专业大户领办	0 = 否；1 = 是
	X_9	是否农民自发组建	0 = 否；1 = 是
	X_{10}	是否村委会领办	0 = 否；1 = 是
	X_{11}	成立时间段	1 = 2000 年前；2 = 2001—2003 年；3 = 2004—2006 年；4 = 2007 年以后
	X_{12}	是否以信息、技术服务为主	0 = 否；1 = 是
	X_{13}	是否以产品购销服务为主	0 = 否；1 = 是
	X_{14}	是否以产品加工、贮藏服务为主	0 = 否；1 = 是
	X_{15}	是否以农机服务为主	0 = 否；1 = 是
产权结构	X_{16}	普通成员是否入股	0 = 否；1 = 是
	X_{17}	团体成员投资所占比例	实际比例
	X_{18}	最大股东股金占总股金比例	实际比例
治理机制	X_{19}	理事会成员构成	1 = 全部是农民成员；2 = 农民成员占多数；3 = 非农民成员占多数
	X_{20}	盈余分配方案的决定方式	1 = 主要由成员（代表）大会决定；2 = 主要由理事会决定；3 = 主要由理事长决定
	X_{21}	监事会的监督状况	1 = 经常；2 = 一般；3 = 较少；4 = 很少；5 = 未设监事会
	X_{22}	成员（代表）大会决策是否以一人一票为基础	0 = 否；1 = 是
	X_{23}	理事会、监事会成员产生方式	1 = 主要由成员选举；2 = 主要由股东决定；3 = 主要由理事长决定

　　由于江苏省苏南、苏中、苏北三个区域在经济发展方面具有明显的梯度差异，因此，本章中的 X_1（合作社所处区域的经济发展水平）用苏南、苏中、苏北代表；由于合作社的发展是一个不断完善的过程，因此，本章

中的 X_{11}（成立时间段）反映该合作社发展的稳定程度和在组织管理方面的成熟程度；理事会是代表成员进行日常管理的决策机构，理事会中农民成员的比例越高，对农民成员的代表性越强，因此，本章中 X_{19}（理事会成员构成）用理事会中农民成员所占的大致比例来代表；本章中的 X_{20}（盈余分配方案的决定方式）、X_{23}（理事会、监事会成员产生方式）反映合作社对于重大问题决策的民主程度，用成员在决策中的参与程度来代表。

二　检验模型

考察合作社建立保护价收购、价格优惠和盈余分配的利益机制，结果只有是、否两个选项，因此，本章采用二元罗吉斯蒂（Logistic）回归模型对 Y_1 和 Y_2 的影响因素进行分析，将因变量的取值限制在（0，1）范围内，并采用最大似然估计法对其回归参数进行估计，logistic 概率分布函数的形式是：

$$p = F\ (y)\ = F(\alpha + \sum_{i=1}^{k} \beta_i x_i) = \frac{1}{1 + e^{-y}} = \frac{1}{1 + e^{-(\alpha + \sum_{i=1}^{k} \beta_i x_i)}}$$

对于给定的 x_i，p 表示有关事件发生的概率，则有关事件不发生的概率为：

$$1 - p = \frac{1}{1 + e^{(\alpha + \sum_{i=1}^{k} \beta_i x_i)}}$$

那么，有关事件发生和不发生的概率之比为：

$$\frac{p}{1-p} = e^{(\alpha + \sum_{i=1}^{k} \beta_i x_i)}$$

上述概率比在罗吉斯蒂模型中被称为事件发生比（the Odds of Experiencing an Event），简称为 odds。对 odds 取自然对数，得到最终的回归线性模型：

$$\ln(\frac{p}{1-p}) = \alpha + \sum_{i=1}^{k} \beta_i x_i$$

Y_3 和 Y_4 是具体的比例数值，本章采用多元回归模型检验其相关影响因素及影响程度。多元线性回归（Multiple Linear Regression）方法是分析一个随机变量与多个变量之间线性关系最常用的统计方法。对于调查数据，本章通过多元线性回归模型分别拟合 Y_3（按惠顾额返还盈余的比例）、Y_4（按股分红比例）与影响这两个变量变化的相关变量之间的线性关系式，检验影响变量的显著程度并比较它们的作用大小，以检验各个变量的作用是否符合预先的构想。

分析模型可以表示为：

$Y_j = f$（环境因素，组织发展因素，产权结构，治理机制）+ 随机扰动项，($j = 1, 2, 3, 4$)。

第三节　实证检验结果与分析

对于 Y_1 和 Y_2 两个被解释变量，本章运用 SPSS 15.0 统计软件对调查数据进行了罗吉斯蒂回归处理，在处理过程中采用了向后筛选法（Backward Stepwise）：首先，将所有变量引入回归方程，进行回归系数的显著性检验，根据偏似然检验的结果剔除变量，具体方法是对 Wald 检验值不显著的变量比较其大小，剔除 Wald 值最小的一个变量；然后，重新估计回归方程并进行各种检验，并不断重复上述过程，直到方程中变量回归系数的 Wald 值基本显著为止。

对于 Y_3 和 Y_4 两个被解释变量，应用 SPSS 15.0 统计软件进行多元线性回归，在分析过程中采用了向后回归法（Backward Regression），先将解释变量全部纳入模型进行回归，然后根据标准删除一个最不显著的变量，再进行回归判断剩余变量的取舍，直至保留的解释变量都达到要求为止。

一　对 Y_1 "保护价或最低保证价收购产品"影响因素的实证分析

将所有变量引入回归方程对 Y_1 进行罗吉斯蒂（Logistic）回归，应用 SPSS 15.0 统计软件进行估计的结果见表 6 - 4。

表 6 - 4　　　　　　　　　　对 Y_1 的回归模型估计结果

	B	S. E.	Wald	df	Sig.	Exp（B）
X_1	- 0.054	0.258	0.044	1	0.833	0.947
X_2	- 0.668	0.571	1.372	1	0.241	0.513

续表

	B	S. E.	Wald	df	Sig.	Exp（B）
X_3	0.196	0.418	0.219	1	0.640	1.216
X_4	-0.512	0.563	0.828	1	0.363	0.599
X_5	0.639	0.358	3.192	1	0.074	1.895
X_6	0.421	0.410	1.052	1	0.305	1.523
X_7	0.100	0.077	1.663	1	0.197	1.105
X_8	-0.208	0.503	0.170	1	0.680	0.812
X_9	-0.344	0.624	0.303	1	0.582	0.709
X_{10}	-0.387	0.658	0.345	1	0.557	0.679
X_{11}	-0.104	0.203	0.260	1	0.610	0.902
X_{12}	0.129	0.423	0.092	1	0.761	1.137
X_{13}	1.431	0.634	5.092	1	0.024	4.184
X_{14}	1.146	0.480	5.701	1	0.017	3.146
X_{15}	-1.525	1.301	1.375	1	0.241	0.218
X_{16}	-0.141	0.409	0.120	1	0.729	0.868
X_{17}	-0.093	0.824	0.013	1	0.910	0.911
X_{18}	-1.258	0.830	2.299	1	0.129	0.284
X_{19}	0.127	0.307	0.170	1	0.680	1.135
X_{20}	-1.077	0.509	4.474	1	0.034	0.341
X_{21}	0.098	0.188	0.272	1	0.602	1.103
X_{22}	-0.719	0.456	2.486	1	0.115	0.487
X_{23}	-0.268	0.374	0.512	1	0.474	0.765
Constant	1.943	1.736	1.253	1	0.263	6.983

卡方检验值 Chi-square = 54.396，p = 0.000；对数似然值 -2 Log likelihood = 219.885

从估计结果看，模型的整体拟合优度较好，对数似然值为 219.885，表明自变量整体上对因变量 Y_1 有显著性影响（$p < 0.05$）。为了从 23 个自变量中筛选出显著自变量，采用 SPSS 15.0 软件和向后筛选法，经过 18 轮优化检验和筛选，得到最终检验结果，见表 6-5。

表 6 – 5 　　　　　　　　　　　Y$_1$ 经优化检验和筛选后的估计结果

	B	标准化回归系数	S. E.	Wald	df	Sig.	Exp（B）
是否接受过管理部门财务检查（X$_5$）	0.777	0.215	0.331	5.510	1	0.019	2.175
团体成员数（X$_7$）	0.117	0.208	0.064	3.397	1	0.065	1.125
是否以产品购销服务为主（X$_{13}$）	1.528	0.281	0.536	8.117	1	0.004	4.610
是否以产品加工、贮藏服务为主（X$_{14}$）	1.127	0.262	0.445	6.425	1	0.011	3.086
最大股东股金占总股金比例（X$_{18}$）	– 1.159	– 0.157	0.669	2.999	1	0.083	0.314
盈余分配方案的决定方式（X$_{20}$）	– 0.699	– 0.231	0.283	6.096	1	0.014	0.497
Constant	– 0.269		0.721	0.139	1	0.709	0.764

卡方检验值 Chi-square = 43.462，p = 0.000；对数似然值 – 2 Log likelihood = 280.819

从表 6 – 5 可以看出，经 SPSS 15.0 软件自动检验和筛选，自变量 X$_5$、X$_7$、X$_{13}$、X$_{14}$、X$_{18}$、X$_{20}$对 Y$_1$有显著影响。

模型估计结果说明，保护价或最低保证价收购的利益机制影响因素有：在外部环境因素中，政府的财务监督对 Y$_1$有显著的正向影响；在组织发展因素中，团体成员数和合作社的服务功能对 Y$_1$有显著的正向影响，以产品购销服务为主和以产品加工、贮藏服务为主的合作社更多地采取保护价或最低保证价收购，团体成员数越多，越倾向于采取保护价收购成员产品，因为实行保护价收购有利于龙头企业、供销社与农户建立相对稳定的购销关系，保证企业的原料供应；在产权结构因素中，最大股东股金占总股金比例对 Y$_1$有显著的负向影响，说明股金越集中于个别人，越不利于形成保护价或最低保证价收购的利益联结机制；在治理机制因素中，盈余分配方案的决定方式对 Y$_1$影响显著，合作社对于盈余分配等重大问题的决策越民主，越有利于形成保护价或最低保证价收购的利益机制。

应用 SPSS 15.0 软件进行罗吉斯蒂（Logistic）回归不能提供标准化的回归系数，为了比较自变量的相对作用，本章计算了标准化回归系数并列在了表 6 – 5 中。从标准化回归系数看，合作社的服务功能（X$_{13}$、X$_{14}$）对 Y$_1$的影响最大，其次是盈余分配方案的决定方式（X$_{20}$）对 Y$_1$的影响较大，而团体成员数及最大股东股金占总股金比例对 Y_1 影响较小。

二　对 Y_2 "产品购销价格优惠" 影响因素的实证分析

将所有变量引入回归方程对 Y_2 进行罗吉斯蒂（Logistic）回归，应用 SPSS 15.0 统计软件进行估计的结果见表 6 – 6。

表 6 – 6　　　　　　　　　　对 Y_2 的回归模型估计结果

	B	S. E.	Wald	df	Sig.	Exp（B）
X_1	– 0.104	0.236	0.196	1	0.658	0.901
X_2	– 0.479	0.504	0.903	1	0.342	0.619
X_3	0.855	0.415	4.242	1	0.039	2.350
X_4	– 0.180	0.523	0.118	1	0.731	0.835
X_5	– 0.390	0.355	1.207	1	0.272	0.677
X_6	– 0.071	0.387	0.034	1	0.854	0.931
X_7	0.091	0.057	2.548	1	0.110	1.095
X_8	0.142	0.442	0.103	1	0.748	1.152
X_9	0.344	0.582	0.348	1	0.555	1.410
X_{10}	0.360	0.617	0.340	1	0.560	1.433
X_{11}	– 0.039	0.184	0.045	1	0.833	0.962
X_{12}	– 0.288	0.384	0.563	1	0.453	0.750
X_{13}	– 0.219	0.557	0.155	1	0.694	0.803
X_{14}	– 0.363	0.425	0.732	1	0.392	0.695
X_{15}	– 2.106	1.295	2.646	1	0.104	0.122
X_{16}	– 0.070	0.394	0.031	1	0.860	0.933
X_{17}	1.458	0.771	3.572	1	0.059	4.298
X_{18}	– 1.128	0.794	2.016	1	0.156	0.324
X_{19}	– 0.293	0.298	0.966	1	0.326	0.746
X_{20}	– 0.584	0.484	1.458	1	0.227	0.557
X_{21}	– 0.116	0.178	0.423	1	0.515	0.891
X_{22}	0.076	0.442	0.029	1	0.864	1.079
X_{23}	– 0.177	0.361	0.241	1	0.624	0.838
Constant	2.260	1.660	1.854	1	0.173	9.579

卡方检验值 Chi-square = 40.809，p = 0.024；对数似然值 – 2 Log likelihood = 245.328

从估计结果看，模型的整体拟合优度较好，对数似然值为 245.328，表明自变量整体上对因变量 Y_2 有显著性影响（$p < 0.05$）。为了从 23 个自变量中筛选出显著自变量，采用 SPSS 15.0 软件和向后筛选法，经过 21 轮优化检验和筛选，得到的最终检验结果见表 6-7。

表 6-7　　　　　　　　　　Y_2 经优化检验和筛选后的估计结果

	B	标准化回归系数	S. E.	Wald	df	Sig.	Exp（B）
是否获得政府财政扶持资金（X_3）	0.911	0.238	0.335	7.368	1	0.007	2.486
团体成员数（X_7）	0.087	0.154	0.047	3.458	1	0.063	1.091
盈余分配方案的决定方式（X_{20}）	-0.611	-0.202	0.262	5.427	1	0.02	0.543
Constant	-0.096		0.519	0.034	1	0.853	0.909

卡方检验值 Chi-square = 43.462，$p = 0.000$；对数似然值 -2 Log likelihood = 280.819

从表 6-7 可以看出，经 SPSS 15.0 软件自动检验和筛选，自变量 X_3、X_7、X_{20} 对 Y_2 有显著影响。

模型估计结果说明，产品购销价格优惠利益机制的影响因素有：在外部环境因素中，政府财政扶持有显著的正向影响，说明政府的财政扶持对合作社形成购销价格优惠机制能够发挥明显的引导作用；在组织发展因素中，合作社的发展模式、服务功能没有显著影响，团体成员数对建立购销价格优惠机制有显著的正向影响，这可能与这类合作社通常由龙头企业或其他组织带动有关，团体成员通过价格优惠方式在产品购销环节直接让利于农户，不仅操作简单，也有利于吸引农户与企业建立稳定的购销关系，获得稳定的供货渠道和原料来源；产权结构因素对 Y_2 没有显著影响，说明购销价格优惠与合作社产权安排没有明显关系；在治理机制因素中，盈余分配方案的决定方式对 Y_2 影响显著，合作社对于盈余分配方案等重大问题的决策越民主，就越有利于形成价格优惠的利益机制。从标准化回归系数看，政府的财政扶持对 Y_2 影响最大，其次是盈余分配方案的决定方式，而团体成员数影响较弱。

三　对 Y_3 "按惠顾额返还盈余比例" 影响因素的实证分析

将所有变量引入回归方程对 Y_3 进行多元线性回归，应用 SPSS 15.0

统计软件进行估计的结果见表6−8。

表6−8 对 Y_3 的回归模型估计结果

	Unstandardized Coefficients		Standardized Coefficients	t	Sig.
	B	Std. Error	Beta		
（Constant）	0.459	0.112		4.119	0
X_1	−0.010	0.013	−0.046	−0.828	0.409
X_2	−0.038	0.028	−0.078	−1.386	0.168
X_3	−0.012	0.024	−0.030	−0.484	0.629
X_4	−0.037	0.030	−0.067	−1.216	0.226
X_5	−0.016	0.019	−0.045	−0.827	0.410
X_6	−0.003	0.022	−0.008	−0.142	0.888
X_7	−0.005	0.003	−0.090	−1.605	0.111
X_8	0.021	0.024	0.060	0.850	0.397
X_9	0.039	0.034	0.066	1.156	0.250
X_{10}	0.042	0.037	0.066	1.126	0.262
X_{11}	0.008	0.009	0.045	0.819	0.414
X_{12}	0.017	0.024	0.041	0.702	0.484
X_{13}	0.033	0.034	0.056	0.975	0.332
X_{14}	0.014	0.022	0.036	0.632	0.528
X_{15}	−0.002	0.055	−0.002	−0.032	0.974
X_{16}	0.145	0.028	0.411	5.219	0.000
X_{17}	0.005	0.046	0.008	0.110	0.913
X_{18}	0.016	0.044	0.022	0.363	0.718
X_{19}	−0.004	0.017	−0.013	−0.215	0.830
X_{20}	−0.048	0.040	−0.139	−1.201	0.232
X_{21}	−0.028	0.014	−0.194	−1.950	0.053
X_{22}	0.051	0.030	0.138	1.677	0.096
X_{23}	−0.030	0.025	−0.081	−1.178	0.241

R Square = 0.738；Adjusted R Square = 0.689；F = 14.958，p = 0.000

从模型的估计结果看，模型的整体拟合优度较好，表明自变量整体上对因变量 Y_3 有显著性影响（$p < 0.05$）。为了从23个自变量中筛选出显著自变量，采用 SPSS 15.0 软件和向后回归法，经过17轮优化检验和筛选，得到最终检验结果，见表6−9。

表6－9 Y₃经优化检验和筛选后的估计结果

	Unstandardized Coefficients		Standardized Coefficients	t	Sig.
	B	Std. Error	Beta		
（Constant）	0.391	0.054		7.207	0.000
团体成员数（X_7）	－0.005	0.003	－0.086	－1.798	0.074
普通成员是否入股（X_{16}）	0.154	0.024	0.436	6.288	0.000
监事会的监督状况（X_{21}）	－0.031	0.011	－0.215	－2.823	0.005
成员（代表）大会决策是否以一人一票为基础（X_{22}）	0.067	0.026	0.182	2.542	0.012
理事会、监事会成员产生方式（X_{23}）	－0.039	0.023	－0.106	－1.746	0.083

R Square = 0.711；Adjusted R Square = 0.700；F = 68.791，p = 0.000

从表6－9可以看出，经 SPSS 15.0 软件自动检验和筛选，自变量 X_7、X_{16}、X_{21}、X_{22}、X_{23} 对 Y_3 有显著影响。

由表6－9可知，对合作社按惠顾额返还盈余比例有显著影响的因素是：在组织发展因素中，团体成员数有显著的负向影响，而合作社的发展模式和服务功能没有显著影响；在产权结构因素中，普通成员是否入股有显著的正向影响，普通成员持股越广泛的合作社，在盈余分配中按惠顾额返还盈余比例越高；在治理机制因素中，监事会的监督状况越好，理事会、监事会成员产生方式越民主，合作社按惠顾额返还盈余的比例越高，成员（代表）大会决策以一人一票为基础的合作社，按惠顾额返还盈余的比例也越高，但外部环境因素对合作社"惠顾返还比例"没有显著影响。从标准化回归系数看，普通成员是否入股对 Y_3 影响最大，其次是监事会的监督状况及成员（代表）大会决策是否以一人一票为基础的影响较大，而理事会、监事会成员的产生方式和团体成员数的影响相对较弱。

这说明，普通成员广泛持股的产权结构和合作社的民主决策、民主选举、民主监督机制是建立主要按惠顾额返还盈余利益机制的主要决定因素，成员构成的异质性对合作社盈余分配中的惠顾返还比例也有显著的负向影响，在其他条件不变的情况下，合作社中的团体成员数越少，按惠顾额返还盈余的比例越高，而政府的财政扶持等外部因素对 Y_3 没有显著影响。可见，按惠顾额返还盈余利益机制的形成主要受合作社内部的产权结构、民主治理机制和成员构成因素的影响，从江苏省来看，政府的财政扶持政策并未有效发挥引导作用。

四　对 Y_4 "按股分红比例" 影响因素的实证分析

将所有变量引入回归方程对 Y_4 进行多元线性回归，应用 SPSS 15.0 统计软件进行估计的结果见表 6 – 10。

表 6 – 10　　　　　　　　　　对 Y_4 的回归模型估计结果

	Unstandardized Coefficients		Standardized Coefficients	t	Sig.
	B	Std. Error	Beta		
（Constant）	0.069	0.104		0.664	0.508
X_1	0.000	0.013	0.002	0.037	0.971
X_2	– 0.028	0.029	– 0.050	– 0.967	0.335
X_3	0.002	0.024	0.005	0.098	0.922
X_4	0.018	0.032	0.028	0.556	0.579
X_5	– 0.008	0.020	– 0.019	– 0.379	0.705
X_6	0.016	0.023	0.038	0.718	0.474
X_7	0.000	0.003	0.007	0.138	0.891
X_8	– 0.016	0.026	– 0.041	– 0.627	0.532
X_9	– 0.016	0.035	– 0.025	– 0.462	0.645
X_{10}	0.039	0.039	0.053	1.007	0.316
X_{11}	0.028	0.010	0.141	2.685	0.008
X_{12}	0.006	0.024	0.014	0.268	0.789
X_{13}	– 0.007	0.039	– 0.009	– 0.170	0.865
X_{14}	– 0.011	0.024	– 0.025	– 0.467	0.641
X_{15}	– 0.017	0.061	– 0.015	– 0.285	0.776
X_{16}	0.007	0.025	0.017	0.273	0.785
X_{17}	0.031	0.046	0.042	0.672	0.503
X_{18}	– 0.016	0.043	– 0.019	– 0.369	0.713
X_{19}	– 0.055	0.017	– 0.166	– 3.183	0.002
X_{20}	0.134	0.036	0.361	3.685	0.000
X_{21}	0.038	0.013	0.245	2.983	0.003
X_{22}	– 0.025	0.028	– 0.060	– 0.917	0.361
X_{23}	0.097	0.023	0.266	4.219	0.000

R Square = 0.871；Adjusted R Square = 0.759；F = 17.932，p = 0.000

从模型的估计结果看，模型的整体拟合优度较好，表明自变量整体上对因变量 Y_4 有显著性影响（$p < 0.05$）。为了从 23 个自变量中筛选出显著自变量，采用 SPSS 15.0 软件和向后回归方法，经 17 轮优化检验和筛选，得到最终检验结果，见表 6-11。

表 6-11　　　　　　　Y_4 经优化检验和筛选后的估计结果

	Unstandardized Coefficients		Standardized Coefficients	T	Sig.
	B	Std. Error	Beta		
（Constant）	-0.006	0.037		-0.161	0.873
成立时间段（X_{11}）	0.023	0.009	0.116	2.620	0.010
理事会成员构成（X_{19}）	-0.043	0.014	-0.130	-3.075	0.003
盈余分配方案的决定方式（X_{20}）	0.160	0.029	0.431	5.623	0.000
监事会的监督状况（X_{21}）	0.038	0.011	0.243	3.412	0.001
理事会、监事会成员产生方式（X_{23}）	0.091	0.020	0.252	4.488	0.000

R Square = 0.746；Adjusted R Square = 0.737；F = 87.364，p = 0.000

从表 6-11 可以看出，经 SPSS 15.0 软件自动检验和筛选，自变量 X_{11}、X_{19}、X_{20}、X_{21}、X_{23} 对 Y_4 有显著影响。

由表 6-11 可知，对合作社按股分红比例有显著影响的因素是：在组织发展因素中，成立时间段对按股分红比例有显著影响，合作社成立时间越晚，按股分红比例越高，而合作社的发展模式和服务功能没有显著影响；在治理机制因素中，理事会成员构成、监事会的监督状况、盈余分配方案的决定方式、理事会、监事会成员产生方式对合作社按股分红比例有显著影响，理事会成员中农民代表比例越高，按股分红比例也越高；盈余分配方案的决定方式越民主，合作社按股分红比例越低；监事会监督状况越好，合作社按股分红比例越低；理事会、监事会成员产生方式越民主，按股分红比例越低。实证结果表明，合作社的民主治理机制对于抑制盈余分配上的"股份化"倾向具有决定性影响，这一结果也与相关研究结论一致。

从标准化回归系数看，盈余分配方案的决定方式对合作社按股分红比

例的影响最大，其次是理事会、监事会成员的产生方式及监事会的监督状
况，而理事会成员构成及合作社成立时间段的影响相对较弱。

六　对实证结果的总结和讨论

根据模型计量结果可知，影响农民专业合作社利益机制的因素有：

（1）民主治理机制是农民专业合作社利益机制最主要的影响因素，
对合作社的价格保护和价格优惠机制、按惠顾额返还盈余分配机制的形成
都具有显著影响，建立健全合作社民主选举、民主决策和民主监督机制对
于合作社强化与成员的利益联结和形成以按惠顾额返还盈余为主的利益分
配机制具有重要意义。

（2）产权结构对于合作社价格保护的利益机制和按惠顾额返还盈余
分配机制的形成具有显著影响；在所有的影响因素中，成员是否广泛持股
对按惠顾额返还盈余比例影响最大，由全体成员持股的合作社惠顾返还比
例更高。可见，建立健全成员股金制度是形成以按惠顾额返还盈余为主的
利益机制的重要基础。

（3）在合作社自身因素中，一方面，服务功能对于形成价格保护机
制影响较大，在其他条件不变的情况下，以产品加工、贮藏服务为主和以
产品购销服务为主的合作社更倾向于采用保护价或最低保证价收购成员的
产品；另一方面，团体成员数对合作社的价格保护和价格优惠机制具有显
著的正向影响，但对于按惠顾额返还盈余的分配比例具有显著的负向影
响。这一结果说明，各种社会组织领办的合作社倾向于通过价格机制与农
户建立利益联结关系，但是，随着成员异质性程度的增加，合作社面临的
按股分红和按惠顾额返还盈余的矛盾更大，更难以形成以按惠顾额返还盈
余为主的利益分配机制。

（4）在外部环境因素中，政府的财政扶持政策对于合作社建立价格
优惠机制具有积极的引导作用，政府的财务监督对于合作社建立价格保护
的利益机制具有积极作用，但政府政策对于按惠顾额返还盈余分配机制的
建立影响不显著，合作社所处区域的经济发展水平以及市场竞争环境、政
府对于合作社的金融支持和领导人的奖励对农民专业合作社利益机制的形
成没有明显影响。

政府通过立法建设、政策扶持和提供公共物品等为农民合作组织创造

良好的外部环境，形成二者之间的良性互动关系对于农民合作组织的健康成长至关重要（苑鹏，2001）。进入21世纪以来，江苏省相继制定并实施了多项支持农民专业合作社的政策措施，扶持力度也不断加大（孙亚范，2009），但是实证研究结果表明，这些政策措施对按惠顾额返还盈余分配机制的形成并未发挥显著的引导作用。笔者认为，导致这一结果的主要原因在于政府的政策目标存在偏差以及支持手段、实施方式等方面存在错位的问题：一是扶持政策过分追求合作社数量的增加，对于农民专业合作社的规范化建设重视和引导不够。二是主要偏重于采取财政支持的方式直接给予合作社资金扶持，而对于合作社的金融支持和监督管理都非常薄弱。从调查结果看，在205个样本中，获得了政府财政扶持资金的合作社占66.3%，获得优惠贷款的合作社仅占11.2%，而且它们获得的优惠贷款额普遍较低。在财务检查方面，由于受人力、机构、经费等条件的限制，目前政府主要检查合作社是否独立建账和建立财务制度，并未开展专门的财务审计，财务监督还停留在形式检查的层次。在金融支持和监督管理力度不够的情况下，这些政策措施自然难以发挥重要影响。三是各项政策措施主要向少数示范性合作社倾斜，而对于示范性合作社的评选体系尚不完善。自2004年以来，江苏开展"四有"合作组织（有组织制度、有合作手段、有较大规模、有明显效益）的创建和评选活动，由龙头企业、科技部门等外部组织带动的合作社凭借较强的经济实力和较大规模而更容易获得"四有"合作组织的称号，在对于合作社各项制度的实施缺乏监督的情况下，必然导致一些形式上比较规范但实际运作由外部力量主导甚至控制的合作社成为"四有"示范性合作社，并因此获得政府的各项政策扶持，从而极大地降低了各项扶持政策的实际效果。

第四节　本章总结

本章利用对江苏省205个农民专业合作社的问卷调查资料，采用罗吉斯蒂回归模型和多元线性回归模型，对农民专业合作社利益机制的相关影响因素进行了实证研究。研究结果表明，按惠顾额返还盈余的利益分配机制的形成主要受合作社成员构成的同质性、成员广泛持股的产权结构和民主治理机制的影响，合作社团体成员数越少，普通成员持有合作社股份和合作社民主选举、民主决策、民主监督机制越健全，合作社按惠顾额返还盈余的比例就越高；政府的财政扶持政策和财务监督对于合作社建立价格保护及价格优惠机制发挥了积极的引导作用；团体成员数对合作社建立价格保护和价格优惠机制具有显著的正向影响，合作社服务功能进一步向产前、产后流域拓展有利于合作社利益联结机制的完善。

第七章

农民专业合作社成员合作意愿
及影响因素的实证分析

合作社是市场竞争中的弱小生产者按照平等、自愿原则建立的互助组织，成员以使用者和拥有者的双重身份参与合作是合作社保持成功的基本条件（联合国粮农组织，2007）。农民专业合作社是农民自己选择的组织，农民有充分的退出权（黄祖辉等，2002），退出权可以使农户由股份资格成员和更高股份成员向低度合作的外围成员退化或完全退出合作社（崔宝玉等，2008），成员的"自由退出"会给经济组织的稳定和绩效带来严重的负面影响（曹阳等，2008）。目前，我国农民专业合作社正处于成长阶段，农民专业合作社的进一步发展迫切需要从松散型合作向紧密型合作转变。然而，由于发展模式的多样性和成员构成的异质性，我国农民专业合作社的规范化发展必须从满足各类参与主体的利益需要和行为激励入手，建立相应的制度安排和利益机制，从根本上调动全体成员参与合作的积极性和组织忠诚度，实现公平和效率的平衡。本章以社会心理学中的计划行为理论为基础，从微观层面建立了农民专业合作社成员合作意愿及其影响因素的系统分析框架，并利用对江苏省 30 个合作社 243 户成员的调研数据，对农民专业合作社成员的合作意愿及其影响因素进行了实证分析，以揭示合作社制度安排、利益机制对成员合作意愿和行为的影响。

第一节　基于计划行为理论的成员
合作意愿和行为分析

一　计划行为理论概述

计划行为理论（Theory of Planned Behavior，TPB）是社会心理学中关

于人的态度和行为关系的理论（段文婷等，2008），是在理性行为理论的基础上发展起来的新的行为研究模式。理性行为理论假定个体行为受意志控制，从而无法对不完全由个人意志控制的行为给予合理的解释，因此，阿杰恩（Ajzen，1985；1991）在理性行为理论的基础上，增加了知觉行为控制变量，提出了计划行为理论。计划行为理论对个体行为的一般决策过程给予了解释，在预测人的意向和行为方面得到了广泛的支持（戈丁等，1996；萨顿，1998），为研究人类行为提供了一个有效的分析框架（赵建欣等，2007）。

计划行为理论认为，行为意向是影响行为最直接的因素，行为意向受个体的行为态度、主观规范和知觉行为控制的影响（阿杰恩，1991）。行为意向是个体行动之前的思想倾向和行动动机，反映了个人对于某一特定行为的执行意愿。个体的行为意向越强，采取行动的可能性越大。行为态度是指个体执行某项行为时积极或消极的感受，由个体对执行某项行为产生结果的信念和对结果的评价决定。主观规范是指个体感知到的对自己重要的人或组织对其是否执行某项行为的压力，它由规范信念和对信念的遵从程度共同决定。行为控制是指个体感知到的执行某种行为的难易程度，反映了个体对促进或阻碍执行某种行为的各种因素的知觉。行为控制认知对行为意向起着强化或削弱的作用，如果人们认为执行某种行为阻碍较大，即使态度积极和能够得到周围环境及重要人物的支持，人们也不会有强烈的行为意向（阿杰恩，1986）。因此，行为控制认知不仅影响行为意向，同时还可能直接影响行为。

计划行为理论的基本观点主要包括以下几个方面（阿杰恩，1991）：（1）人类行为一般是理智的，是利用获得的信息付诸行动的过程；（2）个体行为不仅受行为意向的影响，还受个人能力、机会以及资源等实际控制条件的制约，在实际控制条件充分的情况下，行为意向直接决定行为；（3）行为意向是个体的行为态度、主观规范和知觉行为控制共同作用的结果，行为态度、主观规范越积极，知觉行为控制程度越强，行为意向越强烈，越可能执行某种行为；（4）性别、年龄、文化背景、个性等个人因素通过影响行为态度、主观规范和知觉行为控制对行为意向产生间接影响，并最终影响个体行为；（5）行为态度、主观规范和知觉行为控制可能拥有共同的信念基础，它们既相互独立又相互联系。

计划行为理论的基本模型如图 7 - 1 所示：

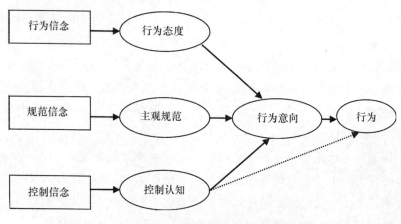

图 7 - 1　计划行为理论的基本模型

二　基于 TPB 理论的合作社成员合作意愿和行为的理论分析

在市场经济条件下，我国农户的合作行为是根据自身需要和相关信息作出的理性选择，只有当参与合作能够获得比分散经营更高的经济收益时，农户才会选择参与合作，并以所有者和惠顾者的身份通过投资和惠顾，积极支持合作社的发展。目前，我国农户加入合作社的收益主要包括获得信息、技术和购销服务、获取有利价格或参与利润分红等，需要付出的成本包括必须缴纳的会费、股金、花费时间和精力对管理者进行监督的成本以及机会成本等，农户合作行为的基本目标是家庭经营净收益的提高。

国内外相关研究表明，影响农户合作意愿和行为的因素主要包括以下三类：（1）利益因素。例如：罗德（1983）指出，净的经济收益是影响农民加入或离开合作社行为决策的关键影响因素；塞克斯顿（1986）通过博弈分析认为，只有从参与合作社中获得更高收益，农户才会参加合作社；黄胜忠（2008）认为，各参与主体是否采取集体行动主要取决于合作社能为其带来多大的收益以及应该分担多少成本。（2）成员构成和合作社制度安排因素。例如：富尔顿（1999）认为，当成员同质性较强、产权明晰和治理结构透明并且不是处于某一小团体或管理者控制之下时，成员愿意向合作社投资以及愿意与合作社做交易；库克等（2003）的研究表明，美国农民专业合作社的产权结构、成员资格政策对成员投资影响较大，在那些实行封闭的成员资格政策、签订销售协议并有可转让、可增值的转让权的合作社中，成员更倾向于投资合作社。（3）外部环境因素和成员合作认知及个人因素等（郭红东，2004；孙亚范，2009；刘宇翔，2010）。

　　根据已有研究，我国农户参与合作的行为是农户在比较合作收益、成本及风险后进行的理性选择，这种选择既受成员合作认知、文化水平、资源禀赋、家庭经营的产品类型、外部经济条件和政府政策的制约，也受合作社发展状况、服务功能和组织内部治理结构、利益分配机制等正式制度和非正式制度的影响。根据 TPB 理论，农户参与合作的行为是一种有计划的理性行为，上述因素将通过影响成员的行为态度、主观规范和控制认知而影响成员的合作意愿和合作行为。

　　结合学术界相关的研究成果和我国农民专业合作社发展的现实，本章将影响我国农民专业合作社成员合作意愿和行为的因素分为以下几类，它们对成员合作意愿和行为产生影响的作用机制如图 7-2 所示：

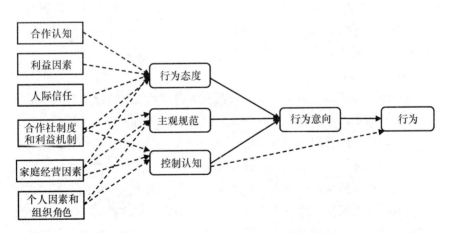

图 7-2　我国农民专业合作社成员合作意愿和行为的影响因素及其作用机制

（一）成员的合作认知

"认知"是人们在对外界事物进行知识和信息加工时形成想法和观点的过程，社会认知心理学家班杜拉（Bandura，1999）认为，人们的认知活动和他们的行为之间存在着因果关系，由于个体的知觉、信息加工过程不同，从而形成不同的判断和决策，因此，同一刺激可能导致人们不同的行为意向和行为选择。因此，我国农民专业合作社的制度变迁和成员合作意愿及行为以成员对合作社的理性认知为基础。

成员对合作社的认知因素与成员的行为态度和主观规范有关。成员对合作社性质、功能的认知和对参与合作应承担义务的认知与其参与合作的利益和成本预期有关，成员对合作社性质、功能越了解，对所需承担的义务和获得的利益之间的关系理解越正确，越能够建立合理的利益观念和清晰的利益预期，越有利于形成积极的行为态度和行为意向；同时，成员对参与合作的各项义务认知水平越高，越能够感受到来自周围人群和组织对自身行为的压力，从而影响其参与合作的主观规范，并最终影响其合作意愿和行为。成员对合作社各项制度的认知水平越高，越能感受到各项制度对其自身行为的激励和约束，建立坚定的规范性信念，从而产生积极的合作意愿，按照制度的各项要求采取积极的投资、惠顾和其他合作行为。另外，成员对合作社分配制度的了解还与其参与合作的利益预期有关，而成员对民主管理制度的了解关系着其对自身利益实现程度的认识，因此，成员对合作社分配制度和民主管理制度的认识水平还与成员的行为态度有关，成员对这些制度越了解，认知水平越高，就越能够建立稳定而清晰的利益预期，从而产生积极的行为态度和行为意向。

（二）利益因素

利益因素指成员对参与合作所获利益的评价和满意状况，农民专业合作社是成员为了自身利益而自愿结合形成的契约组织，合作社只有通过有效的经营和公平的分配，充分满足成员参与合作的各项利益需要，才能建立成员对组织价值的高度认同，获得成员多方面的支持，在竞争中生存和发展。组织认同感是组织行为学中的一个概念，它涉及组织成员与组织之间的价值一致性感知。从个体层面考察，它是组织成员通过认同自己所在的组织在满足自己不同方面需要的作用和价值并建立自己独特的自我概念的过程。在这个过程中，个人的利益和组织的利益契合，从而产生基于利益的认同感。个体对组织强烈认同，会产生与组织的共同命运感，会把组织的目标作为自己的目标，并为之不懈地努力，从而引发组织成员心理和行为方面的显著变化，进而影响组织绩效（余川，2008）。因此，利益因素与成员的行为态度有关，成员对合作社提供的服务和盈余分配越满意，越能够形成积极的行为态度，参与合作的意愿越强烈，动力越充足，越可能采取积极的合作行为，与合作社建立紧密的利益联系，更多地参与合作社的各项事务。

（三）信任因素

在社会心理学领域，信任是在有风险的情况下，对他人的动机持有的一种积极、自信的期待状态（科特雷尔，2007），信任能够降低人们之间合作的成本，是人们合作行为的起点、前提和基础（迪纳尔德等，2007），只有在组织以及人们之间存在着信任关系，才会产生自愿的合作行为，信任关系的深度决定着合作的强度，弱信任关系支持弱合作，强信任关系支持强合作（张康之，2008）。合作社作为成员之间的自愿联合，也以成员之间的相互信任为基础，合作社在信任、融合与共同目标下，形成互助的社会网络，蓄积社会资本，成为一种竞争的力量（王永昌，2003）。哈克里斯（1996）指出，合作组织成员之间的相互理解和信任有利于形成团结一致的感觉，降低成员之间的交易成本；波纳斯（Bonus，1998）认为，合作社的成功得益于成员的相互了解和信任，成员除了要对合作社处理自己的业务感到满意，还必须感到可以依赖合作社，因此，农民专业合作社成员的合作行为以及参与合作的程度受成员之间的信任关系及信任程度的影响，尤其在我国农民专业合作社成员构成异质性和合作社主要由农村专业大户、各类能人和龙头企业主导的情况下，成员之间信任关系及信任程度在很大程度上决定着成员的合作意愿和行为，农户对于核心成员、合作社管理层越信任，越可能产生积极、主动的行为态度，合作意愿越强烈，合作行为越稳定，参与合作的程度就越深。

（四）合作社制度和利益机制

根据计划行为理论，组织的制度安排既影响个体的行为态度，也影响个体的主观规范，进而影响成员的行为意向和行为，农民专业合作社的产权制度、治理结构和利益分配制度是其基本的制度安排，这些制度安排对于组织成员的行为提供了基本的激励和约束，影响成员的合作态度、主观规范和控制认知。

（五）成员个人和家庭因素及其在组织中的角色因素

计划行为理论认为，一方面，个人因素间接影响个体行为意向和行为，农民专业合作社成员的个人特征及其家庭经营特征可能影响其合作态度或控制认知，从而影响成员合作意向和行为，如成员文化程度越高，越容易理解和接受合作社这种新的组织形式，合作态度可能越积极；成员家庭经营的产品种类、经营规模、资源禀赋等因素也与成员的合作态度和控制认知有关，如经营产品市场风险越大，经营规模越大，可能越需要合作社提供购销服务，合作态度可能越积极；成员家庭经营收入越高，社会经济资源越丰富，对合作行为的控制能力越强，越可能采取积极的合作行为。另一方面，由于成员资源禀赋不同导致了我国农民专业合作社异质性的成员结构（林坚等，2007），不同成员在组织中的角色分化为核心成员和外围成员、股东成员和非股东成员、经营管理层和普通成员，成员在组织中的角色不同，对合作行为的控制认知也不同，从而可能产生不同的合作行为。

三　研究假说

成员参与合作社的行为是在合作认知、利益需求及合作社制度安排等内外部因素综合作用的基础上进行的理性决策，影响农民专业合作社成员合作意愿及行为的因素可以大致分为以下几类：（1）成员个人因素和在合作社中的角色因素，包括成员文化水平和在合作社中的地位、角色等。（2）成员家庭经营特征，包括主要收入来源、家庭经营规模、经营产品价格波动情况等。（3）成员的合作认知因素，包括成员对合作社性质及功能的了解程度，对应承担义务的认识程度，对合作社盈余分配制度、民主决策制度的认识程度等因素。（4）成员对合作收益的感知和评价，包括对合作收益的满意状况、对合作社提供服务的满意状况、对合作社在家庭经营中发挥的各项作用的评价等。（5）合作社制度和利益机制，包括合作社的产权安排、治理结构、利益分配机制、经营管理制度等。（6）成员对合作社管理层的信任因素。

根据前面的描述和分析，本章提出如下有待检验的假说：

假说1：成员的合作认知水平对其合作意愿及行为具有正向影响，成员对合作社的认知水平越高，合作意愿越强烈，合作行为就越积极。

假说2：成员对合作收益的满意状况和积极评价对其合作意愿及行为具有正向影响，成员对所获收益越满意、评价越积极，合作意愿越强烈，合作行为就越积极。

假说3：合作社制度和利益机制的健全程度对成员的合作意愿及行为具有正向影响，合作社内部制度越健全、利益分配机制越合理，成员合作意愿越强烈，合作行为就越积极。

假说4：成员对于理事会和监事会成员的信任程度对其合作意愿及行为具有正向影响，信任程度越高，成员合作意愿越强烈，合作行为就越积极。

假说5：成员的某些个人特征、家庭经营特征及其在组织中的不同角色对其合作意愿及行为具有显著影响。

本章将农民专业合作社成员参与合作意愿的影响因素的基本模型设定为：成员合作意愿＝f（成员的个人特征、家庭经营特征和在组织中的角色，成员的合作认知，对合作收益的满意状况和评价，合作社制度和利益机制，对理事会和监事会成员的信任程度）＋随机扰动项。

第二节 数据来源及变量设定

一 数据来源和样本数据的基本情况

本节中使用的数据资料来自于笔者2010年1—9月对江苏省30个农民专业合作社成员的抽样调查资料。本次调查共获得有效问卷243份，问卷有效率为85.26%。样本的区域分布为：苏南79个，苏中72个，苏北92个，分别占32.5%、29.6%和37.9%；被调查成员中男性成员225个，女性成员18个，分别占92.6%和7.4%。

对成员的调查主要采用面对面访谈的方式完成，调查样本的基本情况见表7－1。

表7－1　　　　　　被调查成员的基本统计特征

统计量	分类指标	频数	有效比例（%）	统计量	分类指标	频数	有效比例（%）
年龄分组	30岁以下	5	2.1	文化水平	小学以下	7	2.9
	30～40岁	36	14.8		小学	41	16.9
	40～50岁	133	54.7		初中	111	45.7
	50～60岁	57	23.5		高中	70	28.8
	60岁以上	12	4.9		高中以上	14	5.8

统计量	分类指标	频数	有效比例（%）	统计量	分类指标	频数	有效比例（%）
社会身份	农村技术或经营能人	38	15.6	在合作社中角色	理事会成员	20	8.2
	农村专业大户	102	42.0		监事会成员	8	3.3
	普通农民	92	37.9		主要股东	13	5.3
	村干部	11	4.5		普通成员	202	83.1

关于成员的社会身份，本节设计了四个选项，如表7-1所示。调查结果表明，虽然农民专业合作社成员的社会身份多种多样，具有异质性，但专业大户和普通农户等生产者成员是合作社的主体，而且专业大户在合作社成员中占有较大的比例。

二 变量选择

合作社是由成员自愿参与的互助联合体，是由成员驱动的组织（联合国粮农组织，2007），成员有权利和义务为合作社的发展提供资本、劳动、产品等各种资源，参与组织的目标制定、决策、控制等过程。成员作为合作社的使用者和拥有者，其合作意愿和行为主要表现在对合作社的投资、业务惠顾和对各项管理事务的民主参与，而且，农户参与合作的行为是一个不断演变的过程，成员加入合作社后，会依据利益最优化原则，调整参与合作的行为（崔宝玉等，2008），降低或加强参与合作的程度，也可能中断与合作社的业务关系，如果成员对于参与合作的收益不满意，可以用退出的方式摈弃它（蔡昉，1999）。在业务惠顾方面，成员的合作意愿及行为倾向不仅表现在是否愿意与合作社保持稳定的交易关系，而且也表现在是否愿意扩大与合作社的交易关系。目前，我国农户经营规模普遍较小，对合作社的业务惠顾能力有限，影响了我国合作社经营规模的扩大和组织成长水平，因此，笔者认为，在我国农民专业合作社正处于成长期的现阶段，农户加入合作社后是否愿意在合作社的带动下扩大专业生产规模，不仅对我国农民专业合作社的发展至关重要，而且代表了成员与合作社进一步发展交易关系的合作意愿和行为倾向，是衡量成员合作行为能否巩固和扩大必不可少的方面。

基于以上考虑，本节选择了以下四个变量作为反映我国农民专业合作社成员合作意愿的变量：（1）成员扩大生产规模的意愿，用 Y_1 表示；（2）成员向合作社入股或增加股份的意愿，用 Y_2 表示；（3）成员与合作社保持稳定的交易关系的意愿，用 Y_3 表示；（4）成员参与合作社管理事务的意愿，用 Y_4 表示。为了准确地反映上述成员参与合作意愿的强弱程度，调查问卷对每个变量都采用李克特（Liket）五级量表作为计分方式，分别给予 1~5 的分数。

根据前面的分析，解释影响因素的变量分为六类，包括 26 个具体指标，所有解释变量的含义及其统计特征见表 7-2 所示。

表 7-2　　　　　　　　解释变量和被解释变量的含义及其统计特征

变量	变量说明	变量取值	均值	标准差
Y_1	成员扩大生产规模的意愿	1 = 很不愿意；2 = 不愿意；3 = 一般；4 = 愿意；5 = 非常愿意	3.4444	0.9091
Y_2	成员向合作社入股或增加股份的意愿	1 = 很不愿意；2 = 不愿意；3 = 一般；4 = 愿意；5 = 非常愿意	3.0123	0.9556
Y_3	成员与合作社保持稳定的交易关系的意愿	1 = 很不愿意；2 = 不愿意；3 = 一般；4 = 愿意；5 = 非常愿意	3.9383	0.7608
Y_4	成员参与合作社管理事务的意愿	1 = 很不愿意；2 = 不愿意；3 = 一般；4 = 愿意；5 = 非常愿意	3.486	0.9242
X_1	对合作社性质、功能的了解程度	1 = 完全不了解；2 = 不了解；3 = 了解一些；4 = 比较了解；5 = 很了解	3.4938	0.9017
X_2	对成员应承担义务的认识程度	1 = 完全不了解；2 = 不了解；3 = 了解一些；4 = 比较了解；5 = 很了解	3.0041	0.8055
X_3	对合作社盈余分配制度的了解程度	1 = 完全不了解；2 = 不了解；3 = 了解一些；4 = 比较了解；5 = 很了解	2.5514	1.1715
X_4	对合作社民主决策制度的了解程度	1 = 完全不了解；2 = 不了解；3 = 了解一些；4 = 比较了解；5 = 很了解	2.8848	0.9465
X_5	对合作社提供服务的满意状况	1 = 很不满意；2 = 不满意；3 = 一般；4 = 满意；5 = 很满意	3.7737	0.8094
X_6	对所获合作收益的满意状况	1 = 很不满意；2 = 不满意；3 = 一般；4 = 满意；5 = 很满意	3.5802	0.9072
X_7	对合作社在家庭经营中的作用评价	1 = 没作用；2 = 作用很小；3 = 有一定作用；4 = 有较大作用；5 = 有很大作用	3.6214	1.0468
X_8	对合作社降低生产经营成本作用的评价	1 = 没作用；2 = 作用很小；3 = 有一定作用；4 = 有较大作用；5 = 有很大作用	3.2757	1.0011
X_9	对合作社提高产品销售价格作用的评价	1 = 没作用；2 = 作用很小；3 = 有一定作用；4 = 有较大作用；5 = 有很大作用	3.0041	1.3621
X_{10}	对合作社稳定产品销售价格作用的评价	1 = 没作用；2 = 作用很小；3 = 有一定作用；4 = 有较大作用；5 = 有很大作用	3.1770	1.3808

续表

变量	变量说明	变量取值	均值	标准差
X_{11}	对理事会、监事会成员的信任程度	1＝很不信任；2＝不信任；3＝一般；4＝比较信任；5＝非常信任	3.4321	0.9483
X_{12}	是否获得了惠顾返还	1＝否；2＝是	1.1975	0.3990
X_{13}	是否获得了股份分红	1＝否；2＝是	1.1440	0.3519
X_{14}	合作社是否公布财务状况	1＝否；2＝是	2.0782	0.5945
X_{15}	合作社是否设有个人账户	1＝否；2＝是	1.1975	0.3990
X_{16}	合作社是否要求入股	1＝否；2＝是	1.3210	0.4678
X_{17}	理事会成员产生方式	1＝理事长决定；2＝个别理事由成员选举；3＝主要由成员选举；4＝全部由成员选举	3.0370	1.1890
X_{18}	对成员（代表）大会作用的评价	1＝没作用；2＝作用很小；3＝有一定作用；4＝作用较大；5＝作用很大	3.1152	1.0810
X_{19}	是否可自由退出	1＝是；2＝否	1.8683	0.339
X_{20}	文化水平	1＝小学以下；2＝小学；3＝初中；4＝高中；5＝高中以上	2.4156	1.1446
X_{21}	加入合作社时间	1＝2000年及以前；2＝2001—2004年；3＝2005年及以后	1.8025	0.7400
X_{22}	是否理事会成员	1＝否；2＝是	1.0823	0.2754
X_{23}	是否监事会成员	1＝否；2＝是	1.0370	0.1892
X_{24}	是否主要股东	1＝否；2＝是	1.0412	0.1991
X_{25}	产品经营规模	1＝小；2＝中等；3＝大；4＝超大	1.8025	0.7400
X_{26}	产品价格波动状况	1＝基本稳定；2＝波动较小；3＝波动较大；4＝波动很大	2.2346	1.0318

三　农民专业合作社成员合作意愿的统计分析

农民专业合作社成员参与合作的意愿如表7－3所示。由表7－3可知，愿意和非常愿意扩大产品生产规模的成员占全部调查样本的51%；愿意和非常愿意向合作社入股或增加股份的成员占全部调查样本的35.8%；愿意和非常愿意与合作社保持稳定的交易关系的成员占全部调查样本的

75.3%；愿意和非常愿意参与合作社各项管理活动和其他事务的成员占全部调查样本的47.3%，这表明，目前相当部分的农民专业合作社成员缺乏强烈的合作意愿，超过一半的成员在投资和参与管理方面的意愿薄弱，有接近一半的成员不具备扩大产品生产规模的强烈动机，近1/4的成员与合作社的交易关系还不够稳定。目前，农民专业合作社成员参与合作的积极性、主动性普遍不高，合作社自我发展的良性机制尚未形成。

表7－3　　　　　　　　　农民专业合作社成员的合作意愿

成员的合作意愿		非常愿意	愿意	一般	不愿意	很不愿意
扩大生产规模的意愿	频数（个）	27	97	76	43	0
	百分比（%）	11.1	39.9	31.3	17.7	0.0
入股或增加股份的意愿	频数（个）	12	75	61	94	1
	百分比（%）	4.9	30.9	25.1	38.7	0.4
保持稳定的交易关系的意愿	频数（个）	54	129	51	9	0
	百分比（%）	22.2	53.1	21.0	3.7	0.0
参与合作社管理事务的意愿	频数（个）	38	77	93	35	0
	百分比（%）	15.6	31.7	38.3	14.4	0.0

第三节　检验模型和实证分析结果

一　检验模型

本章中反映农民专业合作社成员合作意愿的四个被解释变量"扩大生产规模的意愿"（Y_1）、"入股或增加股份的意愿"（Y_2）、"与合作社保持稳定的交易关系的意愿"（Y_3）、"参与合作社管理事务的意愿"（Y_4）难以获得可衡量的连续性数据，只能通过问卷调查获取以分类数据为主的离散数据。在分析离散选择问题时采用概率模型（Logit、Probit和Tobit）是理想的估计方法（林毅夫，2000）。为了准确反映成员的合作意愿，本节在问卷设计中对成员四个方面的合作意愿都分为5个有序层级，而不是只有是或否两种选择。因为涉及排序选择问题，对于有序分类变量的分析不宜应用线性回归模型，而需要建立排序选择模型（Ordered Choice Model）。有序概率单位（Probit）模型是处理多类别离散数据应用较广的一种方法，因此，本节采用有序 Probit 模型（Ordered Probit Model）来估计相关影响因素与有序因变量之间的关系，以检验本章提出的相关假设。

模型的输入为影响成员合作意愿的诸因素：X_{1i}，…，X_{ki} 构成的向量 X_i，输出为合作社成员合作意愿 y_i，如图 7 - 3 所示。下标 i 代表样本序号。

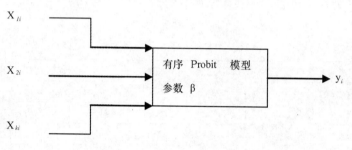

图 7 - 3 有序 Probit 输入和输出

设有一个潜在变量 y_i^*，它是不可观测的，而可观测的是 y_i，设 y_i 有 0，1，2，…，m 共 m + 1 个取值。y_i^* 线性依赖于解释变量 X_i，即：

$$y_i^* = X_i\beta + \varepsilon_i$$

式中：β 代表估计系数向量；ε_i 是独立同分布的随机变量；i = 1，2，…，N 代表样本序号。

y_i 可以通过 y_i^* 按下式得到：

$$y_i = \begin{cases} 0 & \text{如果 } y_i^* \leqslant c_1 \\ 1 & \text{如果 } c_1 < y_i^* \leqslant c_2 \\ 2 & \text{如果 } c_2 < y_i^* \leqslant c_3 \\ \vdots & \quad\vdots \\ m & \text{如果 } c_m < y_i^* \end{cases}$$

式中，$c_1 < c_2 < \cdots < c_m$。

设 ε_i 的分布函数为累积标准正态分布函数 $\Phi(x)$，可以得到如下的有序 Probit 模型：

$$p(y_i = 0) = \Phi(c_1 - X_i\beta)$$

$$p(y_i = 1) = \Phi(c_2 - X_i\beta) - \Phi(c_1 - X_i\beta)$$

$$p(y_i = 2) = \Phi(c_3 - X_1\beta) - \Phi(c_2 - X_i\beta)$$

$$\vdots$$

$$p(y_i = m) = 1 - \Phi(c_m - X_i\beta)$$

我们定义一个指示变量 Z_{ij}：如果 y_i 落在第 j 类组（ $i = 1,2,3,\cdots,n$；$j = 1,2,3,\cdots,m$ ），则 $Z_{ij} = 1$，否则 $Z_{ij} = 0$。

第 i 个样本出现某等级 j 的或然率为：

$$L_i = \prod_{j=1}^{m} \left[\Phi(c_j - x_i\beta) - \Phi(c_{j-1} - x_i\beta)\right]^{Z_{ij}}$$

该模型的似然函数（likelihood function）为

$$L = \prod_{i=1}^{n} L_i = \prod_{i=1}^{n}\prod_{j=1}^{m}\left[\Phi(c_j - x_i\beta) - \Phi(c_{j-1} - x_i\beta)\right]^{Z_{ij}}$$

取对数后的似然函数（log-likelihood function）为

$$L^* = \mathrm{Log}L = \sum_{i=1}^{n}\sum_{j=1}^{m} Z_{ij}\log\left[\Phi(c_j - x_i\beta) - \Phi(c_{j-1} - x_i\beta)\right]$$

令一阶条件 $\dfrac{\partial L^*}{\partial \beta} = 0, \dfrac{\partial L^*}{\partial c_j} = 0$ ，在二阶条件可满足的前提下，即可求得参数估计值。

二　实证分析结果

数据分析使用统计软件 STATA 10.0 进行，对模型的整体拟合效果的检验使用对数似然比进行，在给定的显著性水平下，如果统计量所对应的对数似然比检验的显著性 P 指标值小于 0.1，则说明对应的自变量对因变量有显著性影响。模型的检验采用回归分析中的向后逐步回归（Backward：LR）方法，根据设定的标准对变量进行排除，经过多次循环的估计及检验，获得最终的最优模型。具体方法是：首先，将全部变量放进回归方程进行估计；其次，根据极大似然估计的统计量的概率值剔除对因变量影响最不显著的自变量，再重新进行估计与检验。每剔除一个变量后，再重新进行回归方程的估计，计算各自变量对因变量的影响，直到方程中所有变量均符合入选标准为止。

（一）成员扩大生产规模意愿的影响因素分析

对因变量 Y_1（成员扩大生产规模的意愿）进行有序 Probit 回归分析，第一轮将所有的解释变量纳入回归检验，得到的估计结果见表 7 - 4。

表 7 - 4　　　　　　　对 Y_1 进行有序 Probit 回归的统计结果

变量	Coef.	Std. Err.	Z	P > | z |
X_1	- 0. 1755921	0. 1359758	- 1. 29	0. 197
X_2	- 0. 0880883	0. 160737	- 0. 55	0. 584
X_3	0. 2117991	0. 0821996	2. 58	0. 010
X_4	0. 4500949	0. 152612	2. 95	0. 003
X_5	0. 4350099	0. 1422142	3. 06	0. 002
X_6	0. 3290124	0. 1258236	2. 61	0. 009
X_7	0. 0129023	0. 1363325	0. 09	· 0. 925
X_8	0. 4299024	0. 1187191	3. 62	0. 000
X_9	0. 0114375	0. 0762796	0. 15	0. 881
X_{10}	0. 0337296	0. 0809479	0. 42	0. 677
X_{11}	0. 21312	0. 1172878	1. 82	0. 069
X_{12}	0. 5854612	0. 2519165	2. 32	0. 020
X_{13}	- 0. 483936	0. 2860358	- 1. 69	0. 091
X_{14}	0. 1281166	0. 1445688	0. 89	0. 376
X_{15}	0. 3466136	0. 3042692	1. 14	0. 255
X_{16}	0. 5126963	0. 2252534	2. 28	0. 023
X_{17}	- 0. 0499406	0. 079842	- 0. 63	0. 532
X_{18}	- 0. 0536535	0. 1050578	- 0. 51	0. 610
X_{19}	- 0. 5013717	0. 3179099	- 1. 58	0. 115
X_{20}	0. 0767565	0. 1025485	0. 75	0. 454
X_{21}	0. 0661493	0. 0950492	0. 70	0. 486
X_{22}	0. 4500338	0. 4085259	1. 10	0. 271
X_{23}	- 0. 156757	0. 4461273	- 0. 35	0. 725
X_{24}	- 0. 8163015	0. 4423261	- 1. 85	0. 065
X_{25}	- 0. 1028194	0. 1231933	- 0. 83	0. 404
X_{26}	- 0. 1785742	0. 084978	- 2. 10	0. 036

LR chi^2 (26) = 238. 81　　　　　　　Prob > chi^2 = 0. 0000

Log likelihood = - 190. 88416　　　　　Pseudo R^2 = 0. 3848

由表 7 - 4 可知，模型的整体拟合优度较好（LR chi^2（26）=
238.81，P = 0.000），对数似然比（Log likelihood）为 - 190.88416，伪
判决系数（Pseudo R^2）为 0.3848，表明自变量整体上对因变量有显著性
影响（p < 0.05）。采用向后逐步回归（Backward：LR）方法，经过 15 轮
优化检验和筛选，得到最终检验结果，见表 7 - 5。

表 7 - 5　　　　成员扩大生产规模意愿（Y$_1$）的模型估计结果

被解释变量：Y$_1$				
变量	Coef.	Std. Err.	Z	P > | z |
对盈余分配制度的了解程度（X$_3$）	0.2067925	0.0761175	2.72	0.007
对民主决策制度的了解程度（X$_4$）	0.2570773	0.097465	2.64	0.008
对合作社提供服务的满意状况（X$_5$）	0.3777503	0.1294472	2.92	0.004
对所获合作收益的满意状况（X$_6$）	0.3740471	0.1190005	3.14	0.002
对合作社降低生产经营成本作用的评价（X$_8$）	0.3891405	0.0983464	3.96	0.000
对理事会、监事会成员的信任程度（X$_{11}$）	0.2197592	0.1095593	2.01	0.045
是否获得了惠顾返还（X$_{12}$）	0.6010714	0.2274999	2.64	0.008
合作社是否要求入股（X$_{16}$）	0.5019524	0.181773	2.76	0.006
是否可自由退出（X$_{19}$）	- 0.5566666	0.2641098	- 2.11	0.035
是否主要股东（X$_{24}$）	- 1.000588	0.415836	- 2.41	0.016
产品价格波动状况（X$_{26}$）	- 0.1891642	0.0819174	- 2.31	0.021
LR chi^2（11）= 228.42	Prob > chi^2 = 0.0000			
Log likelihood = - 197.00413	Pseudo R^2 = 0.3670			

由表 7 - 5 可知，认知因素、利益因素、合作社制度因素、信任因素
和成员家庭的某些经营特征和组织角色对 Y$_1$ 都具有显著影响。从回归系
数看，合作社盈余的惠顾返还制度、成员股金制度和退出制度影响最大。

（二）成员入股或增加股份意愿的影响因素分析

对因变量 Y$_2$（入股或增加股份的意愿）进行有序 Probit 回归分析，
第一轮让所有的解释变量进入回归检验中，检验结果见表 7 - 6。

表 7-6 对 Y_2 进行有序 Probit 回归的统计结果

变量	Coef.	Std. Err.	Z	P > | z |
X_1	-0.2645994	0.1502678	-1.76	0.078
X_2	0.0520779	0.1697485	0.31	0.759
X_3	0.2078397	0.0889298	2.34	0.019
X_4	0.38726	0.1611019	2.40	0.016
X_5	0.2724275	0.1526697	1.78	0.074
X_6	0.2885072	0.1359714	2.12	0.034
X_7	0.0176953	0.149424	0.12	0.906
X_8	0.0882346	0.127412	0.69	0.489
X_9	0.0889508	0.0828751	1.07	0.283
X_{10}	0.0876675	0.0895828	0.98	0.328
X_{11}	1.272067	0.1545725	8.23	0.000
X_{12}	0.4612174	0.2617363	1.76	0.078
X_{13}	0.0785973	0.2873217	0.27	0.784
X_{14}	0.0167382	0.1606605	0.10	0.917
X_{15}	-0.2453916	0.3084295	-0.80	0.426
X_{16}	0.1812009	0.2409675	0.75	0.452
X_{17}	-0.1103575	0.0901374	-1.22	0.221
X_{18}	-0.0700105	0.112586	-0.62	0.534
X_{19}	-0.2681376	0.3163481	-0.85	0.397
X_{20}	-0.0091816	0.1112472	-0.08	0.934
X_{21}	0.1457241	0.10166	1.43	0.152
X_{22}	0.2360319	0.4067207	0.58	0.562
X_{23}	0.0008456	0.4615321	0.00	0.999
X_{24}	-0.3071713	0.4513605	-0.68	0.496
X_{25}	0.0890357	0.1311301	0.68	0.497
X_{26}	-0.0617402	0.0902041	-0.68	0.494

LR chi^2 (26) = 284.71   Prob > chi^2 = 0.0000

Log likelihood = -159.81661   Pseudo R^2 = 0.4711

由表 7-6 可知，模型的整体拟合优度较好（LR chi^2（26） = 284.71，P = 0.000），对数似然比（Log likelihood）为 -159.81661，伪判决系数（Pseudo R^2）为 0.4711，表明自变量整体上对因变量有显著性影响（p < 0.05）。采用向后逐步回归（Backward：LR）方法，经过 18 轮

优化检验和筛选，得到最终检验结果，见表 7 - 7。

表 7 - 7　　　　　成员入股或增加股份意愿（Y_2）的模型估计结果

被解释变量：Y_2				
变量	Coef.	Std. Err.	Z	P > │z│
对盈余分配制度的了解程度（X_3）	0.1676301	0.0811047	2.07	0.039
对民主决策制度的了解程度（X_4）	0.2723717	0.0977876	2.79	0.005
对合作社提供服务的满意状况（X_5）	0.2937183	0.1399315	2.10	0.036
对所获合作收益的满意状况（X_6）	0.2993405	0.1239391	2.42	0.016
对合作社稳定产品销售价格作用的评价（X_{10}）	0.1314942	0.0738536	1.78	0.075
对理事会、监事会成员的信任程度（X_{11}）	1.265745	0.1427115	8.87	0.000
是否获得了惠顾返还（X_{12}）	0.3905991	0.2281049	1.71	0.087
加入合作社时间（X_{21}）	0.1780328	0.0879016	2.03	0.043
LR chi^2（14）= 274.15		Prob > chi^2 = 0.0000		
Log likelihood = - 165.09567		Pseudo R^2 = 0.4536		

由表 7 - 7 可知，认知因素、利益因素、合作社制度因素、信任因素和成员的某些个人特征对 Y_2 具有显著影响。从回归系数看，信任因素是影响成员投资意愿最重要的因素，其次是合作社盈余的惠顾返还制度和利益因素影响较大，而成员家庭经营因素对 Y_2 影响不显著。

（三）成员与合作社保持稳定的交易关系意愿的影响因素分析

对因变量 Y_3（成员与合作社保持稳定的交易关系的意愿）进行有序 Probit 回归分析，第一轮让所有的解释变量进入回归检验中，检验结果见表 7 - 8。

表 7 - 8　　　　　对 Y_3 进行有序 Probit 回归的统计结果

变量	Coef.	Std. Err.	Z	P > │z│
X_1	- 0.2917704	0.1437565	- 2.03	0.042
X_2	0.0713282	0.1751009	0.41	0.684
X_3	0.1859123	0.0899433	2.07	0.039
X_4	0.0904713	0.164507	0.55	0.582

续表

变量	Coef.	Std. Err.	Z	P > l z l
X_5	0. 7759145	0. 1509325	5. 14	0. 000
X_6	0. 4956893	0. 1423043	3. 48	0. 000
X_7	0. 2581349	0. 1527846	1. 69	0. 091
X_8	0. 1559387	0. 1287757	1. 21	0. 226
X_9	0. 042611	0. 0826428	0. 52	0. 606
X_{10}	0. 0097191	0. 0884521	0. 11	0. 913
X_{11}	0. 2808142	0. 1295252	2. 17	0. 030
X_{12}	0. 2428032	0. 2758818	0. 88	0. 379
X_{13}	0. 0943842	0. 310093	0. 30	0. 761
X_{14}	0. 1007896	0. 1511771	0. 67	0. 505
X_{15}	0. 2410107	0. 3276251	0. 74	0. 462
X_{16}	0. 4323245	0. 2472749	1. 75	0. 080
X_{17}	0. 0606635	0. 0865114	0. 70	0. 483
X_{18}	− 0. 013242	0. 1129635	− 0. 12	0. 907
X_{19}	− 0. 4506441	0. 3460678	− 1. 30	0. 193
X_{20}	0. 1639558	0. 1123735	1. 46	0. 145
X_{21}	− 0. 0338354	0. 1054987	− 0. 32	0. 748
X_{22}	− 0. 4295379	0. 4278695	− 1. 00	0. 315
X_{23}	− 1. 004497	0. 4936059	− 2. 04	0. 042
X_{24}	− 0. 4055605	0. 483004	− 0. 84	0. 401
X_{25}	− 0. 164281	0. 1329672	− 1. 24	0. 217
X_{26}	− 0. 1421586	0. 0938776	− 1. 51	0. 130

LR chi^2 (26) = 240. 84　　　　　Prob > chi^2 = 0. 0000

Log likelihood = − 151. 14066　　　　Pseudo R^2 = 0. 4434

　　可以发现，模型的整体拟合优度较好（LR chi^2（26） = 240. 84，P = 0. 000），对数似然比（Log likelihood）为 − 151. 14066，伪判决系数（Pseudo R^2）为 0. 4434，表明自变量整体上对因变量有显著性影响（p < 0. 05）。采用向后逐步回归（Backward：LR）方法，经过 19 轮优化检验和筛选，得到最终检验结果，见表 7 - 9。

表7-9　**成员与合作社保持稳定交易关系意愿（Y_3）的模型估计结果**

被解释变量：Y_3

变量	Coef.	Std. Err.	Z	P > | z |
对盈余分配制度的了解程度（X_3）	0.1675743	0.0795555	2.11	0.035
对合作社提供服务的满意状况（X_5）	0.7231568	0.1372027	5.27	0.000
对所获合作收益的满意状况（X_6）	0.5638743	0.1293127	4.36	0.000
对合作社在家庭经营中的作用评价（X_7）	0.3749737	0.1189195	3.15	0.002
对理事会、监事会成员的信任程度（X_{11}）	0.3074396	0.1204722	2.55	0.011
合作社是否要求入股（X_{16}）	0.5970574	0.1873024	3.19	0.001
是否监事会成员（X_{23}）	-0.9147481	0.4595398	-1.99	0.047
LR chi^2（8）= 224.85		Prob > chi^2 = 0.0000		
Log likelihood = -159.76923		Pseudo R^2 = 0.4130		

由表7-9可知，认知因素、利益因素、合作社制度因素、信任因素和成员在合作社中的某些角色特征对Y_3具有显著影响。从回归系数看，监事会的组织角色、对合作社服务和收益的满意状况以及成员股金制度对成员与合作社保持稳定交易关系的意愿影响最大，而成员家庭经营因素的影响不显著。

（四）成员参与合作社管理事务意愿的影响因素分析

对因变量Y_4（成员参与合作社管理事务的意愿）进行有序Probit回归分析，第一轮让所有的解释变量进入回归检验中，检验结果见表7-10。

表7-10　　　　**对Y_4进行有序Probit回归的统计结果**

变量	Coef.	Std. Err.	z	P > | z |
X_1	0.0626603	0.1454642	0.43	0.667
X_2	-0.1557378	0.1738587	-0.90	0.370
X_3	0.3225639	0.0922308	3.50	0.000
X_4	0.4085677	0.1646785	2.48	0.013
X_5	0.4234229	0.1482818	2.86	0.004
X_6	0.207479	0.1367619	1.52	0.129
X_7	-0.0357401	0.1486376	-0.24	0.810
X_8	0.1817044	0.1284823	1.41	0.157

续表

变量	Coef.	Std. Err.	z	P > |z|
X_9	0.1275069	0.0832883	1.53	0.126
X_{10}	0.0286533	0.0888892	0.32	0.747
X_{11}	0.2663976	0.1330697	2.00	0.045
X_{12}	0.5990937	0.2753243	2.18	0.030
X_{13}	− 0.1610572	0.3113351	− 0.52	0.605
X_{14}	0.2381054	0.156997	1.52	0.129
X_{15}	1.009127	0.3432137	2.94	0.003
X_{16}	− 0.023625	0.2486524	− 0.10	0.924
X_{17}	0.2123818	0.0877539	2.42	0.016
X_{18}	0.3227772	0.1134101	2.85	0.004
X_{19}	− 0.6318432	0.3519683	− 1.80	0.073
X_{20}	0.1849831	0.1146121	1.61	0.107
X_{21}	− 0.1295557	0.1023802	− 1.27	0.206
X_{22}	1.530906	0.5290459	2.89	0.004
X_{23}	− 0.4397966	0.4684638	− 0.94	0.348
X_{24}	− 0.389849	0.4984352	− 0.78	0.434
X_{25}	− 0.0611512	0.1324721	− 0.46	0.644
X_{26}	− 0.2803781	0.0955783	− 2.93	0.003

LR chi^2 (26) = 335.6   Prob > chi^2 = 0.0000

Log likelihood = − 147.19128   Pseudo R^2 = 0.5327

可以发现，模型的整体拟合优度较好（LR chi^2（26） = 335.6，P = 0.000），对数似然比（Log likelihood）为 − 147.19128，伪判决系数（Pseudo R^2）为 0.5327，表明自变量整体上对因变量有显著性影响（p < 0.05）。采用向后逐步回归（Backward：LR）方法，经过 14 轮优化检验和筛选，得到最终检验结果，见表 7 – 11。

由表 7 – 11 可知，认知因素、利益因素、合作社制度、信任因素和成员在合作社中的某些角色特征及其家庭经营产品的价格波动状况对因变量 Y_4 都有显著影响。从回归系数看，除了成员的理事会角色因素，成员参与合作社管理事务的意愿主要取决于合作社是否设立个人账户以及按惠顾额返还盈余制度、成员民主决策制度的健全程度、成员对合作社服务和合作收益的评价及满意状况、成员对合作社制度的认知水平以及对理事会、监事会成员的信任因素。

表7-11 **成员参与合作社管理事务意愿（Y_4）的模型估计结果**

被解释变量：Y_4				
变量	Coef. 系数	Std. Err. 标准误	Z值	P>｜z｜
对合作社盈余分配制度的了解程度（X_3）	0.2996	0.0864	3.47	0.001
对合作社民主决策制度的了解程度（X_4）	0.3394	0.1046	3.25	0.001
对合作社提供服务的满意状况（X_5）	0.3827	0.1369	2.80	0.005
对所获合作收益的满意状况（X_6）	0.2381	0.1256	1.90	0.058
对合作社提高产品销售价格作用的评价（X_9）	0.1414	0.0745	1.90	0.058
对理事会、监事会成员的信任程度（X_{11}）	0.3190	0.1238	2.58	0.010
是否获得了惠顾返还（X_{12}）	0.5245	0.2589	2.03	0.043
合作社是否设有个人账户（X_{15}）	0.8986	0.2662	3.38	0.001
理事会成员产生方式（X_{17}）	0.2105	0.0823	2.56	0.011
对成员（代表）大会作用的评价（X_{18}）	0.3809	0.0998	3.82	0.000
是否理事会成员（X_{22}）	1.8035	0.4445	4.06	0.000
产品价格波动状况（X_{26}）	− 0.2762	0.0873	− 3.16	0.002
LR chi^2（12） = 323.41	Prob > chi^2 = 0.0000			
Log likelihood = − 154.43897	Pseudo R^2 = 0.5115			

三 对实证结果的总结和讨论

上述实证结果表明，成员的合作认知因素、利益因素、对管理层的信任因素、合作社的制度和利益机制因素以及成员的某些个人因素、在合作社中的角色和家庭经营因素都对成员的合作意愿有显著影响，但不同因素对于成员不同方面的合作意愿影响不同，有些因素对成员的合作意愿有较广泛的影响，而有些因素只对成员向合作社投资、业务惠顾等某些方面的合作意愿影响显著。

根据模型估计结果，将影响成员合作意愿的具体因素分析如下：

1. 成员对合作社制度的认知显著影响其各项合作意愿

首先，成员对合作社盈余返还分配制度的了解程度对其参与合作的意愿具有显著的正向影响，成员对盈余返还分配制度越了解，越愿意扩大生产规模和向合作社入股及稳定惠顾合作社，也就越愿意参与合作社的管理事务。

其次，成员对合作社民主决策制度的了解程度对其扩大生产规模的意愿、入股或增加股份的意愿和参与管理事务的意愿都具有显著的正向影响，而对其与合作社保持稳定交易关系的意愿影响不显著。笔者认为，农户是否愿意扩大生产规模和向合作社投资入股不仅受已经获得的各项合作收益的影响，而且在很大程度上受未来较长时期合作收益预期的影响，由于民主管理制度是成员维护和实现自身利益的重要条件和保证，因此，成员对民主决策制度的了解有利于其建立更稳定和更长远的利益预期，因而在经营决策中更愿意扩大生产规模和向合作社投资入股及参与合作社管理事务；而成员是否与合作社保持稳定的交易关系更多地考虑以前曾经获得的合作利益，因而成员对于民主决策制度的了解程度对其影响不显著。

最后，成员对合作社性质功能及自身义务的了解程度对其合作意愿影响不显著，这表明，成员加入合作社后的合作意愿主要考虑实际获得的经济利益和实惠，而与其对合作社性质功能的了解程度没有明显关系，另外，成员也很少从履行自身义务的角度进行合作行为的决策。目前，我国农户对于加入合作社应承担的义务了解程度普遍不高，因而难以构成其行为约束。从本次的调查结果来看，只有23%的成员表示对应承担的义务比较了解和很了解。

2. 获得的各项利益和实惠对成员各项合作意愿都具有显著的正向影响

一方面，成员对所获服务和合作收益越满意，就越愿意扩大生产规模和向合作社入股或增加股份及稳定惠顾合作社，也更愿意参与合作社的管理事务；另一方面，成员对合作社在家庭经营中发挥作用的积极评价对其合作意愿也具有显著的正向影响：（1）成员对合作社降低生产经营成本作用的评价越积极，就越倾向于扩大产品的生产规模；而成员对合作社整体功能的评价以及对合作社在稳定和提高产品销售价格作用的评价对扩大生产规模的意愿影响不显著。笔者认为造成这种结果的原因在于：成员扩大生产规模在很大程度上受自身资源和经营条件的限制，因而在决策中更多地考虑成本因素。（2）成员对合作社稳定产品销售价格作用的评价越积极，就越愿意向合作社入股或增加股份，这说明成员向合作社投资较多地考虑能否获得稳定的市场收益，建立市场价格保护机制、分散成员家庭经营的风险则有利于吸引成员入股。（3）成员对合作社在家庭经营中的作用评价越积极，就越愿意与合作社保持稳定的交易关系。这表明，成员的业务惠顾决策与获得的合作利益以及对合作社整体功能、作用的认同有密切关系。（4）成员对合作社提高产品销售价格作用的积极评价也能够显著提高其参与合作社管理事务的意愿，而成员对合作社在家庭经营中的作用以及降低生产经营成本作用的评价对其参与管理事务的意愿影响不显著。笔者认为，获得家庭经营所需要的服务和改进产品的销售价格、增加经济收入是现阶段农户加入合作社最基本和最重要的利益需求，这些利益最直接和容易被成员感知，因而，成员对这些合作收益越满意，其参与管理事务的意愿就越积极。

3. 合作社的成员股金制度、盈余返还分配制度、民主选举与决策制度的健全程度和成员退出制度对成员某方面的合作意愿影响显著

首先，按惠顾额返还盈余分配制度、成员股金制度和退出制度是影响成员扩大生产规模意愿的关键因素，合作社实行盈余返还、建立成员股金制度和对成员退出设置一定的门槛能够显著促进成员扩大产品的生产规模。

其次，合作社实行盈余返还对成员入股或增加股份的意愿有显著的正向影响，这与本章的假设一致，但合作社的股份分红制度对成员投资意愿影响不显著，笔者认为可能有两方面的原因：一是我国合作社的股权主要集中在个别领办的能人、大户或依托企业手中，普通成员未入股或入股数量很少，因此，绝大多数成员并未获得股份分红或分红数额很低；二是合作社的主要股东虽然获得了较多的股份分红，但他们向合作社增加股份面临着一系列的约束因素，如法律对股金集中度、股金分红比例和个人投票权的限制，因而股份分红制度对于主要股东扩大投资的意愿影响也不显著。上述实证结果也表明，我国农户参与合作社的主要目的（甚至是唯一目的）是获得生产经营服务和改善家庭经营的经济效益，他们在合作需求方面更关注服务内容和服务质量，在利益分配方面更重视对合作社业

务惠顾的回报而不是投资的回报。此外，这一结果也说明我国农民专业合作社的发展确实面临着融资困境，如何建立能够兼顾公平和效率的利益机制是实践中面临的难题。

再次，建立成员股金制度对成员与合作社保持稳定交易关系的意愿有显著的正向影响，但合作社盈余返还分配制度、民主管理制度则影响不显著。笔者认为，现阶段成员的业务惠顾行为主要基于家庭经营的需要和能否获得各种利益和实惠，因而合作社的分配制度和民主管理制度对成员与合作社保持稳定交易关系意愿的直接影响不明显，但是，合作社的这些制度安排在很大程度上决定了成员经济利益的实现程度，因而会通过利益因素对成员的合作意愿产生重要影响。

最后，合作社盈余返还制度、民主选举与决策制度的健全程度和是否设有个人账户对成员参与合作社管理事务的意愿具有显著的正向影响。由表7-7可知，获得了惠顾返还的成员参与管理的意愿越积极；理事会成员的产生方式越民主，成员大会在决策中发挥的作用越大，成员参与合作社管理事务的意愿越积极；设立了个人账户的合作社其成员参与管理事务的意愿也越积极，这说明明晰成员的个人产权能够显著提高成员对于合作社经营管理状况的关心程度和参与意愿。

同时，模型检验结果还表明：（1）合作社是否设有个人账户和民主管理状况对成员扩大生产规模、投资入股和与合作社保持稳定交易关系的意愿都没有显著影响。笔者认为，导致这种结果的原因在于目前合作社普遍存在着成员股金制度不健全的突出问题，由于绝大多数成员与合作社没有明显的财产联系，因此，成员对于合作社的经营管理状况和产权是否明晰尚不够关心。（2）合作社是否建立成员股金制度、股份分红制度以及财务是否公开和成员能否自由退出对成员参与合作社管理事务的意愿没有显著影响。一般认为，建立成员股金制度、股份分红制度和对成员退出设置一定的障碍能够密切成员与合作社的利益联系，促进成员参与管理；合作社实行财务公开能够为成员参与决策和进行民主监督提供条件，有利于促进成员参与管理。笔者认为可能的原因在于：一方面，我国合作社的股权主要集中在个别领办的能人、大户或依托企业手中，普通成员不入股或仅仅缴纳很少的身份股金，因而他们基本上不承担或很少承担合作社的经营风险，即使合作社进行股份分红，普通成员凭借股份能够获得的分红数额也很低，由于普通成员与合作社之间缺乏紧密的财产联系，他们很难从自身资产安全和获得资本收益的角度关心合作社的经营管理状况，因此，合作社是否财务公开和建立成员股金制度以及股份分红制度对绝大多数普通成员参与合作社管理事务的意愿影响不显著；另一方面，领办合作社的少数核心成员往往凭借他们拥有的资金、技术、营销渠道、人力资本等关键资源而进入了理事会或担任理事长，他们在合作社中兼具经营管理者和大股东的双重角色，能够直接参与合作社的日常经营管理并且在经营决策中发挥着决定作用，因此，合作社是否财务公开和建立成员股金制度以及股份分红制度对核心成员参与合作社管理事务的意愿也没有显著影响。至于成员退出制度与其参与管理合作社事务的意愿没有明显关系，笔者认为主要在于现阶段合作社成员退出不存在显著的退出成本。成员从合作社中退出的成本主要包括投入的股金和获得的各项服务，为了获得规模效益，实践中，我国的农民专业合作社一般都兼向当地的非成员农户提供服务，因此，能否带走入股股金是成员退出合作社最基本和最重要的成本与风险。如前所述，目前绝大多数普通成员不入股或入股股金数额很低，因而普通成员退出合作社基本上不存在退出成本或退出成本很低，由于不存在对于成员有约束力的退出障碍，因此，合作社是否实行自由退出对普通成员参与管理合作社事务的意愿没有显著影响。而对合作社的能人、大户或龙头企业等核心成员来说，他们领办合作社是为了获得稳定的原料来源或扩大进入市场的经济规模及谈判能力，由于自身的业务经营与合作社的稳定发展密切相关，因此，无论能否自由退出，他们都会积极参与合作社的管理，以控制和利用合作社来为自己的生产经营服务，因而，合作社的成员退出制度对于核心成员参与合作社管理事务的意愿影响也不显著。

4. 成员对合作社管理层的信任对其合作意愿具有显著的正向影响

成员对合作社理事会和监事会成员的信任程度越高，越愿意扩大生产规模，在投资入股、稳定惠顾方面的意愿越强，也越愿意参与合作社的管理事务。而且，保持成员对管理层的高度信任是吸引成员向合作社投资的最重要因素。可见，增强成员对合作社管理层的信任有利于提高合作社对成员的吸引力和凝聚力，如果合作社成为管理层的少数成员牟利的工具，必然会极大地挫伤成员参与合作的积极性，影响合作社的稳定经营和发展壮大。

5. 成员参与合作的时间长短和某些组织角色对其合作意愿具有显著影响

首先，合作社的主要股东更愿意扩大生产规模，说明强化成员与合作社的产权联系有助于成员扩大生产规模，实现合作社的规模经济；其次，监事会成员更愿意与合作社保持稳定的交易关系，说明成员参与合作社的民主监督能够促进其业务惠顾行为；最后，理事会的组织角色对成员参与合作社管理事务的意愿具有显著的正向影响。此外，成员参与合作社时间长短对其入股或增加股份的意愿具有显著的负向影响，成员参与合作社时间越长，越不愿意向合作社入股或增加股份。根据实地调查和成员访谈的信息，加入合作社时间较长的成员绝大多数原来是专业协会的会员，《农民专业合作社法》实施后，他们所在的农民专业协会重新登记为农民专业合作社，由于这部分成员已在较长的时间内与所在的合作组织建立了稳定的服务和惠顾关系，因而多数不愿意再向合作社入股或增加股份。

6. 成员的家庭经营因素对其合作意愿的影响较为复杂

首先，成员家庭经营产品的价格波动幅度对其稳定惠顾和投资入股的意愿影响不显著，但对于成员扩大生产规模和参与合作社管理事务的意愿具有显著的负向影响。相关调查表明，目前多数农民专业合作社不能为成员提供统一的产品购销服务（邓衡山等，2010），组织内部普遍缺少风险共担的利益联结机制，由于合作社不能有效分散成员的市场经营风险，因此，产品价格波动状况对成员业务惠顾和投资入股方面的意愿影响不显著；而在产品价格波动较大时，为了规避经营风险，成员不愿意扩大经营规模。另外，在产品价格波动幅度较大时，成员就更需要通过合作社的共同经营规避市场风险和提高经济收入，因而其参与合作的利益预期越高，在合作社带动成员增收能力和绩效普遍不高的情况下，成员参与合作社管理事务的积极性就可能越低。

其次，成员家庭经营规模对其扩大生产规模、向合社会、投资入股等各项合作意愿都没有显著影响，这与本章的假设明显不一致。笔者认为这可能与合作社内部利益机制不健全有关，由于绝大多数合作社尚未建立以按惠顾额返还盈余为主的利益分配制度，因此，成员经营规模的大小与其获得的合作收益没有明显关联，因而，经营规模大的成员同样难以从改善家庭经营效益的角度关心或参与合作社的发展。这一结果也说明，成员家庭经营因素对其合作意愿的影响并不直接，成员参与合作的意愿和行为更多地受认知因素、利益因素、制度因素和对管理层信任因素的影响。

心理学认为，人的行为是环境与个体相互作用的结果，是个体为了满足自身需要而确定目标和为实现目标而采取行动的活动过程，由于人的一切活动都是为了满足自己的利益需要，因此，个体的内在需要是推动和诱导人的行为发生的动力源泉和至关重要的力量（尚普，2004），是人们行为的出发点和根本因素。农户作为独立的市场主体，其合作行为源于外部环境的刺激和自身社会经济利益的需求，改善家庭经营的经济效益是农户合作行为的基本目标，也是农户合作意愿和行为产生的根本原因和决定因素，外部因素和农户自身的其他因素主要通过影响农户的利益需求及其实现程度而对农户的合作意愿和行为产生影响。因此，农民专业合作社成员的利益需求及其满足程度是影响和决定成员合作意愿和行为的根本因素，成员自身的其他因素和所在的合作社的组织及制度因素主要通过影响成员的利益需求及其实现程度而影响和决定成员的合作意愿和行为，由于合作社的制度安排和利益机制是保护和实现成员经济利益的基本条件和重要手段，因此，合作社的制度安排和利益机制是影响成员合作意愿和行为的关键因素。

第四节　本章总结

本章以计划行为理论为基础，从微观层面建立了农民专业合作社成员合作意愿及行为的分析框架，并利用对江苏省 30 个合作社 243 户成员的调研数据，采用有序概率单位（Probit）模型，分别对合作社成员扩大生产规模的意愿、入股或增加股份的意愿、与合作社保持稳定交易关系的意愿以及参与合作社管理事务的意愿及其影响因素进行了实证分析。研究结果表明，农民专业合作社成员在参与合作中普遍缺乏向合作社投资入股、稳定惠顾合作社、参与合作社管理事务和扩大生产规模的强烈意愿，我国农民专业合作社尚未形成稳定发展和持续成长的内在机制；成员对合作社制度的认知、对合作社服务和收益的满意状况、对管理层的信任因素、合作社盈余返还分配制度和成员股金制度是否健全以及成员在合作社中的某些角色差别是影响成员合作意愿的主要因素；此外，合作社的成员退出制度是影响成员扩大生产规模意愿的主要因素，成员家庭经营产品的价格波动幅度对其扩大生产规模和参与合作社管理事务的意愿具有显著的负向影响。

综上所述，要进一步调动成员参与合作的积极性、主动性，促进我国农民专业合作社的持续、稳定发展，必须以保护和满足成员经济利益为核心，通过加强合作社制度的宣传、教育、提高服务质量和建立健全成员之间平等合作、民主参与、利益共享的合作社制度体系和利益机制，提高成员合作认知水平，强化成员与合作社的利益联系，提高合作社经营管理的透明度，形成合作社内部团结、信任、互助的组织气氛，增强合作社对成员的吸引力和凝聚力。

第八章

农民专业合作社利益机制与成员合作行为及组织绩效关系的实证分析

制度是组织有效运行必不可少的重要条件，制度的基本功能和目的是为实现组织目标服务，因此，判断农民专业合作社制度安排和利益机制是否合理，不仅要从组织成员行为激励的角度进行研究，更要从合作社组织绩效和持续成长的角度进行研究。目前，我国相当一部分农民专业合作社的成员构成具有高度异质性，组织发展也呈现"股份化"倾向，在这种现实背景下，分析评价农民专业合作社制度安排和利益机制对其组织绩效的具体影响及其作用机制，对于我国农民专业合作社的制度创新和健康发展具有极为重要的现实意义。

本书第六章和第七章对影响农民专业合作社利益机制和成员合作行为的各项具体因素进行了实证分析，在此基础上，本章对农民专业合作社的制度安排、利益机制及其与成员合作行为和组织绩效的关系进行实证分析，以进一步揭示农民专业合作社利益机制的形成、运行及其对农民专业合作社发展的影响和作用机制。

第一节 模型设定及研究假设

一 研究模型确定

根据本书第三章和第四章的理论分析，农民专业合作社的制度安排、利益机制、成员合作行为与组织绩效之间的基本关系是：（1）产权安排和治理结构影响和决定利益机制的形成和运行。（2）农民专业合作社的制度安排和利益机制为成员参与合作提供了不同的激励和约束，从不同方面影响成员合作行为，导致成员努力方向和程度不同，从而影响合作社组织绩效。(3) 农民专业合作社的产权安排、治理结构、利益机制影响组织的资源配置,从而直接影响合作社的组织绩效。

根据前面的理论推导,本章设定拟检验的农民专业合作社组织绩效的影响因素包括合作社的产权安排和治理结构、利益机制及组织成员合作行为。由于农民专业合作社的组织绩效及以上的影响因子难以用一个变量测量,本章拟通过若干显变量的测量来刻画合作社的组织绩效及其相关影响因素等潜变量,并选择在行为科学研究中被广泛采用的结构方程模型(Structual Equation Modeling,SEM)作为模型验证的工具,以分析检验相关因子对农民专业合作社组织绩效的影响及作用程度。

结构方程模型能同时处理潜变量及其指标,没有很严格的假定限制条件,而且它允许自变量和因变量存在测量误差,这为本研究中不易直接测量的合作社组织绩效和治理结构、利益机制及组织成员合作行为等潜变量之间相互关系的检验提供了一个可供选择的研究方案。

结构方程模型是用实证资料来验证理论模型的统计方法,融合了因素分析和路径分析两种统计技术,可以通过一定的统计手段对复杂的理论模式进行处理,并根据理论模式与数据关系的一致性程度对理论模式作出适当评价,从而证实或证伪事先假设的理论模式,它能够在处理测量误差的同时分析潜变量之间的结构关系(侯杰泰等,1999),适用于分析变量间整体的相互影响关系。

结构方程模型具有以下特点:首先,它允许变量之间存在相关性,能够在分析过程中对估计误差进行计量,对多重非独立相关关系进行估计,而且可以同时处理多个因变量,估计整个模型的拟合程度;其次,它容许自变量和因变量含测量误差,可以同时估计因子结构和因子关系,而且容许更大弹性的测量模型。这些特点使得分析复杂的变量关系成为可能,因而结构方程模型具有其他多变量统计分析方法难以实现的优点。

结构方程模型由测量方程(Measurement Equation)和结构方程(Structural Equation)两部分组成。测量方程刻画潜变量与指标之间的关系,结构方程则描述潜变量之间的关系。指标含有随机误差和系统误差,潜变量则不含这些误差。随机误差和系统误差统称为测量误差,随机误差指测量上的不准确性行为,系统误差反映指标同时测量潜变量以外的特性。

对于指标与潜变量之间的关系,通常写成下列测量方程:

$$X = \Lambda_x \xi + \delta$$

$$Y = \Lambda_y \eta + \varepsilon$$

其中：X 为外生标识（Exogenous Indicators）组成的向量；Y 为内生标识（Endogenous Indicators）组成的向量；ξ 为外生潜变量；η 为内生潜变量；Λ_x 为外生标识在外生潜变量上的因子负荷矩阵；Λ_y 为内生标识在内生潜变量上的因子负荷矩阵；δ 为外生标识 x 的误差项；ε 为内生标识 y 的误差项。

对于潜变量之间的关系，一般表示成下列结构方程：

$$\eta = B\eta + \Gamma\xi + \zeta$$

其中：B 为内生潜变量之间的关系；Γ 为外生潜变量对内生潜变量的影响；ζ 为结构方程的残差项，反映了 η 在方程中未能被解释的部分。

本研究中的潜变量包括合作社治理结构、利益机制、成员合作行为和合作社绩效，其中，合作社治理结构为外生潜变量，其他三个为内生潜变量。标识潜变量的显变量共有 20 个。

二 变量说明

本章将农民专业合作社的组织绩效设定为重要的内生潜变量，影响组织绩效的其他潜变量包括合作社的产权与治理结构、利益机制及成员合作行为三个潜变量。由于绝大多数农民专业合作社缺乏规范的财务报表数据，本章通过问卷调查设计指标的方式来获得数据并测量合作社的组织绩效。在研究中主要以笔者（孙亚范，2009）曾经进行的相关调查和研究成果为基础，并参考黄胜忠等（2008）的相关研究及其调查题项设置经验，经过多次调查测试及修正，最终确定了刻画上述四个潜变量的 20 个显变量。

（一）关于农民专业合作社组织绩效的测度

由于合作社是兼具多种社会经济功能的复杂组织，国内外学者普遍认为，合作社的绩效评价应综合考虑其社会经济功能和绩效，采用多维指标进行测量（徐旭初，2009；王立平等，2008）。但是，由于我国农民专业合作社的发展尚处在初始阶段，在服务社区和生态保护方面的效益尚不明显，而且这些功能也不是现阶段合作社必须达到的目标，因此，本章在参考国内学者相关研究成果的基础上，主要从成员合作收益、合作社经济效益、组织发展方面测量合作社的组织绩效，具体测量指标如下：（1）合作社经营状况，主要反映合作社自身的经济效益和经营业绩；（2）带动成员增收状况，具体用成员和非成员农户相比的生产同类商品的纯收入水平代表；（3）大多数成员对合作社服务及收益分配的满意程度；（4）合作社市场竞争能力；（5）合作社扩大经营规模的能力；（6）合作社提高服务水平的能力。第（2）个和第（3）个题项代表了成员参与合作获得的收益及其满意程度，反映了合作社在满足成员需要方面的绩效；第（4）～（6）三个题项反映了合作社的成长性和持续发展能力，而且能够同时测量农民专业合作社在自身发展和为成员服务两方面的发展绩效。以上6个变量总体上反映了农民专业合作社在满足成员需求、自身经济效益和成长、发展方面的绩效水平，体现了合作社作为成员所有的企业应该达到的基本目标。

（二）农民专业合作社产权安排与治理结构的测度

本章将产权与治理结构确定为外生潜变量，拟通过6个可观察标识指标间接测量：（1）成员（代表）大会决策是否以一人一票为基础；（2）理事会、监事会成员产生方式；（3）盈余分配方案的决定方式；（4）理事会成员构成；（5）监事会的监督状况；（6）普通成员是否入股。上述指标的选择是基于以下考虑：首先，农民专业合作社的本质特征是所有者与惠顾者同一，因此，普通成员是否入股是反映合作社是否建立成员所有的产权制度的核心指标；其次，成员民主控制是合作社治理的基本原则和基本特点，根据本书第五章的研究，现实中相当部分的农民专业合作社在机构设置和民主管理方面流于形式，因此，从合作社理事会成员构成、监事会的监督状况以及合作社对于重大问题的决策原则和决策方式方面来测量合作社的治理结构更能够反映合作社民主治理机制的健全程度，具体用第（1）个至第（5）个指标刻画。

（三）农民专业合作社利益机制的测度

农民专业合作社利益机制潜变量主要由以下几个显变量刻画：（1）产品购销是否实行保护价或最低保证价；（2）是否提取盈余公积金；（3）是否进行了惠顾返还；（4）是否进行了股金分红。上述指标的选择是基于以下考虑：利益分配是农民专业合作社利益机制的核心和关键，利益分配项目一般包括公积金、股金分红和惠顾返还，因此，变量（1）和变量（2）、（3）反映了合作社利益分配状况；由于产品购销是目前大多数农民专业合作社的服务内容，是否实行保护价或最低保证价反映了合作社是否与成员建立了稳定的购销关系及其在降低市场风险方面给成员带来的实惠。

（四）农民专业合作社成员合作行为的测度

农民专业合作社的成员分为两类：合作社企业家和成员农户。在成员中具有领袖人物是合作社创办和成功发展的前提和必要条件（缪恩克勒，1991；苑鹏，2006），我国农民专业合作社的健康发展，既要保护农民成员的利益，提高普通农户的参与度和积极性，又要充分调动领办人的积极性和工作热情，所以，本章中成员合作行为潜变量主要由以下几个显变量刻画，这些变量都通过合作社理事长的评价获得：（1）理事长对合作社发展的贡献；（2）成员履行合同和遵守生产质量标准的状况；（3）成员向合作社投资入股的行为；（4）成员参与合作社管理事务的状况。变量（1）刻画了合作社企业家参与合作的行为，变量（2）、（3）、（4）分别刻画了其他成员对于合作社的惠顾、投资和参与管理事务的行为。

三　概念模型及研究假设

本章以农民专业合作社绩效为目标变量，以利益机制为核心，考察产权与治理结构、利益机制及成员行为对合作社组织绩效的直接影响和间接影响，提出如图 8 - 1 所示的结构路径图：

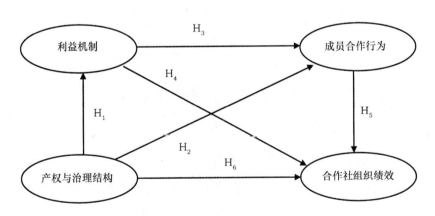

图 8 - 1　假设模型

研究假设如下：

假设 1 ~ 2（H_1 ~ H_2）：农民专业合作社的产权安排与治理结构的健全程度对其利益机制及成员的合作行为具有显著的正向影响，成员所有的产权制度和民主治理结构越规范，合作社的利益机制越健全，成员参与合作的行为越积极。

假设 3 ~ 4（H_3 ~ H_4）：农民专业合作社利益机制的健全程度对成员合作行为和组织绩效具有显著的正向影响。

假设 5（H_5）：成员合作行为对农民专业合作社的组织绩效具有显著的正向影响，成员参与合作的行为越积极，合作社的组织绩效越高。

假设 6（H_6）：农民专业合作社的产权安排与治理结构的健全程度对组织绩效具有显著的正向影响，成员所有的产权制度和民主治理结构越规范，合作社组织绩效越高。

第二节　变量定义及结构方程模型路径图

一　变量定义

根据前述理论分析和逻辑关系定义有关潜变量以及与潜变量对应的显变量。

潜变量定义：ξ_1——产权与治理结构；η_1——利益机制；η_2——成员合作行为；η_3——合作社组织绩效。与这四个潜变量对应的显变量见表 8 - 1。显变量具体数据来自本书对于江苏省 205 个农民专业合作社及其负责人的问卷调查资料，表 8 - 1 给出了显变量定义及其基本数字特征。

表 8 - 1　　　　　　　标识变量定义及基本数字特征

类别	变量	变量说明	变量取值	均值	方差
产权与治理结构	x_1	成员（代表）大会决策是否以一人一票为基础	1 = 是；2 = 否	1.278	0.449
	x_2	理事会、监事会成员的产生方式	1 = 主要由成员选举；2 = 主要由股东决定；3 = 主要由理事长决定	1.312	0.551
	x_3	盈余分配方案的决定方式	1 = 主要由成员（代表）大会决定；2 = 主要由理事会决定；3 = 主要由理事长决定	1.605	0.598
	x_4	理事会成员构成	1 = 全部是农民成员；2 = 农民成员占多数；3 = 非农民成员占多数	1.629	0.610
	x_5	监事会的监督状况	1 = 经常；2 = 一般；3 = 较少；4 = 很少；5 = 未设监事会	2.454	1.440
	x_6	普通成员是否入股	1 = 是；2 = 否	1.488	0.501

续表

类别	变量	变量说明	变量取值	均值	方差
利益机制	y_1	是否提取盈余公积金	1＝是；2＝否	1.224	0.418
	y_2	产品购销是否实行保护价或最低保证价	1＝是；2＝否	1.415	0.494
	y_3	是否进行惠顾返还	1＝是；2＝否	1.283	0.452
	y_4	是否进行股金分红	1＝是；2＝否	1.239	0.428
成员合作行为	y_5	理事长对合作社发展的贡献	1＝贡献很大；2＝贡献较大；3＝有一定贡献；4＝贡献较小；5＝贡献很小	2.483	0.745
	y_6	成员履行合同和遵守生产质量标准的状况	1＝很好；2＝较好；3＝一般；4＝较差；5＝很差	2.224	0.845
	y_7	成员向合作社投资入股的行为	1＝很好；2＝较好；3＝一般；4＝较差；5＝很差	2.688	0.869
	y_8	成员参与管理事务的状况	1＝很好；2＝较好；3＝一般；4＝较差；5＝很差	2.483	0.889
合作社组织绩效	y_9	近两年合作社经营状况	1＝经营较好，效益明显；2＝经营一般，略有盈余；3＝经营困难，基本没盈余	1.551	0.605
	y_{10}	成员相对非成员生产同类商品的收入水平	1＝高得多；2＝高一些；3＝差不多；4＝较低	1.644	0.582
	y_{11}	大多数成员对合作社服务及收益分配的满意程度	1＝很满意；2＝较满意；3＝一般；4＝不满意；5＝很不满意	2.268	0.715
	y_{12}	合作社市场竞争能力	1＝很强；2＝较强；3＝一般；4＝较弱；5＝很弱	2.507	0.878
	y_{13}	合作社扩大经营规模的能力	1＝很强；2＝较强；3＝一般；4＝较弱；5＝很弱	2.566	0.847
	y_{14}	合作社提高服务水平的能力	1＝很强；2＝较强；3＝一般；4＝较弱；5＝很弱	2.415	0.822

二　结构方程模型及路径图

在前述概念模型及变量定义的基础上，我们设定下列结构方程模型的模型结构，并通过路径图的形式描述模型中潜变量与显变量以及潜变量之间的相互关系。

由农民专业合作社绩效分析概念假设模型及表 8－1 的变量定义，设定如下结构方程模型：

测量模型：$x_i = \lambda x_{i1}\xi_1 + delta_i, i = 1,2,3,4,5,6$

$$y_j = \lambda y_{j1}\eta_1 + eps_j, j = 1,2,3,4$$

$$y_j = \lambda y_{j2}\eta_2 + eps_j, j = 5,6,7,8$$

$$y_j = \lambda y_{j3} \eta_3 + eps_j, j = 9,10,11,12,13,14$$

其中，$\lambda x_{i1}(i = 1,2,\cdots,6)$、$\lambda y_{j1}(j = 1,\cdots,4)$、$\lambda y_{j2}(j = 5,\cdots,8)$ 及 $\lambda y_{j3}(j = 9,\cdots,14)$ 为指标在对应潜变量上的因子负载，$delta_i(i = 1,2,\cdots,6)$ 及 $eps_j(j = 1,2,\cdots,14)$ 为对应指标的测量误差。

结构模型：$\eta_1 = \gamma_{11}\xi_1 + zeta_1$

$\eta_2 = \gamma_{21}\xi_1 + \beta_{21}\eta_1 + zeta_2$

$\eta_3 = \gamma_{31}\xi_1 + \beta_{31}\eta_1 + \beta_{32}\eta_2 + zeta_3$

其中，$\gamma_{11}, \gamma_{21}, \gamma_{31}$ 表示外生潜变量 ξ_1 对内生潜变量 η_1, η_2, η_3 的影响；β_{21} 表示内生变量 η_1 对内生变量 η_2 的影响；β_{31}, β_{32} 分别表示内生变量 η_1，η_2 对内生变量 η_3 的影响；$zeta_1, zeta_2, zeta_3$ 分别表示内生变量 η_1, η_2, η_3 的残差。

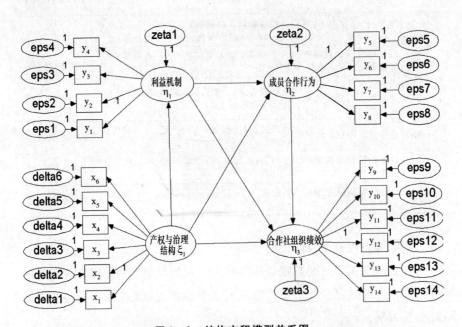

图 8 - 2   结构方程模型关系图

第三节　模型的信度、效度及拟合优度检验

本章的参数估计及检验采用 SPSS 15.0 和 AMOS 7.0 软件进行。首先，对所设定的检验模型及调查数据进行效度和信度分析，然后应用 AMOS

7.0进行结构方程参数估计并进行检验。统计分析中采用极大似然法（Maximum likelihood）估计模型参数。

一 效度和信度分析

信度指测验结果的一致性、稳定性，信度系数越高即表示该测验结果越一致、越稳定与可靠。效度即有效性，它是指测量工具或手段能够准确测出所需测量的事物的程度，测量结果与要考查的内容越吻合，则效度越高；反之，则效度越低。符合信度和效度检验要求的实证研究结果才具有说服力。由于本研究没有进行多次重复测量，因而主要采用反映内部一致性的指标克隆巴赫系数（Cronbach'a）值进行信度分析，具体的计算结果见表8-2。产权与治理结构、利益机制、成员合作行为和合作社组织绩效四个潜变量的克隆巴赫系数值分别为0.708、0.826、0.730和0.827，它们都大于0.7，且通过探索性因子分析发现，产权与治理结构、利益机制、成员合作行为和合作社组织绩效四个因子的因素分析累计解释量分别为57.91%、71.26%、58.14%和53.67%，这一结果表明大多数问题项具有可接受的信度值。

表8-2 信度分析的检验结果

变量	组合信度 Cronbach'a	因素分析累计解释量（%）
产权与治理结构	0.708	57.91
利益机制	0.826	71.26
成员合作行为	0.730	58.14
合作社组织绩效	0.827	53.67

效度指一个测量能够测到该测量所要测量内容的程度，本章主要测量各因素的内容效度和建构效度。各指标调查表中的题项借鉴了相关的研究成果，并根据合作社利益机制研究的具体情况对调查量表进行了多次测试修正，因此各指标调查表具有较好的内容效度。拟采用验证性因子分析（CFA）检验各量表的建构效度，具体结果见表8-3。产权与治理结构量表共6个题项，利益机制量表共4个题项，成员合作行为量表共4个题项，合作社组织绩效量表共6个题项，这些题项的估计参数因素负荷量绝

大多数都在 0.001 的显著性水平上显著，从验证性因子分析检验拟合指标可知，残差均方和平方根（RMR）都小于 0.05，而拟合优度指数（GFI）、调整的拟合优度指数（AGFI）、标准拟合指数（NFI）、增值拟合指数（IFI）、非规范拟合指数（TLI）、比较拟合指数（CFI）等指标基本都在 0.9 以上，这表明符合判别效度要求。

表 8 - 3 验证性因素分析检验结果

隐变量	题项	MLE 的估计参数 因素负荷量	CFA 检验拟合指标结果
产权与 治理结构	x_1	0.496 ***	Chi-square = 21.325；DF = 12；Chi-square/DF = 2.369 RMR = 0.016；GFI = 0.966；AGFI = 0.920 NFI = 0.944；RFI = 0.906；IFI = 0.967 TLI（NNFI）= 0.944；CFI = 0.966；RMSEA = 0.082
	x_2	0.514 ***	
	x_3	0.884 ***	
	x_4	0.156 * *	
	x_5	0.803 ***	
	x_6	0.700 ***	
利益机制	y_1	0.961 ***	Chi-square = 2.994；DF = 2；Chi-square/DF = 1.497 RMR = 0.002；GFI = 0.993；AGFI = 0.964 NFI = 0.996；RFI = 0.987；IFI = 0.999 TLI（NNFI）= 0.996；CFI = 0.999；RMSEA = 0.049
	y_2	0.276 ***	
	y_3	0.866 ***	
	y_4	0.970 ***	
成员 合作行为	y_5	0.931 **	Chi-square = 0.916；DF = 2；Chi-square/DF = 0.458 RMR = 0.009；GFI = 0.998；AGFI = 0.989 NFI = 0.997；RFI = 0.990；IFI = 1.004 TLI（NNFI）= 1.012；CFI = 1.000；RMSEA = 0.000
	y_6	0.762 ***	
	y_7	0.722 ***	
	y_8	0.153 ***	
合作社 组织绩效	y_9	0.446 ***	Chi-square = 35.076；DF = 9；Chi-square/DF = 2.897 RMR = 0.026；GFI = 0.946；AGFI = 0.874 NFI = 0.926；RFI = 0.877；IFI = 0.944 TLI（NNFI）= 0.906；CFI = 0.944；RMSEA = 0.082
	y_{10}	0.404 ***	
	y_{11}	0.535 ***	
	y_{12}	0.84 ***	
	y_{13}	0.835 ***	
	y_{14}	0.834 ***	

二 结构方程模型拟合优度评价

首先对结构方程的拟合优度进行检验。对于假设模型拟合优度的评价，目前使用较多的指标有卡方自由度比 χ^2/df、残差均方和平方根（RMR）、拟合优度指数（GFI）、调整的拟合优度指数（AGFI）、省俭拟合优度指数（PGFI）、标准拟合指数（NFI）、增值拟合指数（IFI）、非规范拟合指数（TLI）、比较拟合指数（CFI）、规范拟合指数（NFI）与近似误差的均方根（RMSEA）。（1）卡方自由度比 χ^2/df 越小，表示假设模型的协方差矩阵与观察数据越适配，相反，卡方自由度比值越大，表示模型的适配度越差。一般而言，卡方自由度比值小于 2 时，表示假设模型的拟合度较佳，卡方自由度比值大于 2 小于 3 时可以接受，大于 3 则表明模型适配度不佳，模型需要改进。（2）RMR 残差均方根指数（Root Mean square Residual）反映了理论假设模型的整体残差，RMR 值越小，表示模型的适配度越好，一般来说，其值小于 0.05 是可接受的适配模型。（3）GFI 拟合优度指数（Goodness of Fit Index）表示假设模型协方差可以解释观察数据协方差的程度，将自由度引入 GFI 计算则称为 AGFI（Adjusted GFI 调整后拟合优度指数），GFI 和 AGFI 介于 0 与 1 之间，其数值越接近 1，表示模型的拟合度越佳。（4）省俭拟合优度指数 PGFI 大于 0.5 则拟合较好。（5）标准拟合指数 NFI、增值拟合指数 IFI、非规范拟合指数 TLI（NNFI）和比较拟合指数 CFI 等四个指标值的范围在 0.8 ~ 0.89 之间，被认为其模型的拟合优度是可以接受的，如果指标值在 0.9 以上，被认为模型的拟合优度较高。（6）近似误差的均方根（RMSEA）用于度量观察和估计的每个自由度协方差的一致性，指标值的范围是 0 到 1 之间，越接近 0，模型的拟合度越好，如果指标值低于 0.05 表明拟合度良好，0.05 到 0.08 间表明拟合较合理，可以接受。

　　本章使用 AMOS 7.0 软件对结构方程模型进行检验，检验结果见表 8 - 4。由表 8 - 4 可知，所有指标都在可接受范围之内，其中有几个拟合优度指标达到理想状态，说明所设定的结构方程模型具有较好的拟合优度，可以用于进一步的研究。

表 8 - 4　　　　　　　　　　结构方程模型拟合指标

拟合优度指标	指标结果	说明
拟合优度卡方检验 χ^2	335.575	
自由度 df	154	

续表

拟合优度指标	指标结果	说明
卡方自由度比 χ^2 / df	2.179	$1 < 2.179 < 3$，可接受
残差均方和平方根 RMR	0.049	< 0.05，较好
拟合优度指数 GFI	0.863	接近 0.9，可接受
调整的拟合优度指数 AGFI	0.814	> 0.8，可接受
省俭拟合优度指数 PGFI	0.633	> 0.5，理想
标准拟合指数 NFI	0.866	接近 0.9，可接受
增值拟合指数 IFI	0.923	> 0.9，理想
非规范拟合指数 TLI（NNFI)	0.903	> 0.9，理想
比较拟合指数 CFI	0.922	> 0.9，理想
近似误差均方根 RMSEA	0.076	< 0.08，较好

第四节　实证结果与分析

一　模型参数估计结果

应用 AMOS 7.0 软件进行实证分析的结果见表 8 - 5 和表 8 - 6。表 8 - 5为模型中测量方程的拟合结果，由表 8 - 5 可知，所有测量方程的因子负荷参数估计值都在 0.05 水平上双尾检验显著，拟合度较好。表 8 - 6 给出的是结构方程的拟合结果，所有因子负荷的参数估计值都具有统计显著性。

表 8 - 5　　　　　　　　测量方程的拟合结果

路径	Estimate	S. E.	C. R.	Standardized Estimate
$x_1 \leftarrow \xi_1$	1			0.509
$x_2 \leftarrow \xi_1$	0.882	0.178	4.949 ***	0.389
$x_3 \leftarrow \xi_1$	2.276	0.301	7.565 ***	0.896
$x_4 \leftarrow \xi_1$	0.403	0.195	2.072 **	0.156
$x_5 \leftarrow \xi_1$	4.986	0.68	7.331 ***	0.816
$x_6 \leftarrow \xi_1$	1.537	0.226	6.814 ***	0.708
$y_1 \leftarrow \eta_1$	1			0.96

路径	Estimate	S. E.	C. R.	Standardized Estimate
$y_2 \leftarrow \eta_1$	0. 338	0. 084	4. 005 ***	0. 275
$y_3 \leftarrow \eta_1$	1. 03	0. 043	24. 075 ***	0. 88
$y_4 \leftarrow \eta_1$	1. 032	0. 031	33. 769 ***	0. 969
$y_5 \leftarrow \eta_2$	1			0. 208
$y_6 \leftarrow \eta_2$	3. 678	1. 319	2. 787 **	0. 708
$y_7 \leftarrow \eta_2$	4. 084	1. 461	2. 796 **	0. 745
$y_8 \leftarrow \eta_2$	5. 135	1. 82	2. 822 **	0. 895
$y_9 \leftarrow \eta_3$	0. 404	0. 061	6. 662 ***	0. 498
$y_{10} \leftarrow \eta_3$	0. 307	0. 056	5. 478 ***	0. 392
$y_{11} \leftarrow \eta_3$	0. 533	0. 063	8. 415 ***	0. 559
$y_{12} \leftarrow \eta_3$	1			0. 844
$y_{13} \leftarrow \eta_3$	0. 934	0. 07	13. 375 ***	0. 821
$y_{14} \leftarrow \eta_3$	0. 91	0. 068	13. 45 ***	0. 824

注：** 、*** 分别表示在 0. 05 和 0. 01 水平上双尾检验显著。

从表 8 - 6 和图 8 - 3 可知，γ_{11} = 0. 884，γ_{21} = 0. 221，γ_{31} = 0. 539，β_{21} = 0. 135，β_{31} = 0. 299，β_{32} = 2. 141，且这六个参数估计值都在 0. 05 水平上拒绝了等于 0 的虚假设。γ_{11} = 0. 884 说明普通成员入股的产权制度和成员民主参与的治理结构对农民专业合作社的利益机制具有显著的正向影响；γ_{21} = 0. 221 和 γ_{31} = 0. 539 说明成员所有的产权制度和民主参与的治理结构对成员合作行为和合作社组织绩效具有显著的正向影响；β_{21} = 0. 135、β_{31} = 0. 299 说明合作社利益机制的健全程度对成员合作行为和合作社组织绩效具有显著的正向影响；β_{32} = 2. 141 则说明合作社领导人（理事长）及成员的合作行为对合作社组织绩效具有显著的正向影响。

表 8 - 6　　　　　　　　　结构方程的拟合结果

路径	Estimate	S. E.	C. R.	Standardized Estimate
$\eta_1 \leftarrow \xi_1$	0. 884	0. 203	4. 349 ***	0. 518
$\eta_2 \leftarrow \xi_1$	0. 221	0. 097	2. 270 **	0. 336

续表

路径	Estimate	S. E.	C. R.	Standardized Estimate
$\eta_2 \leftarrow \eta_1$	0.135	0.056	2.421**	0.351
$\eta_3 \leftarrow \eta_1$	0.299	0.145	2.055**	0.161
$\eta_3 \leftarrow \xi_1$	0.539	0.266	2.023**	0.17
$\eta_3 \leftarrow \eta_2$	2.141	0.855	2.504**	0.446

注:**、*** 分别表示在 0.05 和 0.01 水平上双尾检验显著。

根据表 8-6 可以得出结构方程的下列数学表达式和路径分析图:

$$\eta_1 = 0.884\xi_1 + zeta_1$$

$$\eta_2 = 0.221\xi_1 + 0.135\eta_1 + zeta_2$$

$$\eta_3 = 0.539\xi_1 + 0.299\eta_1 + 2.141\eta_2 + zeta_3$$

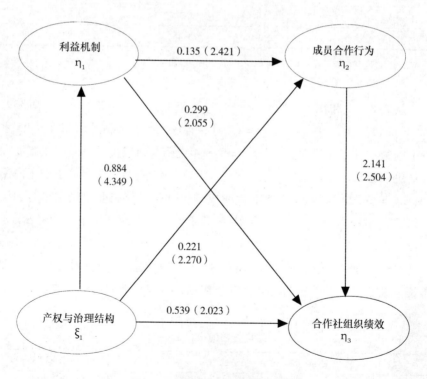

图 8-3 结构方程模型路径系数

上述结果验证了本章提出的六项假设，具体结果见表 8 - 7。

表 8 - 7　　　　　　　　　　**结构方程路径分析及假设检验结果**

假　　设	变量间关系	路径系数	S. E.	C. R.	结果
H_1：产权安排与治理结构的健全程度对利益机制有显著的正向影响	$\xi_1 \rightarrow \eta_1$	0.884	0.203	4.349 ***	成立
H_2：产权安排与治理结构的健全程度对成员合作行为有显著的正向影响	$\xi_1 \rightarrow \eta_2$	0.221	0.097	2.27 **	成立
H_3：利益机制的健全程度对成员合作行为有显著的正向影响	$\eta_1 \rightarrow \eta_2$	0.135	0.056	2.421 **	成立
H_4：利益机制的健全程度对合作社组织绩效有显著的正向影响	$\eta_1 \rightarrow \eta_3$	0.299	0.145	2.055 **	成立
H_5：成员合作行为对合作社组织绩效有显著的正向影响	$\eta_2 \rightarrow \eta_3$	2.141	0.855	2.504 **	成立
H_6：产权安排与治理结构的健全程度对合作社组织绩效有显著的正向影响	$\xi_1 \rightarrow \eta_3$	0.539	0.266	2.023 **	成立

注：** 、*** 分别表示在 0.05 和 0.01 水平上双尾检验显著。

二　模型解释

（一）潜变量之间的相互关系

为深入分析潜变量之间的相互关系，本章通过效应分解来比较潜变量之间的作用效果。通过计算获得的模型中各变量产生影响的直接效应、间接效应和总效应如表 8 - 8 及表 8 - 9 所示。直接效应指由外生变量到内生变量的直接影响，间接效应是外生变量经由中介变量到内生变量的间接效应，总效应则为直接效应和间接效应之和。为了进行比较分析，这里的影响效应都是标准化的估计系数。

表 8 - 8　　　　　　**产权与治理结构对利益机制以及二者**

　　　　　　　　　　对成员合作行为的影响效应

路径	总影响	直接影响	间接影响
$\xi_1 \rightarrow \eta_1$	0.518	0.518	—
$\xi_1 \rightarrow \eta_2$	0.518	0.336	0.182
$\eta_1 \rightarrow \eta_2$	0.351	0.351	—

由表 8 - 8 可知，产权与治理结构对利益机制影响系数为 0.518，作用程度较大；成员合作行为分别受利益机制的直接影响和产权与治理结构的直接及间接影响，产权与治理结构的总影响大于利益机制的总影响。这说明，利益机制是主要的直接影响成员合作行为的因素，但由于产权与治理结构对利益机制具有重要影响，因此，产权与治理结构对于成员合作行为的总体影响要大于利益机制的影响。

产权与治理结构、利益机制、合作行为对农民专业合作社组织绩效的影响如表 8 - 9 所示。

表 8 - 9 　　　　　产权与治理结构、利益机制和成员合作行为
对合作社组织绩效的影响效应

路径	总影响	直接影响	间接影响
$\xi_1 \rightarrow \eta_3$	0.485	0.170	0.314
$\eta_1 \rightarrow \eta_3$	0.317	0.161	0.156
$\eta_2 \rightarrow \eta_3$	0.446	0.446	—

由表 8 - 9 可知，产权与治理结构、利益分配、合作行为都对农民专业合作社的组织绩效具有显著影响，但影响方式和程度不同，各因素对组织绩效总体影响的排序是：产权与治理结构 > 成员合作行为 > 利益分配；对合作社组织绩效直接影响的排序是：成员合作行为 > 产权与治理结构 > 利益分配；对合作社组织绩效间接影响的排序是：产权与治理结构 > 利益分配。可见，农民专业合作社的产权与治理结构、利益分配对成员合作行为都具有重要影响，并且在很大程度上通过影响成员合作行为而对合作社组织绩效产生影响。

（二）潜变量与可测量变量之间的关系

从表 8 - 5 可以看出，4 个潜变量与其观测变量都有很强的因子关系，在潜变量"产权与治理结构"的 6 个观测变量中，"监事会的监督状况"对其影响最大，其次是"盈余分配方案的决定方式"和"普通成员是否入股"；在潜变量"利益机制"的 4 个观测变量中，合作社"是否进行惠顾返还"、"是否进行股金分红"和"是否提取盈余公积金"的影响都较大，而且它们的作用基本相当，而是否实行保护价收购的影响相对较小；

在潜变量"成员合作行为"的 4 个观测变量中，"成员参与管理事务的状况"影响最大，其次是"成员投资入股的行为"及在履行合同和遵守生产标准方面的行为影响较大，而"理事长对合作社发展的贡献"作用较小，这说明大多数成员的参与行为比合作社领导人个人行为与"成员合作行为"的关系更紧密；在潜变量"合作社组织绩效"中，合作社"市场竞争能力"、"扩大经营规模的能力"和"提高服务水平能力"的影响都较大，而其他 3 个变量的影响相对较小。

三　对实证结果的总结和分析

上述实证结果说明：

第一，成员合作行为直接影响合作社组织绩效，成员参与合作的行为越积极，合作社组织绩效就越高。这说明，作为由多种不同主体为了共同利益而结成的"联盟"组织，合作社要获得满意的组织绩效，不仅需要合作社领导人的带动作用，而且更需要全体成员积极承担责任和提供各种要素贡献。

第二，成员所有的产权制度和民主治理结构对成员的合作行为以及合作社的组织绩效都具有显著的正向影响，这说明，坚持成员经济参与和民主控制的合作社原则能够实现激励相容，提高合作社的组织绩效。成员向合作社缴纳一定额度的股金，不仅能够提高合作社的经济实力和在更大范围内开拓市场，而且能够强化成员与合作社之间的利益联系，促使成员基于自身利益而更加关心和支持合作社的发展，从而增强合作社的自我发展能力和改善组织绩效；提高农民成员在理事会中的比例和建立、健全合作社的民主决策与监督制度，一方面有利于减少外部力量对于合作社活动的干预，加强对于合作社经营管理者的行为约束，促使他们努力改善经营管理，维护和改进成员利益，另一方面能够增强成员的主人翁意识和对管理层的信任，从而激励成员参与合作和提高组织绩效。

第三，农民专业合作社的利益机制直接影响成员合作行为，并且对合作社的组织绩效具有重要影响，提取公共积累、实行股份分红和惠顾返还以及建立保护价收购制度的合作社，成员参与合作的行为越积极，合作社的组织绩效也越高。合作社提取部分盈余用于公共积累，有利于增强自身的经济实力，提高抵御风险的能力和为成员服务的能力，有利于实现成员的长远利益；可分配盈余实行股份分红和惠顾返还相结合，有利于平衡出资较多的核心成员和普通生产者成员的经济利益，使成员的投资和惠顾行为获得必要的经济回报，调动成员投资和惠顾的积极性，形成合作社自我发展的良性机制和提高合作社对于成员的吸引力、凝聚力；实行保护价或最低保证价收购成员产品，能够降低成员生产经营的市场风险，促进成员稳定惠顾合作社。

第四，成员所有的产权制度和民主控制的治理结构是影响成员合作行为与合作社组织绩效的最重要因素，也是推动合作社发展和有效运行的根本因素，它不仅直接影响成员合作行为和组织绩效，而且通过影响利益分配而间接影响成员合作行为和组织绩效。并且，农民专业合作社的利益分配制度是其产权与治理结构发挥作用的重要机制，在一定程度上影响和制约产权与治理结构对成员合作行为和合作社组织绩效的激励效应。

第五节　本章总结

本章利用江苏省农民专业合作社的问卷调查数据，对我国农民专业合作社的制度安排、成员合作行为之间的关系及其对合作社组织绩效的影响进行了实证分析。研究表明，成员在惠顾、投资和参与管理事务方面的行为以及合作社理事长的"企业家"行为是影响我国农民专业合作社组织绩效的直接因素和重要因素；建立、健全成员广泛持股的产权制度、民主控制的治理结构和兼顾惠顾与投资回报的利益分配制度是激励成员参与合作和提高合作社组织绩效的必要条件和根本措施。

第九章

结论与政策建议

第一节　主要研究结论

本书以江苏省为例证对象，对立法后我国农民专业合作社利益机制的现状、影响因素及其对组织成员合作行为和组织绩效的影响进行了理论分析和实证研究，得出以下主要结论。

一　立法后我国农民专业合作社的发展仍然很不规范，多数合作社缺乏以惠顾返还为主的利益机制

通过文献梳理和对江苏省农民专业合作社问卷调查资料的统计分析发现，立法后我国农民专业合作社数量获得了快速增长，业务领域和服务功能进一步拓宽，在农业产业化经营和农民增收方面的作用开始显现，但农民专业合作社总体上还处于成长的初期阶段，普遍存在着成员规模较小、服务功能不完善和股权过于集中、民主管理机制薄弱、按惠顾额返还成员盈余分配制度不健全的突出问题，相当一部分的合作社自我发展能力和带动农户增收能力还较弱。

二　合作社利益机制的形成主要受组织内部成员构成、产权结构和治理机制等因素的影响

利用对江苏省 205 个农民专业合作社的问卷调查资料，采用罗吉斯蒂模型和多元线性回归模型对农民专业合作社利益机制的相关影响因素进行了实证研究。研究结果表明，按惠顾额返还盈余利益分配机制的形成主要受合作社成员构成的同质性、成员广泛持股的产权结构和民主治理机制的影响，合作社团体成员数越少，普通成员持有合作社股份和合作社民主选举、民主决策、民主监督机制越健全，合作社按惠顾额返还盈余的比例就越高；政府的财政扶持政策和财务监督对合作社建立价格保护与优惠机制发挥了积极的引导作用，但对按惠顾额返还盈余分配机制的形成没有显著影响；合作社所处区域的经济发展水平以及市场竞争环境、政府对于合作社领办人的奖励对利益机制的形成没有明显影响；团体成员数对合作社建立价格保护和价格优惠机制具有显著的正向影响，合作社服务功能进一步向产前、产后领域拓展，对于合作社利益联结机制的完善具有积极作用。

三 受自身认知和合作社制度安排及利益机制等因素的影响，大多数成员参与合作的意愿不够强

基于计划行为理论建立的农民专业合作社成员合作意愿与行为及其影响因素的分析框架，利用对江苏省 30 个合作社 243 户成员的调研数据，采用有序概率单位（Probit）模型，分别对合作社成员扩大生产规模的意愿、入股或增加股份的意愿、与合作社保持稳定交易关系的意愿以及参与合作社管理事务的意愿及其影响因素进行了研究。研究结果表明：我国农民专业合作社成员合作意愿不够强烈，大多数成员缺乏向合作社投资和参与合作社管理事务的积极性，近 1/4 的成员与合作社的交易关系不够稳定；成员的合作认知、获得的合作收益、对管理层的信任、合作社制度安排和利益机制以及成员的某些个人因素、在合作社中的角色和家庭经营因素都对成员的合作意愿有显著影响，但不同因素对成员不同方面的合作意愿影响不同；获得的各项利益和实惠是影响成员合作意愿和行为最直接的因素和根本因素；合作社制度安排和利益机制是影响成员合作意愿和行为的关键因素，其中，按惠顾额返还盈余的利益分配机制对成员扩大生产规模的意愿、入股或增加股份的意愿、参与合作社管理事务的意愿具有显著的正向影响，合作社的民主决策和管理制度对成员参与管理意愿具有显著的正向影响，合作社的成员股金制度对成员扩大生产规模的意愿和与合作社保持稳定交易关系的意愿具有显著的正向影响，合作社设立成员个人账户对成员参与合作社管理事务版意愿具有显著的正向影响，合作社成员退出制度对成员扩大生产规模的意愿具有显著影响。此外，成员对合作社制度的认知程度以及对合作社管理层的信任对其在各方面参与合作的意愿都

具有显著的正向影响。

四　农民专业合作社制度安排与利益机制相互影响和制约，共同决定成员合作行为与合作社组织绩效

利用对江苏省 205 个农民专业合作社的问卷调查资料，采用结构方程分析模型，对农民专业合作社的制度安排、利益机制、成员合作行为之间的关系以及各因素对合作社组织绩效的影响进行了实证分析。研究结果表明：农民专业合作社的产权与治理结构是影响利益机制形成和运行的主要因素和根本因素，也是影响成员合作行为和合作社组织绩效的根本因素；利益机制是决定和影响成员合作行为的主要因素和直接因素，不仅在较大程度上影响和制约产权与治理结构对成员合作行为的激励效应，而且对合作社组织绩效具有重要影响；成员合作行为是影响合作社组织绩效的直接因素和主要因素，合作社的制度安排和利益机制在很大程度上通过影响成员合作行为而影响合作社组织绩效。

总之，成员广泛持股的产权安排和民主参与的治理机制是形成以按惠顾额返还盈余为主的利益机制的重要条件和基础，农民专业合作社的产权安排、治理结构和利益机制相互联系、相互制约，共同决定了成员合作行为和农民专业合作社的组织绩效。可见，建立健全以按惠顾额返还盈余为主的利益机制和成员经济参与、民主管理的产权与治理结构，是激励成员参与合作和提高农民专业合作社组织绩效的根本途径和重要措施。

第二节　政策建议

本书的研究结论对于我国农民专业合作社自身发展和政府主管部门的政策扶持和监督管理都具有重要启示。

一　对于农民专业合作社自身发展的建议

本书的研究表明，虽然我国农民专业合作社的成员存在多种主体，他们在社会身份、家庭经营规模和收入方面存在明显差距，但专业大户、普通农户等生产者成员是合作社的主体，他们参与合作的基本需求和动力是获得产销服务，并通过业务惠顾分享加工、流通环节的部分利润，因此，

农民专业合作社要建立稳定的成员基础和提高自我发展的能力，必须围绕生产者成员的需要强化服务功能，建立健全成员"利益共享、风险共担"的制度体系和运行机制，有效保护和增加成员的经济利益。基于此，本书对于农民专业合作社的健康发展提出以下具体对策。

（一）搞好服务和经营，提高服务质量和市场竞争力

农民专业合作社要满足成员需要，激发成员参与合作的积极性和提高组织绩效，必须不断完善服务功能，提高经营水平和盈利能力。首先，应不断拓宽服务领域，提高服务水平，逐步由技术交流、生产、销售等某些环节的服务向产前、产中和产后系列化综合服务拓展；其次，应积极开展经营活动，参与市场竞争，追求盈利和经济效益，在发展中注重产品的适销对路、成本核算、产品质量、市场营销和品牌建设等问题，并根据自身经济实力和市场需要，积极兴办经济实体，进行产、加、销一体化经营。

（二）建立以生产者成员为主体的产权制度

实证研究结果表明，农民专业合作社股权高度集中于少数成员，既不利于调动成员参与合作的积极性，也不利于农民专业合作社自身发展和组织绩效的提高，建立成员经济参与的产权制度是保护农民利益和形成合作社自我发展机制的客观要求。合作社产权制度的完善，既要有利于吸引资金、技术和人才等各类资源，又要符合自身发展实际，有利于平衡和协调各类参与主体的经济利益。目前，应主要做好以下工作：

1. 建立健全成员股金制度

首先，应强调成员入股，持有股权；其次，应科学设置股金结构，股金设置既要体现广泛性以及生产者的主体性，又要充分考虑股权对合作社关键成员的激励作用。现阶段，股权设置应该承认成员之间的差别，建议按照权利与义务对等的原则设置股金，即依据成员的生产规模或交货能力配置股金，使成员的付出与回报成比例，以平衡成员之间的权利义务关系。

2. 明晰产权边界

由于发展模式和组织类型的多样化，我国相当一部分的农民专业合作社具有多元产权主体和投资主体，合作社应对各部分资产权利进行合理界定，明晰产权归属，对于合作社的公共产权，应按照我国《农民专业合作社法》的要求，将公共积累和国家财政扶持资金按一定的标准记入个

人账户。

（三）建立健全成员民主控制的治理结构

建立健全合作社的治理结构，关键是合理划分成员（代表）大会、理事会和经营者的任务、权利，既要保证成员的民主参与和管理，又要有利于提高集体决策的质量，促进合作社的业务经营。首先，应建立健全成员民主选举和民主决策制度，按照民主程序选举产生理事会和监事会成员，由成员大会或成员代表大会决定合作社经营方针和各项重大事项。成员大会的选举和表决应实行一人一票制，在此基础上，可以根据组织成员的贡献大小进行适度的加权。其次，应赋予理事会更多的决策权。为了提高合作社的经营效率，充分发挥各类农村"能人"的带动作用，合作社治理应充分发挥理事会的决策作用，全体成员大会只保留对合作社基本问题的决策权（如修改制定内部法规、选举和罢免经营管理人员、分配合作社的经济成果），而制定政策和合作社的日常管理则由理事会负责。鉴于理事会的重要作用，合作社可以对理事会的成员构成和产生方式作出特殊规定，如理事会成员应主要由生产者成员组成，中小农户应该有相应的代表，政府部门的人员应该退出理事会等。再次，应完善合作社的监督机制，如根据组织规模设立监事会或选举监事会成员，通过制定合作社内部管理制度，实行社务公开、财务公开等。最后，合作社应结合自身特点，制定、完善组织章程。组织章程是合作社自治特征的重要体现，合作社的重要事项应当由成员协商后规定在章程之中，如业务活动范围、股权设置、成员及其权利义务、合作社的领导和管理机构、生产经营项目的管理与实施、收益分配与风险承担原则以及破产清算程序等。

（四）建立完善以惠顾返还为主的利益机制

农民专业合作社应强化与成员的利益联系，使成员获得多种合作收益和分享合作剩余。首先，以各种优惠条件为成员提供生产经营服务，如无偿提供信息、技术服务，产品购销给予价格优惠，按保护价收购产品或提供价格保证等。其次，应建立健全以按惠顾额返还为主的盈余分配制度。目前我国各种类型的农民专业合作社的经营仍然以向成员农户提供服务为主，生产资料的购销、农产品的运输、销售等经营活动是合作社利润的主要来源，按惠顾额分红，能够激励广大农户对于合作社的惠顾和贡献，形成合作社发展的利益驱动机制和良性发展机制，因此，按惠顾额分红应该成为现阶段农民合作社盈余分配的基本原则和主要分配方式。同时，为了体现资本的稀缺程度及其贡献，调动成员投资的积极性，合作社可以实行有限制的股份分红，也可参照国外一些合作社的做法，按照银行的利率或适当高于银行的利率，作为出资人股份的固定报酬。此外，农民专业合作社还应建立健全积累机制，从税后利润中提取一定的积累用于扩大再生产，增强合作社抵御市场风险的能力和自我发展的能力。

（五）建立合作社内部教育、学习和交流、沟通机制

教育、培训和信息原则是国际合作社的基本原则。目前，我国农民专业合作社成员普遍缺乏合作社制度的相关知识，不能正确认识和理解合作社的组织原则、运行机制及其与合作社发展和自身利益的关系，从而难以建立清晰、合理的参与合作的利益预期，既影响成员参与合作的意愿和能力，也使反映合作社本质特征的各项制度安排难以建立和有效运行。因此，合作社应建立教育、学习机制，根据发展需要定期对成员进行合作知识、生产技术、市场知识的培训，不断提高成员的合作认知和经营管理合作社企业的能力，以强化成员参与合作的意愿，有效履行相应的义务，促进合作社的健康发展。此外，作为成员联合、互助的团体，合作社应加强与成员的信息联系和意见沟通，形成合作社与成员之间以及成员之间顺畅的信息交流机制，如实行财务公开、社务公开，规范会议制度，创办内部刊物等，形成合作社与成员之间的交流、沟通机制，使成员及时了解合作社的经营管理状况和发展中面临的问题，增强对理事会、监事会成员的理解和信任，提高合作社对成员的凝聚力；通过交流、沟通，还能使理事会充分了解成员的需求，制定符合成员需要的经营战略和提高合作社为成员服务的能力。

二 对于政府支持和保护农民专业合作社发展的政策建议

一方面，农民专业合作社是处于市场弱势地位的小农户参与市场竞争的组织形式，其存在和发展的根本原因和独特价值在于能够克服农户家庭分散经营的局限性，维护和改善农民的社会经济利益，农民专业合作社独特的组织性质和社会经济功能决定了其存在和发展都离不开政府的支持和保护；另一方面，作为市场经济的产物和农业生产经营者的自愿联合和互助组织，农民合作社的产生和发展具有自身内在的规律，因此，政府的支

持和保护必须符合农村市场经济发展的现实需要和农民专业合作社成长、发展的客观规律。为此，各级政府应从根本上转变重数量、轻质量的发展思路，以提高农民专业合作社自我发展能力和促进农民增收为目标，进一步明确促进农民专业合作社发展的指导思想和自身职能定位，理顺管理体制，调整工作方式，通过政策支持、法律保护、业务指导、公共服务和监督管理，逐步建立符合市场经济规律和农民专业合作社发展客观需要的政府支持和管理体系，为农民专业合作社健康发展创造良好条件。

（一）建立合作社知识和人才的教育、培训体系

成员对于合作社制度的认知水平是决定其参与行为和合作程度的重要和基础性因素，政府应尽快建立合作知识的教育、培训体系，帮助农民正确认识和理解合作社的基本原则和运行机制，提高农民的合作意识和合作能力，为农民专业合作社的发展创造良好的社会文化基础。

1. 面向农村，宣传普及合作社知识

有关部门应制订合作社知识的宣传计划，通过与新闻媒体和有关部门的联系和协作，采用多种形式，如利用广播、电视举办讲座，印刷普及性的宣传手册，利用大专院校和科协的力量举办其他咨询宣传活动等，有重点、分步骤地宣传农民专业合作社的原则、价值和《农民专业合作社法》的相关知识，提高农户对于农民专业合作社制度的认知水平，进一步提高成员参与合作的积极性、主动性。

2. 建立健全农民专业合作社知识和人才的教育培训体系

财政部门应拨出专项资金作为互助合作基金，用于农民专业合作社发展的知识教育和人才培养，并且依托农业大学，建立教育培训基地，使合作知识的教育和人才培养制度化。依托教育培训体系，对合作社的经营管理人员、技术人员和骨干分子进行合作知识和经营管理方面的知识培训，尽快形成一批合作事业的积极分子和带头人。

（二）完善各项扶持政策

各级政府应根据《农民专业合作社法》的要求，以改善合作社适应市场的基础条件为重点，加强对农民专业合作社的财政、金融和税收扶持。首先，各级财政应安排专项扶持资金，扶持一批有良好产业基础、带动性强的农民专业合作社，支持它们完善基础设施，进行农产品的整理、储存、保鲜和加工，聘请专家和技术人员开展信息、技术培训、质量标准

与认证服务，不断拓宽服务领域和提高市场营销能力。其次，采取多种形式为农民专业合作社提供资金支持和金融服务，例如：对于运作规范的合作社给予一定的信贷授信额度，简化贷款手续，实行优惠贷款利率；通过信用联保中介机构设立担保基金，解决合作社生产资金、收购环节流动资金的贷款问题。最后，应依法落实税收减免政策，加强部门之间的协调，帮助合作社解决用地、用电、用水、用油等困难，为合作社发展提供有利条件。政府的政策扶持应与合作社的制度建设和能力建设相结合，通过政策倾斜，引导合作社调整过于集中的股金结构，使成员农户成为产权主体，建立以农户为产权主体、成员民主参与的治理机制和盈余返还的利益机制，提高合作社对于成员增收的带动力和凝聚力。

（三）提供业务指导和咨询服务

在农民缺少商业知识和自我组织能力的情况下，由政府或民间机构在合作社设立和发展过程中提供辅导和咨询，是促进合作社规范化和持续发展的有效手段。首先，要在农民专业合作社的设立过程中提供市场分析和可行性研究，指导合作社制定章程、健全股金制度和组织机构、规范设立程序、准备登记的相关文件等。其次，在合作社发展过程中提供专业辅导、业务咨询和技术支持，如指导合作社制定发展战略和市场开拓计划，提供经营管理和法律咨询以及信息、技术服务等，帮助合作社建立组织愿景、组织文化、内部互助合作机制和业务规划，理顺组织内外部关系，形成自我发展的良性机制。政府可以设立专门的辅导咨询机构，配置推广员、辅导员与农民一起工作，也可与大学、研究机构建立合作关系，依托它们提供辅导和服务。

（四）加强对农民专业合作社的监督管理

首先，应加强对农民专业合作社的识别。随着各级政府对于农民专业合作社的扶持力度不断加大，为了达到预期的政策效果，使政府的支持真正惠及农民和促进合作社的健康发展，必须在各项扶持政策落实的过程中，依据《农民专业合作社法》的相关规定，加强对真伪合作社的判定和识别，具体应以是否以农民为主导、服务农民和主要以按惠顾额返还成员盈余为标准。其次，应建立农民专业合作社的财务审计制度，对合作社的经营管理和财务状况进行定期审计。在成员缺乏参与意识和管理经验的情况下，政府的监督管理对于合作社的健康发展和农民利益的保护具有特别重要的意义。

第三节　值得进一步研究的问题

我国农民专业合作社尚处在成长和规范发展的阶段，有关的统计资料少，在实地调查中要获取完整的数据资料较为困难，客观上限制了本书对有关问题的深入研究，诸多问题还需要在今后的研究中进一步完善。

一　关于利益机制与合作社企业家行为关系的研究

相关研究表明，合作社企业家在农民专业合作社发展中具有关键作用，因此，有必要对利益机制、合作社企业家行为与组织绩效之间的相互关系进行专门的理论分析和实证研究。由于受各种因素限制，本书未在这方面展开更深入的分析。

二　关于利益机制与合作社组织绩效关系的深入探讨

由于合作社内部普遍缺乏相关的财务数据，因此，在本项研究中采用了合作社理事长的评价来反映合作社的组织绩效。随着农民专业合作社规范化程度的提高，应采用具体的财务数据来刻画农民专业合作社的绩效，关于农民专业合作社利益机制与组织绩效的指标也需要进一步补充和细化。

三　关于利益机制的典型模式及其效应的比较分析

现实中，我国农民专业合作社存在多种发展模式和组织形式，需要通过案例研究和比较分析，对现实中不同合作主体的利益关系和各种利益机制的典型模式进行更加具体的分析。

总之，农民合作社作为一种性质独特和功能复杂的组织，其内部制度安排、利益机制、成员行为和组织绩效之间的关系包含太多内容，本书主要从利益机制和成员合作行为关系的角度对这一问题进行初步探讨，上述内容的任何一方面都值得进行深入研究。

附录 1

对于农民专业合作社及其领导人的
调查问卷

尊敬的合作社领导人，您好！我们正在开展一项科学研究，需要您帮助填写以下真实信息（在合适的项目上打"√"）。有关信息主要用于总量分析，不会对您所在的合作社有任何不利影响。衷心感谢您的支持！

一、合作社的基本情况和经营状况

1. 组织名称：＿＿＿＿＿＿＿＿＿＿＿＿＿＿＿＿＿＿＿；生产经营的主要产品：＿＿＿＿＿＿。

2. 现有成员数＿＿＿个，其中：种植或养殖户＿＿＿个，团体成员数＿＿＿个；联系非成员农户＿＿＿个。

3. 最初建立时间（指立法前就建立的组织）：＿＿＿＿＿＿；在工商部门登记时间：＿＿＿＿＿。

4. 建立方式：

（1）农民自发组建　　（2）农村能人或专业大户领办　　（3）企业领办　　（4）农技服务部门领办　　（5）由基层政府推动组建

（6）村委会领办　　（7）供销社领办

5. 注册资金＿＿＿万元；2009年经营收入总额＿＿＿万元，盈余额＿＿＿万元，种养规模＿＿＿亩/万只。

6. 合作社为成员提供的服务内容有（可多选）：

（1）产品销售　　（2）信息、技术服务　　（3）统一供应生产资料

（4）农产品加工、贮藏　　（5）统一产品品牌　　（6）资金服务

（7）统一制定生产质量标准　　（8）农机服务　　（9）其他＿＿＿

7. 2009 年合作社为成员统一销售的产品占成员全部产品的比例是

_____%；统一采购的农资占成员全部农资购买量的比例是 _____%。

8. 合作社是否和成员签订购销合同？

（1）是　　（2）否

9. 近两年合作社的经营状况：

（1）经营较好，效益明显　　　（2）经营一般，略有盈余

（3）经营困难，基本上没什么盈余

10. 与当地从事同类产品生产的非成员农户相比，成员生产该产品的

纯收入：

（1）较低　　（2）差不多　　（3）高一些　　（4）高得多

11. 近三年成员生产该产品的纯收入增长状况？

（1）降低一些　　（2）基本没变化　　（3）增加一些　　（4）增加

较多　　（4）增加很多

12. 合作社在产品收购和销售中是否面临较大的竞争压力？

（1）是　　（2）否

13. 合作社共获得政府财政扶持资金_____万元，优惠贷款_____

万元？

14. 政府相关管理部门是否对于合作社的财务状况进行过检查或

审计？

（1）是　　（2）否

二、合作社的股金设置和利益分配

1. 农户参加合作社是否必须达到一定的种/养殖规模？（是；否）；普

通成员是否入股？（是；否）

2. 合作社拥有成员股金_____万元，其中，农户投资占_____%；

团体成员投资占_____%。

3. 合作社现有股东数_____个，其中，最大的股东拥有股金____万

元，最小的股东拥有股金____万元。大股东在合作社中是下列哪种身份？

普通成员、理事长、理事、监事、营销人员（在合适的项目上打"√"）。

4. 合作社与成员农户的利益连接方式有（可以有多项选择）：

（1）制定了保护价或最低保证价　　（2）按照惠顾额返还盈余
（3）股份分红　　　（4）给予风险补贴　　（5）提供无偿或低偿的信息、技术服务　　（6）产品购销价格优惠　　（7）免费使用合作社品牌
（8）没有以上的利益关系

5. 合作社盈余分配的基本制度是：

（1）按股分红　　　　　　　（2）按惠顾额返还盈余

（3）以按惠顾额返还盈余为主(4）以按股分红为主

6. 近两年合作社是否进行了盈余分配？

（1）是　　　（2）否

7. 近两年合作社如进行了盈余分配，分配项目及比例是：

（1）提取公共积累占_____%　　（2）股金分红占_____%
（3）惠顾返还占____%

8. 对于大股东的投资，合作社如何给予其回报？（可多选）

（1）给予固定的股息　　　（2）按股分红　　　（3）给予股息并且按股分红

三、合作社的组织结构和治理机制

1. 合作社内部设置了哪些管理机构？（可以有多项选择）
（1）成员大会　　（2）成员代表大会　　（3）理事会　　（4）监事会
（5）生产技术部门　　（6）销售部门　　　（7）财务部门

2. 合作社拥有理事会成员_____人？理事会成员的构成是：
（1）全部是农民成员　　（2）农民成员占多数　　（3）非农民成员占多数

3. 成员（代表）大会的决策原则是什么？（如果有多种方式，可多选）
（1）一人一票　　（2）一股一票　　（3）按出资额设立附加表决权
（4）按交易额设立附加表决权

4. 合作社的理事会、监事会成员如何产生？
（1）主要由理事长决定　　（2）主要由股东决定　　（3）主要由成员选举

5. 合作社如何决定盈余分配方案（只能选择一项）？
（1）主要由理事长决定　　（2）主要由理事会决定　　（3）主要由

成员（代表）大会决定

6. 合作社如何决定重大项目的投资（如设施、设备购置问题的决定）（只能选择一项）？

（1）主要由理事长决定　　　（2）主要由理事会决定　　　（3）主要由成员（代表）大会决定

7. 合作社每年（如2009年）召开成员大会次数＿＿＿；成员代表大会次数＿＿＿；财务信息公开次数＿＿＿＿。

8. 合作社是否设有成员个人账户？

（1）是　　（2）否

合作社已经在成员个人账户中记录了以下哪些内容？（未设个人账户的不填）

（1）成员的出资额；（2）量化为该成员的公积金份额；（3）量化的政府财政扶持资金数额

9. 合作社的监事会是否经常向理事会提出自己的监督意见？

（1）经常　　（2）一般　　（3）较少　　（4）很少　　（5）未设监事会

10. 合作社对成员退社有什么规定？

（1）只要提出申请就可以退社　　　（2）必须有充分的理由才可以退社　　　（3）股东成员必须有充分的理由才可以退社　　　（4）专业大户必须有充分的理由才可以退社

11. 成员退社时，合作社是否退回其股金？（是；否）

四、您个人的基本情况和工作体会

1. 年龄：＿＿＿岁；性别（男；女）；文化程度：＿＿＿；在合作社中担任职务：＿＿＿＿＿＿＿；是否专职：（是；否）；是否合作社的股东？（是；否）；联系电话：＿＿＿＿＿＿

2. 您的社会身份是：

（1）营销大户　　（2）专业生产大户　　（3）企业人员　　（4）乡镇干部　　（5）科技部门人员　　（6）其他社会团体成员　　（7）村干部　　（8）其他，如＿＿＿＿

3. 您因担任合作社领导人而获得的政府奖励有：

（1）物质奖励 （2）荣誉称号（如劳动模范、优秀干部等）

（3）未获得任何奖励

4. 您愿意担任合作社领导人的主要原因有哪些？（限选三项）

（1）改善自身经济利益 （2）发挥个人才能 （3）提高社会声望和社会地位 （4）成员信任 （5）政府支持 （6）其他，如

＿＿＿＿

5. 您如何评价自己对合作社发展的贡献？

（1）贡献很大 （2）贡献较大 （3）有一定贡献 （4）贡献较小 （5）贡献很小

6. 您对从合作社获得的经济收益的满意程度（包括股份分红、惠顾返还和工作报酬等所有收入）：

（1）很满意 （2）较满意 （3）基本满意 （4）不满意

（5）很不满意

7. 您如何评价所在合作社的各项能力？

评价	很弱	较弱	一般	较强	很强
市场竞争能力					
扩大经营规模的能力					
提高服务水平的能力					

8. 您如何评价绝大多数农民成员参与合作的态度和行为？（在每项后面的评价中选择并打"√"表示）。

（1）成员履行合同和遵守生产质量标准的状况：很好；较好；一般；较差；很差

（2）成员向合作社投资入股的行为：很积极；较积极；一般；不积极；很不积极

（3）成员参与合作社管理事务的状况：很好；较好；一般；较差；很差

9. 大多数成员农户对于合作社的服务及收益分配的满意程度如何？

（1）很满意 （2）较满意 （3）一般 （4）不满意

（5）很不满意

附录 2

对于农民专业合作社成员的调查问卷

问卷填写说明：以下问题有多种选项时，请在相应项目打"√"。

一、接受调查者基本情况：

1. 所属_____市（县）、_____乡（镇）、_____村

2. 户主性别：_____；年龄：_____。

3. 文化水平：（1）小学以下　　（2）小学　　（3）初中　　（4）高中　　（5）高中以上

4. 社会身份（在相应项目打"√"，可多选）：

（1）农村技术或经营能人　　（2）农村专业大户　　（3）村干部

（4）普通农民

5. 家庭承包土地面积：_____亩，其中耕地_____亩，草地_____亩，水面_____亩，林地_____亩。

6. 家庭主要收入来源是：（1）农业　　（2）非农业

7. 家庭拥有的常年从事农业的劳动力：_____个；2009年家庭纯收入_____元。

二、成员参加的农民专业合作社的基本情况

1. 所在的合作社名称：_____

2. 合作社共同经营的产品名称：_____；是否家庭收入来源最大的产品？

（1）是　　（2）否

3. 近年来该产品在本地市场上的价格波动情况如何？

（1）价格基本稳定（上下浮动 10%）　　　（2）价格波动较小（上下浮动 10%～20%）　　　（3）价格波动较大（上下浮动 20%～50%）

（4）价格波动很大（上下浮动 50% 以上）

4. 您家近两年该农产品的种养规模是＿＿＿＿亩或＿＿＿＿只（头）？和其他成员相比，您家的种养规模属于以下哪种情况？

（1）小规模　　　（2）中等规模　　　（3）大规模　　　（4）超大规模

5. 您已加入合作社几年？＿＿＿＿

6. 您是否入股或缴纳会费？（1）是　　　　　（2）否

您在合作社的入股金额为＿＿＿＿元，缴纳会费＿＿元。

7. 您在合作社的身份是：

（1）普通成员　　　（2）理事会成员　　　（3）监事会成员

（4）主要股东　　　（5）成员代表大会成员

8. 您加入合作社的方式是：

（1）主动加入　　　（2）受合作社邀请加入　　　（3）因为政府或村委会发动而加入　　　（4）受周围农户影响加入

9. 合作社是否向成员公布财务状况？

（1）是　　　（2）否

三、对农民专业合作社的了解和参与程度

1. 您对合作社性质、功能的了解程度？

（1）完全不了解　　　（2）不了解　　　（3）了解一些　　　（4）比较了解　　　（5）很了解

2. 您对合作社成员应承担义务的认识程度？

（1）完全不了解　　　（2）不了解　　　（3）了解一些　　　（4）比较了解　　　（5）很了解

3. 您认为下列哪些问题应该提交成员（代表）大会讨论决定？（可多选）

（1）章程制定或修订　　　（2）选举或罢免理事会、监事会成员

（3）制定盈余分配方案　　　（4）重大筹资计划　　　（5）重大投资计划

（如设施、设备购置）　　　（6）产品收购价的制定　　　（7）吸收新成员

（8）以上问题都不需要成员（代表）大会投票表决

4. 您对农民专业合作社盈余分配制度的了解程度？

（1）完全不了解　　　（2）不了解　　　（3）了解一些　　　（4）比较了解　　　（5）很了解

5. 您认为哪些人员应该进入理事会或担任理事长？

（1）生产经营大户　　　（2）村干部　　　（3）普通农民　　　（4）技术人员　　　（5）企业人员　　　（6）政府官员　　　（7）其他，如＿＿＿＿＿＿＿＿

6. 合作社现任理事会成员是如何产生的？

（1）由成员（代表）大会选举　　　（2）主要由成员（代表）大会选举　　　（3）个别理事由成员（代表）大会选举　　　（4）由理事长决定

7. 您能够接受的股金分摊方式是什么？（可多选）

（1）在全体成员之间平均分配　　　（2）生产经营大户之间分摊

（3）根据成员与合作社的交易量分摊，交易量越高，认购的股份也应该越多　　　（4）应该由理事会成员认购　　　（5）由成员自愿认购

8. 假如您没有认购合作社的股金，您不入股的原因可能是什么？

（1）缺资金　　　（2）思想上有顾虑　　　（3）合作社有限制

9. 您是否可以自由退出合作社？

（1）是　　　（2）否

10. 以下哪些问题会导致您退出合作社？（可多选）

（1）盈余分配不公平　　　（2）加入后没什么经济实惠　　　（3）合作社不能提供需要的服务　　　（4）合作社的管理由少数人说了算　　　（5）无法了解合作社的经营和财务状况　　　（6）没有我信任的人当领导　　　（7）以上问题都不会让我退出

11. 您了解合作社的财务状况和盈余分配状况吗？

（1）不了解　　　（2）了解一些　　　（3）比较了解　　　（4）很了解

12. 合作社是否设有成员个人账户？

（1）是　　　（2）否

13. 您对现任理事会和监事会成员的信任程度？

（1）非常信任　　　（2）比较信任　　　（3）一般　　　（4）不信任

（5）很不信任

14. 您如何评价成员（代表）大会在合作社重大问题决定中的实际作用？

（1）没作用　　（2）作用很小　　（3）有一定作用　（4）作用较大

（5）作用很大

四、成员的合作利益及实现程度

1. 您最需要合作社为您的生产经营提供下列哪些服务？（可多选）

（1）帮助销售产品　　（2）信息、技术指导　　（3）统一供应生产资料　　（4）进行产品的加工、储藏　　（5）解决资金困难　　（6）其他服务，如_____

2. 合作社为您的生产经营提供了下列哪些服务？（可多选）

（1）统一收购、销售产品　　（2）信息、技术服务　　（3）生产资料供应　　（4）农产品加工、储藏　　（5）解决资金困难　　（6）帮助联系客户，销售产品　　（7）其他服务，如_____

3. 您对于合作社为您提供的服务内容和服务质量的满意程度？

（1）很满意　　（2）满意　　（3）一般　　（4）不满意　　（5）很不满意

4. 合作社是否和您家签订了产品购销合同？

（1）是　　　（2）否

5. 如果市场价高于合作社的收购价格，你还会将产品卖给合作社吗？

（1）会　　　（2）不会　　　（3）有可能

6. 您希望从合作社获得哪些利益？（可多选）

（1）能够保证产品销路　　（2）能够获得更有利的购销价格

（3）能够得到各种生产经营服务　　（4）能够参与盈余分配　　（5）其他，如_____

7. 您曾经从合作社获得的实际好处有（可以有多项选择）：

（1）按照保护价或保证价收购了产品　　（2）惠顾返还　　（3）股份分红　　（4）风险补贴　　（5）无偿或低偿的信息、技术服务　　（6）产品销售给予了价格优惠　　（7）物资供应给予了价格优惠　　（8）没有以上的利益和实惠

8. 您对于以上的利益感到满意吗？

（1）很满意　（2）满意　（3）一般　（4）不满意　（5）很不满意

9. 您如何评价合作社在您家庭经营中发挥的作用？

（1）有很大作用　　（2）有较大作用　　　（3）有一定的作用（4）作用很小　　（5）没作用

10. 您如何评价合作社的各项具体功能？

（1）没作用　　（2）作用很小　　（3）有一定作用　　（4）有较大作用　　（5）有很大作用

降低生产经营成本：

（1）	（2）	（3）	（4）	（5）

提高农产品质量：

（1）	（2）	（3）	（4）	（5）

提高产品销售价格：

（1）	（2）	（3）	（4）	（5）

稳定产品销售价格：

（1）	（2）	（3）	（4）	（5）

增加生产商品的纯收入：

（1）	（2）	（3）	（4）	（5）

五、成员参与合作的意愿及期望

1. 以目前合作社提供的服务和利益分配状况，您如何对待以下问题？

A. 您是否愿意扩大该产品的生产规模？

（1）很不愿意　　（2）不愿意　　　（3）一般　　　（4）愿意（5）很愿意

B. 您是否愿意向合作社入股或者增加股份？

（1）很不愿意　　（2）不愿意　　　（3）一般　　　（4）愿意（5）很愿意

C. 您是否愿意与合作社保持稳定的交易关系？

（1）很不愿意　　（2）不愿意　　　（3）一般　　　（4）愿意

（5）很愿意

D. 您是否愿意参与合作社的各项管理事务？

（1）很不愿意　　（2）不愿意　　　（3）一般　　　（4）愿意

（5）很愿意

2. 您希望合作社改进下列哪些问题？（可以有多项选择）

（1）服务内容和服务质量　　（2）增加按照惠顾（交易）额对成员的盈余返还比例　　（3）给予成员更多的价格优惠　　（4）增加股金分红的比例　　（5）更多地发挥成员在管理中的作用　　（6）定期公布财务状况　　（7）其他，如_____

3. 按照目前的状况，未来两年您是否可能退出合作社？

（1）可能性很大　　（2）可能性较大　　（3）一般　　（4）可能性较小　　（5）肯定不会退出

参考文献

英文文献

1. Ajzen I. , "From Intentions to Actions: A Theory of Planned Behavior", In: Kuhl J, Beckman J (Eds.), *Action control: From cognition to behavior*, *Heidelberg*, Germany: Springer, December 1985.

2. Ajzen I. , "The Theory of Planned Behaviors", *Organizational Behavior and Human Decision Process*, Vol. 50, No. 2, December 1991.

3. Albaek, S. and Schultz, C. , "One Cow, One Vote?", *Scandinavian Journal of Economics*, Vol. 99, No. 4, December 1997.

4. Anderson J. C. and Gerbing D. W. , "Structural Equation Modeling in Practice: A Review and Recommended Two Step Approach", *Psychological Bulletin*, Vol. 103, No. 3, May 1988.

5. Barton, D. G. , "Cooperative Principles", In Cobia D. W. (Eds.), *Cooperatives in Agriculture*, New Jersey: Prentice-Hall, November 1989.

6. Bijman, J. , "Cooperatives and Heterogencous Membership: Eight Propositions for Improving Organizational Efficiency", Paper presented at *the EMNet-Conference*, Budapest, Hungary, September 2005.

7. Bijman, J. , "Governance Structures in the Dutch Fresh Produce Industry", In Chrisfien Ondersteijn and Jo Wijnands (eds.), *Quantifying the Agri-Food Supply Chains*, Pringer, April 2006.

8. Chaddad, F. R. and Cook, M. L. , "The Emergence of Non-Traditional Cooperative structures: Public and private Policy", Paper presented at *the NCR-194 Research on Cooperatives Annual Meeting*, Kansas City, Missouri, Octo-

ber 2003.

9. Coase, R. H. , "The Nature of the Firm", *Economica*, Vol. 4, No. 16, November 1937.

10. Condon, A. M. , "The Methodology and Requirements of a Theory of Modem Cooperative Enterprise", In Royer, J. (Eds.), *Cooperative Theory*: *New Approaches*, ACS Service Report No. 18, USDA, Washington D. C. , July 1987.

11. Cook, M. L and chaddad F. R. , Iliopoulos, C. , "Advances in Cooperative Theory since 1990: A Review of Agricultural Economics Literature", In G. W. J. Hendrikse (eds.), *Restructuring Agricultural Cooperatives*, Haveka : Erasmus University Press, January 2004.

12. Cook, M. L. , "The future of U. S. Agriculture cooperatives: A Neo-Institutional Approach", *American Journal of Agricultural Economics*, Vol. 77, No. 5, October 1995.

13. Cook, M. L. , "The Role of Management Behavior in Agricultural Coopeartives", *Journal of Agricultural Cooperation*, Vol. 9, September 1994.

14. Cottrell C. A. and Neuberg S. L. , "What Do People Desire in Others? A Sociofunctional Perspective on the Importance of Different Valued Characteristics", *Journal of Personality and Social Psychology*, Vol. 92, No. 2, February 2007.

15. Douglass C. North, "Economic Performance Through Time", *American Economic Review*, Vol. 84, No. 3, June 1994.

16. Eilers, C. and Hanf, C. H. , "Contracts Between Farmers and Farmers-processing Cooperatives: A Principal-agent Approach for the Potato Starch Industry", in Galizzi, G. & Venturini L. (eds.), *Vertical Relationships and Coordination in the Food System*, Heidelberg : Physica Veriag, March 1999.

17. Emelianoff, I. V. , *Economic Theory of Cooperation*: *Economic Structure of Cooperative Organizations*. Ann Arbor: Edward Brothers, 1942.

18. Enke, S. , "Consumer Cooperatives and Economic Efficiency", *American Economic Review*, Vol. 35, No. 1, March 1945.

19. Ferrier, G. D. and Porter, P. K. , "The Produetive Efficiency of US Milk Proeessing Cooperatives", *Journal of Agricultural Economics*, Vol. 42, No. 2, May 1991.

20. Fulton, M. and Gibbings, *Response and Adoption: Canadian Agricultural Cooperatives in the* 21 *century*, Center for the Study of Cooperative, University of Saskatchewan, Canada, February 2000.

21. Fulton, M. , "The Future of Canadian Agricultural Cooperatives: a Property Rights Approach", *American Journal of Agricultural Economics*, Vol. 77, No. 5, December 1995.

22. Gentzoglanis A. , "Economic and Financial Performance of Cooperatives and Investor-owned Firms: An Empirical Study", In Nilsson, J. & van Dijk, G. (Eds), *Strategies and structures in the agro-food industries*, Assen: van Goreum, 1997.

23. Hakelius, K. , *Cooperative Values, Farmers' Cooperatives in the Minds of the Farmers*, PhD Dissertation, Uppsala, Sweden, Swedish University of Agricultural Sciences, 1996.

24. Hansen, M. H. and Morrow J. L, Batista, J. C. , "The Impact of Trust on Copoerative Membership Retention, perfornance, and Satisfaction: An Exploraory Sutdy", *Interntional Food and Agri-business Management Review*, Vol. 5, No. 1, January 2002.

25. Hart, O. , "Corporate Governance: Some Theory and Implications", *The Economic Journal*, Vol. 105, No. 430, May 1995.

26. Harvey S. James Jr. and Michacl E. Sykuta, "Farmer Trust in Producer and Investor-Owned Firms: Evidence From Missouri Corn and Soybean Producers", *Agribusiness*, Vol. 22, No. 1, January 2006.

27. Helmberger, P. G and Hoos, S. , "Cooperative Enterprise and Organization Theory", *Journal of Farm Economics*, Vol. 44, No. 2, May 1962.

28. Hendrikse G. W. J. and Veerman, C. P. , "Marketing Cooperatives and Financial Structure: A Transaction Costs Economics Analysis", *Agricultural Economics*, Vol. 25, No. 3, March 2001.

29. ICA. *Statement on the Co-operative Identity*, (http://www. ica. coop/co-

op/principles. html）

30. ILO, *Promotion of Cooperatives Recommendation*, 2002（http：//
www. un. org/esa/socdev/poverty/documents/R193. pdf）.

31. Jenson, M. and Mecking, W. H. , "Theory Of the Firm：Managerial Be-
havior, Agency Costs and Management Ownership Structure", *Journal of Fi-
nancial Economics*, Vol. 3, No. 4, October 1976.

32. Karantinis, K. and Zago, A. , "Endogenous Membership in Mixed Duop-
olies", *American Journal of Agricultural Economics*, Vol. 83, No. 5, Octo-
ber 2001.

33. Katz, J. P. , "Managerial Behaviour and Strategy Ecoices in Agribusiness
Cooperatives", *Agribusiness*, Vol. 13, No. 5, September/October 1997.

34. Lerman, Z. and Parliament, C. , "Comparative Performance of Coopera-
tives and Investor-owned Firms in US Food Industries", *Agribusiness*, Vol. 6,
No. 6, November 1990.

35. Milgrom, Paul and John Roberts, *Economics*, *Organization and Manage-
ment*, New Jersey：Prentic-Hall International, February 1992.

36. Nilsson, J. , "Organizational Principles for Cooperative firms", *Seandinavi-
an Journal of Management*, Vol. 17, No. 3, september 2001.

37. Nilsson, J. , "New Generation Farmer Coops", *Review of International Co-
operation*, Vol. 90, No. 1, March 1997.

38. Nourse, E. G. , "The Place of the Cooperative in our National Economy：
American Cooperation 1942 – 1945", *American Institute of Cooperation*,
Washington D. C. , 1995.

39. Ollila, P. , "Farmers' Cooperatives as Market Co-ordinating Institutions",
Annals of Public and Cooperative Economics, Vol. 65, No. 1, January 1994.

40. Ollila, P. and Nilsson, J. , "The position of agricultural cooperatives in
the changing food industry of Europe", In Nilsson, J. &. van Dijk, G.
（Eds）, *Strategies and structures in the agro-food industries*, Assen：Van
Gorcum & Comp. B. V. , 1997.

41. Phillips, R. , "Economic Nature of the Cooperative Association", *Journal
of Farm Economics*, Vol. 35, No. 1, February 1953.

42. Porter, P. K. and Seully, G. W. , "Economic Effieiency in Coopera-
tives", *Journal of Law and Economics*, Vol. 30, No. 2, October 1987.

43. Rogers, R. T. and Petraglia, L. M. , "Agricultural Cooperatives and Mar-
ket Performance in Food Manufacturing", *Journal of Agriculttiral Coopera-
tion*, Vol. 9, September 1994.

44. Röpke, Jochen, "Genossenschaften und Wirtschaftssystem", In: *Genossen-
schaftliche Selbsthilfe und struk-tureller Wandeln*, Marburg, 1992.

45. Sexton, R. J. and Iskow, J. , "Factors Critical to the Success or Failure of
Emerging Agricultural Cooperatives", *Giannini Foundation Information Series*
No. 88, Department of Agricultural Economics, University of California-Da-
vis, 1988.

46. Sexton, R. J. , "Imperefect Competitionin Agrieultural Markets and the
Role of Cooperatives: A Spatial Anslysis", *Ameriena Joumal of Agrieultural
Economies*, Vol. 72, No. 3, July 1990.

47. Sexton, R. J. , "The Formation of Cooperatives: A Game-theoretic Ap-
proach with Implications for Cooperative Finance, Decision Making and Sta-
bility", *American Journal of Agricultural Economics*, Vol. 68, No. 2,
May 1986.

48. Staatz, J. M. , *Cooperatives: a Theoretical Perspective on the Behavior of
Farmers*, Ph. D. dissertation, Michigan State University, 1984.

49. Staatz, J. M. , "Recent developments in the theory of agricultural coopera-
tion", *Journal of Agricultural Cooperation*, Vol. 2, February 1987

50. Staatz, J. M. , "The Cooperative as a Coalition: A Game-theoretic Ap-
proach", *American Journal of Agricultural Economics*, Vol. 65, No. 5, De-
cember 1983.

51. Sutton, S. , "Predieting and explaining in tentions and behavior: How well
are we doing?", *Jounal of Applied Social Psychology*, Vol. 28, No. 15,
1998.

52. Trechter, D. D. , "Impact of diversification on agricultural cooperatives in
Wisconsin", *Agribusiness*, Vol. 12, No. 4, August 1996.

53. Van Dijk, G. , Kyriakopoulos, K. and Nilsson, J. , "Overview and Discus-

sion：the Future of a Agricultural Coopeartives in the EU"，In *The Developmen of Agricultural Coopeartives in the European Union.* Brussels：COGECA，1997.

54. Vanberg, V. J., "Organizations as Constitutional Systems", *Constitutional Political Economy*, Vol. 3, No. 2, March 1992.

55. Vitaliano P., "Cooperative enterprise：An alternative conceptual basis for analyzing a complex institution", *American Journal of Agricultural Econmics*, Vol. 65, No. 5, October 1983.

56. Ruttan. V. W. and Hayam, Y., "Toward atheory of induced institutional innovation", *Journal of Development Studies*, Vol. 20, No. 4, July 1984.

57. Williamson, O. E., *The Economic Institute of Capitalism*, New York：Free Press, October 1998.

58. Williamson, O. E., "Tansaction Costs Economics：The Governance of Contractual Relations", *Journal of Law and Economics*, Vol. 22, No. 2, October 1979.

59. Zusman, P. and Rausser, G. C., "Interorganizational Influence and Optimality of Collective Action", *Journal of Economic Behavior and Organization*, Vol. 24, No. 1, June 1994.

60. Zusman, P., "Constitutional Selection of Collective-Choice Rules in a Cooperative Enterprise", *Journal of Economic Behavior and Organization*, Vol. 17, No. 3, January 1992.

中文文献

1. ［冰岛］思拉恩·埃格特森：《新制度经济学》，吴经邦、李耀等译，商务印书馆 1996 年版。

2. ［德］汉斯·缪恩克勒：《合作社法律原理十讲》，西南财经大学出版社 1991 年版。

3. ［德］柯武刚、史漫飞：《制度经济学》，韩朝华译，商务印书馆 2000 年版。

4. ［荷兰］乔治·亨德里克斯：《组织的经济学与管理学：协调激励与策

略》，胡雅梅、张学渊等译，中国人民大学出版社 2007 年版。

5.［美］阿尔伯特·班杜拉：《思想和行动的社会基础——社会认知论》，林颖等译，华东师范大学出版社，1999 年版。

6.［美］阿瑟·奥肯：《平等与效率：重大抉择》，王奔洲等译，华夏出版社 2010 年版。

7.［美］埃瑞克·菲吕博顿、［德］鲁道夫·瑞切特：《新制度经济学：一个交易费用分析范式》，孙经纬译，上海财经大学出版社 1998 年版。

8.［美］道格拉斯·诺思、罗伯特·托马斯：《西方世界的兴起》，厉以平、蔡磊译，华夏出版社 1989 年版。

9.［美］道格拉斯·诺思：《制度、制度变迁与经济绩效》，刘守英译，上海三联书店 1994 年版。

10.［美］亨利·汉斯曼：《企业所有权论》，于静译，中国政法大学出版社 2001 年版。

11.［美］康芒斯：《制度经济学》，于树生译，商务印书馆 1962 年版。

12.［美］罗德里克·克雷默、汤姆·泰勒：《组织中的信任》，管兵、刘穗琴译，中国城市出版社 2003 年版。

13.［美］罗纳德·科斯、阿曼·阿尔钦等：《财产权利与制度变迁——产权学派与新制度学派译文集》，胡庄君、刘守英等译，上海三联书店、上海人民出版社 1994 年版。

14.［美］罗纳德·科斯：《企业、市场与法律》，盛洪、陈郁译，上海三联书店 1990 年版。

15.［美］迈克尔·迪屈奇：《交易成本经济学》，王铁生、葛立成译，经济科学出版社 1999 年版。

16.［美］曼瑟尔·奥尔森：《集体行动的逻辑》，陈郁、郭宇峰等译，上海三联书店 1995 年版。

17.［美］米歇尔·库克：《集体行动中的不明晰产权：美国农业合作社的案例》，载［美］科斯、诺思等著《制度、契约与组织：从新制度经济学角度的透视》，刘刚、冯健等译，经济科学出版社 2003 年版。

18.［美］泰勒：《原始文化：神话、哲学、宗教、语言、艺术和习俗发展之研究》，连树声译，广西师范大学出版社 2005 年版。

19.［美］威廉姆森：《资本主义经济制度——论企业契约与市场契约》，

段毅才、王伟译，商务印书馆 2002 年版。

20. ［美］文森特·奥斯特罗姆、戴维·菲尼等：《制度分析与发展的反思》，王诚等译，商务印书馆 1996 年版。

21. ［美］约拉姆·巴泽尔：《产权的经济分析》，费方域、段毅才译，上海三联书店、上海人民出版社 1997 年版。

22. ［美］约瑟夫·尚普：《组织行为学：基本原则》，宋巍巍等译，清华大学出版社 2004 年版。

23. ［日］青木昌彦：《比较制度分析》，周黎安译，上海远东出版社 2001 年版。

24. 蔡立雄：《市场化与中国农村制度变迁》，社会科学文献出版社 2009 年版。

25. 陈东：《我国农村公共品的供给效率研究：基于制度比较和行为分析的视角》，经济科学出版社 2008 年版。

26. 丁为民：《西方合作社的制度分析》，经济管理出版社 1998 年版。

27. 杜吟棠：《合作社：农业中的现代企业制度》，江西人民出版社 2002 年版。

28. 樊亢、戎殿新：《美国农业社会化服务体系——兼论农业合作社》，经济日报出版社 1994 年版。

29. 傅夏仙：《农业中介组织的制度变迁与创新》，上海人民出版社 2006 年版。

30. 管爱国、符纯华：《现代世界合作社经济》，中国农业出版社 2000 年版。

31. 郭红东、张若健：《中国农民专业合作社调查》，浙江大学出版社 2010 年版。

32. 郭志刚：《社会统计分析方法——SPSS 软件应用》，中国人民大学出版社 1999 年版。

33. 韩俊：《中国农民专业合作社调查》，上海远东出版社 2007 年版。

34. 黄少安：《产权经济学导论》，经济科学出版社 2004 年版。

35. 霍格尔·波纳斯：《作为一个企业的合作联合会：一份交易经济学的研究》，载埃瑞克·菲吕博顿、鲁道夫·瑞切特《新制度经济学：一个交易费用分析范式》，孙经纬译，上海财经大学出版社 1998 年版。

36. 蒋玉珉：《合作社制度创新研究》，安徽人民出版社 2008 年版。

37. 孔祥俊：《中国集体企业制度创新》，中国方正出版社 1996 年版。

38. 李锡勋：《合作社法论》，台北三民书局 1982 年版。

39. 联合国粮农组织：《农业合作社发展培训员手册》，李雪等译，中国农业出版社 2007 年版。

40. 林毅夫：《关于制度变迁的经济学理论：诱致性变迁与强制性变迁》，载《财产权利和制度变迁——产权学派与新制度学派译文集》，胡庄君、刘守英等译，上海三联书店、上海人民出版社 1994 年版。

41. 林毅夫：《再论制度、技术与中国农业发展》，北京大学出版社 2000 年版。

42. 林毅夫：《制度、技术与中国农业发展》，上海三联书店 1992 年版。

43. 刘志扬：《美国农业新经济》，青岛出版社 2003 年版。

44. 柳新元：《利益冲突与制度变迁》，武汉大学出版社 2002 年版。

45. 卢现祥、朱巧玲：《新制度经济学》，北京大学出版社 2007 年版。

46. 卢现祥：《西方新制度经济学》，中国发展出版社 1996 年版。

47. 卢周来：《缔约视角下的企业内部权力之谜》，中国人民大学出版社 2009 年版。

48. 马彦丽：《中国农民专业合作社的制度解析学》，中国社会科学出版社 2007 年版。

49. 孙亚范：《农民专业合作经济组织利益机制分析》，社会科学文献出版社 2009 年版。

50. 孙亚范：《新型农民专业合作经济组织发展研究》，社会科学文献出版社 2006 年版。

51. 王红春等：《中外合作制度比较研究》，合肥工业大学出版社 2007 年版。

52. 徐旭初：《中国农民专业合作经济组织的制度分析》，经济科学出版社 2005 年版。

53. 杨瑞龙、周业安：《企业共同治理的经济学分析》，经济科学出版社 2001 年版。

54. 张维迎：《产权、激励与公司治理》，经济科学出版社 2005 年版。

55. 张晓山、苑鹏：《合作经济理论与中国农民合作社的实践》，首都经济贸易大学出版社 2009 年版。

56. 张艳华：《农村人力资本投资、积累、收益机制研究》，中国工人出版社 2010 年版。

57. 中国社会科学院农村发展研究所等：《2004—2005 年：中国农村经济形势分析与预测》，社会科学文献出版社 2005 年版。

58. 周诚：《关于公平问题的探索》，《中国经济时报》2004 年 8 月 17 日。

59. 周彦兵：《新制度经济学》，立信会计出版社 2007 年版。

60. 包宗顺：《农民专业合作社发展中的新情况》，《江苏农村经济》2008 年第 9 期。

61. 蔡昉：《合作与不合作的政治经济学——发展阶段与农民社区组织》，《中国农村观察》1999 年第 5 期。

62. 蔡荣、韩洪云：《农户参与合作社的行为决策及其影响因素分析——以山东省苹果种植户为例》，《中国农村观察》2012 年第 5 期。

63. 蔡荣、祁春节：《农业产业化组织形式变迁——基于交易费用与契约选择的分析》，《经济问题探索》2007 年第 3 期。

64. 蔡荣：《剩余创造、分配安排与农民专业合作社前景》，《改革》2012 年第 5 期。

65. 曹阳、姚仁伦：《自由退出权、组织稳定、组织效率——兼论合作社为什么难以成为我国当前农村经济的主流组织形态》，《华中师范大学学报》（人文社会科学版）2008 年第 7 期。

66. 常青、孔祥智等：《农民专业合作社发展中存在的问题及对策》，《山西财经大学学报》2009 年第 4 期。

67. 陈合营等：《农民专业合作社的内部人控制问题研究》，《理论导刊》2007 年第 5 期。

68. 陈江玲：《公平与效率的辩证关系及其实践价值》，《科学社会主义》2005 年第 4 期。

69. 陈晓华：《大力促进农民专业合作社又好又快发展》，《农民日报》2010 年 7 月 1 日。

70. 褚松燕：《论制度的有效性——人们何以遵守规则》，《天津社会科学》2010 年第 4 期。

71. 崔宝玉、李晓明：《资本控制下的合作社功能与运行的实证分析》，

《农业经济问题》2008 年第 1 期。

72. 崔宝玉、张忠根等：《资本控制型合作社合作演进中的均衡——基于农户合作程度与退出的研究视角》，《中国农村经济》2008 第 9 期。

73. 崔宝玉：《农民专业合作社治理结构与资本控制》，《改革》2010 第 10 期。

74. 崔宝玉：《农民专业合作社中的委托代理关系及其治理》，《财经问题研究》2011 第 2 期。

75. 崔斌、马青霞等：《农民专业合作社成长因素分析——以江苏省为例》，《江苏社会科学》2012 第 3 期。

76. 邓衡山、徐志刚等：《中国农民专业合作经济组织发展现状及制约因素分析——基于全国 7 省 760 个村的大样本调查》，《现代经济探讨》2010 第 8 期。

77. 邓衡山、徐志刚等：《组织化潜在利润对农民专业合作组织形成发展的影响》，《经济学》2011 第 4 期。

78. 董晓波：《农民专业合作社高管团队集体创新与经营绩效关系的实证研究》，《农业技术经济》2010 第 8 期。

79. 董晓林、吴昌景：《四大担保模式化解农民贷款难题》，《农业经济问题》2008 第 9 期。

80. 杜吟棠：《大力发展农民合作社建立农业现代企业制度》，《中国合作经济》2004 第 2 期。

81. 杜吟棠：《农民专业合作社法的立法背景、基本特色及其实施问题》，《青岛农业大学学报》（社会科学版）2008 第 2 期。

82. 杜吟棠：《农业产业化经营和农民组织创新对农民收入的影响》，《中国农村观察》2005 第 3 期。

83. 段文婷、江光荣：《计划行为理论述评》，《心理科学进展》2008 年第 2 期。

84. 方齐云、夏瑞林：《切实加强农村公共产品供给》，《光明日报》2006 年 4 月 25 日。

85. 冯开文：《村民自治、合作社和农业产业化经营制度的协调演进》，《中国农村经济》2003 年第 2 期。

86. 冯开文：《合作社的分配制度分析》，《学海》2006 年第 5 期。

87. 冯开文：《论中国农业合作制度变迁的格局与方向》，《中国农村观察》1999 年第 3 期。

88. 宫哲元：《集体行动逻辑视角下合作社原则的变迁》，《中国农村观察》2008 年第 5 期。

89. 管爱华：《从血缘互助到现代合作——对当代中国农民合作伦理的经验分析》，《苏州科技学院学报》（社会科学版）2004 年第 2 期。

90. 郭大鹏、葛飞：《关于加强农民专业合作社监管的思考》，《中国工商管理研究》2010 年第 12 期。

91. 郭富青：《论现代合作社组织运作的法律机制》，《河南社会科学》2006 年第 6 期。

92. 郭富青：《西方国家合作社公司化趋向与我国农民专业合作社法的回应》，《农业经济问题》2007 年第 6 期。

93. 郭红东、蒋文华：《影响农户参与专业合作经济组织行为的因素分析——基于对浙江省农户的实证研究》，《中国农村经济》2004 年第 5 期。

94. 郭红东、楼栋：《农民专业合作社绩效评价体系》，《中国农村经济》2009 年第 8 期。

95. 郭红东、楼栋等：《影响农民专业合作社成长的因素分析——基于浙江省部分农民专业合作社的调查》，《中国农村经济》2009 年第 8 期。

96. 郭红东、杨海舟等：《影响农民专业合作社社员对社长信任的因素分析——基于浙江省部分社员的调查》，《中国农村经济》2008 年第 8 期。

97. 国鲁来：《合作社既要依法规范 也要制度创新》，《农村经营管理》2010 年第 9 期。

98. 国鲁来：《合作社制度及专业协会实践的制度经济学分析》，《中国农村观察》2001 年第 4 期。

99. 国鲁来：《农民合作组织发展的促进政策分析》，《中国农村经济》2006 年第 6 期。

100. 郝海广、李秀彬等：《农户兼业行为及其原因探析》，《农业技术经济》2010 年第 3 期。

101. 郝小宝：《农民合作经济组织的利益机制与治理结构分析》，《理论导刊》2005 年第 4 期。

102. 何频、姚维传等;《农民专业合作组织发展的环境研究》,《安徽农业科学》2010 年第 31 期。

103. 何秀荣:《公司农场:中国农业微观组织的未来选择?》,《中国农村经济》2009 年第 11 期。

104. 侯麟科:《农村劳动力大规模转移背景下的中国农村社会分层分析》,《中国农村观察》2010 年第 1 期。

105. 侯杰泰、成子娟:《结构方程模型的应用及分析策略》,《心理学探索》1999 年第 19 期。

106. 黄季焜、邓衡山等:《中国农民专业合作经济组织的服务功能及其影响因素》,《管理世界》2010 年第 5 期。

107. 黄珺、顾海英等:《中国农户合作行为的博弈分析和现实阐释》,《中国软科学》2005 年第 12 期。

108. 黄胜忠、徐旭初:《农民专业合作社的运行机制分析》,《商业研究》2009 年第 10 期。

109. 黄胜忠:《转型时期农民专业合作社的成长机制研究》,《经济问题》2008 年第 1 期。

110. 黄祖辉、扶玉枝等:《农民专业合作社的效率及其影响因素分析》,《中国农村经济》2011 年第 7 期。

111. 黄祖辉、高钰玲:《农民专业合作社服务功能的实现程度及其影响因素》,《中国农村经济》2012 年第 7 期。

112. 黄祖辉、邵科:《合作社的本质规定性及其漂移》,《浙江大学学报》(人文社会科学版) 2009 年第 4 期。

113. 黄祖辉、徐旭初:《中国的农民专业合作社与制度安排》,《山东农业大学学报》(社会科学版) 2005 年第 4 期。

114. 黄祖辉、徐旭初等:《农民专业合作组织发展的影响因素分析》,《中国农村经济》2002 年第 3 期。

115. 黄祖辉:《农民合作:必然性、变革态势与启示》,《中国农村经济》2000 年第 8 期。

116. 黄祖辉:《中国农民合作组织发展的若干理论与实践问题》,《中国农村经济》2008 年第 11 期。

117. 贾大猛:《农产品供应链中的合作社变革与发展》,《中国农民合作社》2009 年第 2 期。

118. 姜长云：《必须从战略高度进一步重视农业的产业组织创新》，《调研世界》2008 年第 10 期。

119. 姜长云：《我国农民专业合作组织的发展态势》，《经济研究参考》2005 年第 74 期。

120. 姜广东：《非正式制度约束对农村经济组织的影响》，《财经问题研究》2002 年第 7 期。

121. 姜明伦、于敏等：《农民合作的经济学分析》，《经济问题探索》2005 年第 3 期。

122. 杰克·尼尔森：《农民的新一代合作社》，杜吟棠译，《中国农村经济》2000 年第 2 期。

123. 景国薇、孙柏昌：《我国农村公共物品供给存在的问题及对策研究》，《商业经济》2008 年第 7 期。

124. 孔祥智、史冰清：《当前农民专业合作组织的运行机制、基本作用及影响因素分析》，《农村经济》2009 年第 1 期。

125. 雷萌：《内外兼修多效并举——农民专业合作社法实施三周年合作社发展综述》，《中国合作经济》2010 年第 7 期。

126. 李长健、黄岳文：《农民合作经济组织分配制度的价值取向与制度架构》，《黑河学刊》2006 年第 4 期。

127. 李剑、黄蕾等：《基于 Logistic 模型下农民专业合作经济组织社员退出意愿的影响因素分析——以江西省为例》，《农业技术经济》2012 年第 7 期。

128. 李景鹏：《论制度与机制》，《天津社会科学》2010 年第 3 期。

129. 李明艳、陈利根等：《农户土地利用行为实证分析：配置效应、兼业效应与投资效应——基于 2005 年江西省农户调研数据》，《农业技术经济》2010 年第 3 期。

130. 李牧耘：《马克思主义的效率与公平观》，《理论视野》2005 年第 1 期。

131. 李秀丽、李东海：《农民专业合作社法实施中相关法律问题探析》，《青岛农业大学学报》（社会科学版）2009 年第 2 期。

132. 李玉勤：《"农民专业合作组织发展与制度建设研讨会"综述》，《农业经济问题》2008 年第 2 期。

133. 梁洪学：《"经济人"假定理论的演进与发展》，《江汉论坛》2003 年第 7 期。

134. 廖运凤：《对合作制若干理论问题的思考》，《中国农村经济》2004 年第 5 期。

135. 林坚、马彦丽：《我国农民的社会分层结构和特征——一个基于全国 1185 分调查问卷的分析》2006 年第 1 期。

136. 林坚、王宁：《公平与效率：合作社组织的思想宗旨及其制度安排》，《农业经济问题》2002 年第 9 期。

137. 刘滨、陈池波等：《农民专业合作社绩效度量的实证分析——来自江西省 22 个样本合作社的数据》，《农业经济问题》2009 年第 2 期。

138. 刘汉民、刘锦：《资本结构、公司治理与国企改革》，《经济研究》2001 年第 10 期。

139. 刘建平、何建军等：《农业税取消后农村公共品供给能力下降的现象及对策分析——基于湖北省部分地区的调查》，《中国行政管理》2006 年第 5 期。

140. 刘颖娴、郭红东：《资产专用性与中国农民专业合作社纵向一体化经营》，《华南农业大学学报》（社会科学版）2012 年第 4 期。

141. 刘宇翔：《农民合作组织成员投资意愿的影响因素分析》，《农业技术经济》2010 年第 2 期。

142. 卢代富、张国华：《体制、机制和制度的形态界定》，《改革》2009 年第 5 期。

143. 卢新国：《农民专业合作社盈余分配现状及对策研究》，《调研世界》2009 年第 11 期。

144. 卢正惠：《论制度与激励》，《云南社会科学》2003 年第 1 期。

145. 罗必良：《农民合作组织：偷懒、监督及其保障机制》，《中国农村观察》2007 年第 2 期。

146. 马彦丽、林坚：《集体行动的逻辑与农民专业合作社的发展》，《经济学家》2006 年第 2 期。

147. 马彦丽、孟彩英：《我国农民专业合作社的双重委托——代理关系》，《农业经济问题》2008 年第 5 期。

148. 米新丽：《论农民专业合作社的盈余分配制度——兼评我国农民专业合作社法相关规定》，《法律科学》2008 年第 6 期。

149. 欧阳仁根：《试论我国合作社经济法律体系的建构》，《中国农村观察》2003 年第 2 期。

150. 潘嘉玮：《论合作社的法律定位及制度重构》，《学术研究》2008 年第 5 期。

151. 潘劲：《中国农民专业合作社：数据背后的解读》，《中国农村观察》2011 年第 6 期。

152. 普拉布·平加利、朱允卫等：《农业增长和经济发展：全球化视角的观点》，《农业经济问题》2007 年第 2 期。

153. 全国人大农业与农村委员会课题组：《农民合作经济组织法立法专题研究报告》，《农村经营管理》2004 年第 11 期。

154. 饶晓盼、任大鹏：《我国新型农民专业合作社的适法性问题分析》，《法治与社会》2012 年第 2 期。

155. 任大鹏、郭海霞：《多主体干预下的合作社发展态势》，《农村经济管理》2009 年第 3 期。

156. 任大鹏、潘晓红等：《农民合作经济组织立法的几个问题》，《中国农村经济》2004 年第 7 期。

157. 任大鹏、张颖：《合作社的真伪之辨》，《农村经营管理》2009 年第 7 期。

158. 邵科、徐旭初：《成员异质性对农民专业合作社治理结构的影响——基于浙江省 88 家合作社的分析》，《西北农林科技大学学报》（社会科学版）2008 年第 2 期。

159. 宋茂华：《农民专业合作组织治理机制研究》，《农村经济》2007 年第 2 期。

160. 孙亚范、王凯：《农民生产服务合作社的发展与运行机制分析》，《农业经济问题》2010 年第 10 期。

161. 孙亚范、余海鹏：《社员认知、利益需求与农民合作制度安排分析》，《南京农业大学学报》（社会科学版）2009 年第 2 期。

162. 孙亚范：《合作社组织文化及其对我国农村合作经济组织创新的启示》，《农村经营管理》2003 年第 7 期。

163. 孙亚范：《农民专业合作社成员退出意愿及影响因素研究——基于江苏省的调查数据》，《南京农业大学学报》（社会科学版）2010年第4期。

164. 孙亚范：《我国农民专业合作经济组织的利益机制及影响因素分析》，《农业经济问题》2008年第10期。

165. 孙亚范：《我国新型农民专业合作经济组织创新的成本约束及化解》，《经济问题探索》2004年第2期。

166. 孙艳华、周力等：《农民专业合作社增收绩效研究——基于江苏省养鸡农户调查数据的分析》，《南京农业大学学报》（社会科学版）2007年第2期。

167. 孙中华：《中国农民专业合作组织发展演变及对策措施》，《农村经营管理》2008年第10期。

168. 唐勇：《"俱乐部品"不可或缺条件下的农村经济组织制度创新——浙江省临海市上盘镇西兰花产业合作社案例研究》，《农业经济问题》2003年第9期。

169. 王碧峰：《公平与效率问题讨论综述》，《经济理论与经济管理》2006年第3期。

170. 王立平、张娜等：《农民专业合作经济组织绩效评价研究》，《农村经济》2008年第3期。

171. 王曙光：《农民合作社与农村制度变迁——新中国农民合作社60年发展之回顾与前瞻》，《中国经济》2010年第3期。

172. 王新利、李世武：《农民专业合作经济组织的发展分析》，《农业经济问题》2007年第3期。

173. 吴彬、徐旭初：《合作社的状态特性对治理结构类型的影响研究——基于中国三省80县266家农民专业合作社的调查》，《农业技术经济》2013年第1期。

174. 吴宣恭：《实现公平与效率互相促进》，《经济纵横》2007年第1期。

175. 夏英：《我国农民专业合作社发展现状与走势》，《中国经贸导刊》2009年第18期。

176. 夏英：《政府扶持农民合作作社的理论依据与政策要点》，《农村经营管理》2004年第6期。

177. 谢建社、牛喜霞：《乡土中国社会"差序格局"新趋势》，《江西师范大学学报》2004 年第 1 期。

178. 徐旭初、吴彬：《治理机制对农民专业合作社绩效的影响——基于浙江省 526 家农民专业合作社的实证分析》，《中国农村经济》2010 年第 5 期。

179. 徐旭初：《合作社的本质规定性及其它》，《农村经济》2003 年第 8 期。

180. 徐旭初：《农民专业合作社绩效评价体系及其验证》，《农业技术经济》2009 年第 4 期。

181. 徐旭初：《农民专业合作组织立法的制度导向辨析——以浙江省农民专业合作社条例》，《中国农村经济》2005 年第 6 期。

182. 叶生洪、张传忠：《企业结构、能力、绩效的关系初探》，《商业研究》2006 年第 15 期。

183. 应瑞瑶：《论农业合作社的演进趋势与现代合作社的制度内核》，《南京社会科学》2004 年第 1 期。

184. 应瑞瑶：《农民专业合作社的成长路径——以江苏省泰兴市七贤家禽产销合作社为例》，《中国农村经济》2006 年第 6 期。

185. 由卫红、邓小丽等：《农民专业合作社的社会网络关系价值评价体系与盈利绩效研究——基于四川省的实证分析》，《农业技术经济》2011 年第 8 期。

186. 于会娟、韩立民：《要素禀赋差异、成员异质性与农民专业合作社治理》，《山东大学学报》（哲学社会科学版）2013 年第 2 期。

187. 苑鹏：《部分西方发达国家政府与合作社关系的历史演变及其对中国的启示》，《中国农村经济》2009 年第 8 期。

188. 苑鹏：《改革以来农村合作经济组织的发展》，《经济研究参考》2008 年第 31 期。

189. 苑鹏：《关于合作社基本概念基本原则的再认识》，《中国农村观察》1998 年第 5 期。

190. 苑鹏：《关于理顺农民合作组织产权关系的思考》，《中国合作经济》2004 年第 1 期。

191. 苑鹏：《合作社民主管理制度的意义和面临的挑战》，《中国农民合作社》2010 年第 6 期。

192. 苑鹏：《试论合作社的本质属性及中国农民专业合作经济组织发展的基本条件》，《农村经营管理》2006 年第 8 期。

193. 苑鹏：《中国农村市场化进程中的农民合作组织研究》，《中国社会科学》2001 年第 6 期。

194. 苑鹏：《现代合作社理论研究发展评述》，《农村经营管理》2005 年第 4 期。

195. 张红宇：《对新时期农民组织化几个问题的思考》，《农业经济问题》2007 年第 3 期。

196. 张靖会：《同质性与异质性对农民专业合作社的影响——基于俱乐部理论的研究》，《齐鲁学刊》2012 年第 1 期。

197. 张康之：《论信任、合作以及合作制组织》，《人文杂志》2008 年第 2 期。

198. 张梅、郭翔宇：《五大环境因素制约合作组织运营效率——关于黑龙江省农民专业合作社的调查与分析》，《农村经营管理》2010 年第 6 期。

199. 张勤：《创新发展农村合作经济组织的政策建议》，《江苏农村经济》2008 年第 5 期。

200. 张仁寿、蔡元杰：《农业经营体制的一项重要创新——浙江省农民专业合作组织的调查与思考》，《农业经济问题》2003 年第 9 期。

201. 张维迎：《所有制、治理结构及委托代理关系》，《经济研究》1996 年第 9 期。

202. 张晓山：《合作社的基本原则与中国农村的实践》，《农村合作经济经营管理》1999 年第 6 期。

203. 张晓山：《农民专业合作社的发展趋势探析》，《管理世界》2009 年第 5 期。

204. 张晓山：《提高农民的组织化程度积极推进农业产业化经营》，《农村合作经济经营管理》2003 年第 2 期。

205. 张晓山：《有关中国农民专业合作组织发展的几个问题》，《农村经济》2005 年第 1 期。

206. 张雪莲、冯开文：《农民专业合作社决策权分割的博弈分析》，《中国农村经济》2008 年第 5 期。

207. 张忠根、王玉琳：《农民专业合作社的发展机遇与挑战》，《福建论坛》（人文社会科学版）2009 年第 9 期。

208. 赵国杰、郭春丽：《农民专业合作社生命周期分析与政府角色转换初探》，《农业经济问题》2009 年第 1 期。

209. 赵佳荣：《农民专业合作社"三重绩效"评价模式研究》，《农业技术经济》2010 年第 2 期。

210. 赵建欣、张忠根：《基于计划行为理论的农户安全农产品供给机理探析》，《财贸研究》2007 年第 6 期。

211. 赵鲲、门炜：《关于合作社基本特征的分析和思考——从合作社与有限责任公司对比的角度》，《中国农村观察》2006 年第 3 期。

212. 甄志宏：《制度、组织与经济绩效》，《吉林大学社会科学学报》2005 年第 6 期。

213. 郑丹：《农民专业合作社盈余分配状况探究》，《中国农村经济》2011 年第 4 期。

214. 郑鹏、李崇光：《"农超对接"中合作社的盈余分配及规制——基于中西部五省市参与"农超对接"合作社的调查数据》，《农业经济问题》2012 年第 9 期。

215. 中国农民工战略问题研究课题组：《中国农民工问题调查》，《中国经济报告》2009 年第 2 期。

216. 周丰滨：《经济运行机制的运行规范及目标模式》，《商业研究》2001 年第 6 期。

217. 周应恒、王爱芝：《我国农民专业合作社股份化成因分析：基于人力资本稀缺视角》，《经济体制改革》2011 年第 5 期。

后　记

　　本书是笔者主持的国家哲学社会科学基金项目"农民专业合作经济组织利益机制构建与创新研究"（编号08BJY102）的最终成果。研究项目于2008年立项，2012年完成结项，研究成果获得了良好的鉴定等级。项目的阶段性成果已以论文的形式在《中国农村经济》、《农业经济问题》、《改革》等杂志上发表，并获得了较好的社会经济评价。论文《农民专业合作社成员合作意愿及影响因素分析》获江苏省社会科学联合会社科应用研究精品工程优秀成果二等奖和农村发展研究专项基金管理委员会第六届中国农村发展研究奖论文提名奖；论文《农民专业合作社运行机制与产权结构》获江苏省教育厅哲学社会科学优秀科研成果三等奖，论文《立法后农民专业合作社的发展和运行机制分析》获江苏省扬州市哲学社会科学优秀成果二等奖。在项目研究的过程中，笔者还在南京农业大学经济管理学院攻读博士学位（2009—2011），并完成了《农民专业合作社利益机制、成员合作行为与组织绩效研究》的博士论文。本书以上述研究项目的成果和博士论文为基础，通过对相关内容进行修改、完善和进一步补充及拓展而完成。

　　博士论文的写作得到了南京农业大学经济管理学院王凯教授的悉心指导，在论文的评阅和答辩环节，钟甫宁教授、应瑞瑶教授、周曙东教授、陈超教授等对论文提出了宝贵意见和建议；此外，博士论文还获得了七位外校评审专家的一致好评，在此一并向各位老师和专家表示衷心的感谢。

　　在项目的调查过程中，还得到了江苏省农委和南通市、扬州市、镇江市、泰州市、盐城市、徐州市等市、区、县农工部有关同志的大力支持；扬州大学商学院的研究生李春艳、倪卫清、林静等同学也参与了课题的调研和数据的录入、整理等工作。在本书出版之际，也对他们的热情帮助和辛勤付出表示深深的感谢!

最后,还要特别感谢我的先生——扬州大学商学院的余海鹏教授。在长期承担繁重的教学和科研任务的同时,书稿的完成和博士阶段的学习都离不开先生的理解与支持。

在书稿完成之时,内心充满了对我敬爱的父母亲的感激之情,是他们无私而博大的爱陪伴我的每一点进步和成长。虽然父亲去年不幸因病去世,但他老人家数十年的言传身教和给予女儿沉甸甸的关爱仍历历在目,在悲伤和哀痛之余,我将带着父亲的殷切期望和鼓励在事业的高峰上不断攀登。

此外,本书的出版还得到了扬州大学出版基金的资助,特此致谢!

农民专业合作社的研究涉及面广,笔者能力有限,本书定有许多不当之处,敬请广大同行批评指正!

孙亚范

2014 年 6 月 10 日